2016—2020 文化部 / 文旅部千人计划戏曲人才培养项目 编剧高级研修班教学团队成员名单

第一期

班主任：谢柏梁　教学秘书：周德寿　班务助理：陈云升

第二期

班主任：谢柏梁　教学秘书：周德寿　班务助理：陈云升

第三期

班主任：谢柏梁　教学秘书：陈云升　班务助理：肖艳杰

第四期

班主任：颜全毅　谢柏梁　教学秘书：陈云升　班务助理：肖艳杰

第五期

班主任：颜全毅　教学秘书：王恰恰

第一期至第五期学生志愿者名单：

丁　雪　王崇烨　卢青雨　董笑君　王安琪　李　勍　杜　蓉

闪　帅　郑媛文　张睿文　王琰泽　倪舒翊　陈晓可　平甜丽

张睿琦　张　安　孟诺楠　李若男　朱玉盘　陈秋吉　谢士杰

杨万奇　郭泽莹　李碧萱　李代鹏　李斐斐　欧阳槿晨　曹能兴鑫

编剧宝典

——文旅部千人计划编剧班
专家授课讲演稿

谢柏梁　颜全毅　主　编
陈云升　　　　　副主编

中国戏剧出版社

图书在版编目（CIP）数据

编剧宝典 ： 文旅部千人计划编剧班专家授课讲演稿 /
谢柏梁，颜全毅主编. -- 北京 ： 中国戏剧出版社，
2022.7
ISBN 978-7-104-05199-2

Ⅰ. ①编… Ⅱ. ①谢… ②颜… Ⅲ. ①编剧－文集
Ⅳ. ①I053-53

中国版本图书馆CIP数据核字(2022)第036188号

编剧宝典——文旅部千人计划编剧班专家授课讲演稿

责任编辑：王　恬
责任印制：冯志强

出版发行：中国戏剧出版社
出 版 人：樊国宾
社　　址：北京市西城区天宁寺前街 2 号国家音乐产业基地 L 座
邮　　编：100055
网　　址：www.theatrebook.cn
电　　话：010-63385980（总编室）010-63381560（发行部）
传　　真：010-63381560（发行部）

读者服务：010-63381560
邮购地址：北京市西城区天宁寺前街 2 号国家音乐产业基地 L 座

印　　刷：北京温林源印刷有限公司
开　　本：787mm×1092mm　1/16
印　　张：22.375
字　　数：350千字
版　　次：2022年7月　北京第1版第1次印刷
书　　号：ISBN 978-7-104-05199-2
定　　价：148.00元

序

《编剧宝典》行将付梓，心中倍感欣慰。

在文化部/文旅部的主持之下，从2016年到2020年，由艺术司和中国戏曲学院主办了五期“戏曲艺术千人计划高级人才班”。其中的编剧班由戏文系承办。我与颜全毅作为系主任，理所当然地成为了该班的班主任。

编剧班从招生到行课，从答辩到结业，全是官方路径的行走，国家行为的遵循。每一位学员都在个人报名之后，由各省市文化厅局审核初判，之后再报给文化部艺术司汇总。艺术司将全部报名人等转发给我们，由教授委员会择优录取。录取的基本原则是看报名者在戏曲（也包括部分话剧、音乐剧、歌剧、儿童剧等品类的编剧）方面已有的成果、获得的奖项，以及由此派生出来可能拥有的潜力和未来的发展前景。由于报名的人数较多，每年的录取只能是优中选优，录取率平均在三分之一左右。

作为戏曲编剧的国家队员，集中授课的时间都在每年的暑假期间。烈日炎炎的天道，涌满了课堂的学员，白发苍苍的名师，还有诸多慕名前来，以各种方式潜入校园，参与蹭课的社会人士，共同构成了国戏校园的一大景观。

五期编剧班的学习期限是一年。在集中授课与改稿之外，每位学员还都配备了相应的导师，保证在一年之内，完成一部较为优秀的大戏。

师资力量的强大，是我们编剧班的荣耀所在。本系的教师之中，只有教授才能参与部分教学和剧目评点工作。主体教师一定是在创作界最有名气的编剧，最有实力的名师，最具备榜样的力量的大家。

感恩全国各地的编剧大师们，他们不计较课酬的微薄，不忌惮炎热的伏天，为文化传道，教弟子编剧，金针度人，授人以渔，在万泉寺 400 号中分享了智慧，普度了灵光，以其强大的气场，先后启发了 230 多名学员的心智，帮助树立了学员们的雄心壮志，为文化强国当中的编剧一脉，引来了源源不断的活水清泉。

怎能忘，福建著名编剧大师王仁杰先生，他的讲演言犹在耳，关于西方人向梨园戏艺术家顶礼膜拜的描述如在目前。但好戏还未写完，灵感尚待铺展，心志犹待描摹，却仓促间驾鹤仙逝。他在课堂上，无限感慨并了无遗憾地将中国戏曲的尊严和崇高，向学员们予以了庄严的发布、文化的比照和使命在肩、传承在心的殷殷嘱托。

迄今为止，我还为之深切挂念并深感不安的是陈亚先大师的身体状况。他在国戏课堂上讲课，风度翩翩，妙语连珠，讲到唱词写作时将唐诗宋词和元曲当中的佳作一一背诵，引得了大家潮水一般的掌声。学员们一鼓掌，陈老师就更激动，讲课的热情就越高，林木为之催动，河流因此扬波，气氛由之高涨，群情整体激荡。那是思想的盛宴，艺术的大会，文脉的链接，天雨散花一般的智慧的场域。

但是激情的高涨也要消耗许多身体的能量。下午精彩的讲课进入了师生互动、得意忘形的化境之后，这使他久久不能平静。晚上请他在商务会馆小酌，他还当场与王仁杰老师通电话，鲁殿灵光，万里共情，更加点燃了其老夫聊发少年狂的热情和激情。当夜，学生一定要拉着他去唱歌，我也只得作陪。大家惊叹于陈师的乐感之好，韵味之浓，舞姿之妙，方才顿悟才子原本都是多才多艺的存在，可以印证《西厢记》中所谓一事精百事精的感喟。

欢乐的时光总是流逝得飞快。到了子夜时分，我便坚定地拉着陈老师回宾馆，让年轻人们去继续挥洒他们的青春热情和过剩精力。两人走路，三星在天，四顾无人，五重境界，无限感慨便由此而生。人类文明的历史叠影在身后，明天火热的生活还将继续，可是陈老师的澎湃思绪尚未消退，从忧国忧民的大情怀到知音难得的小情绪次第席卷。送师止于堂外，当夜自应无眠。

第二天一早陈师便赶早班飞机，可是飞机因为帝都频繁的外事活动又耽误良久、许久、经久。等到晚上飞抵长沙机场，便赶往剧场看戏，因为特别兴奋的情绪和过度疲劳的状况，由此引起小中风。尽管吉人自有天相，老师恢复良好，但是作为力邀陈师前来讲座的主事者，直到如今，我心中还是感到惴惴不安。

中国艺术研究院薛若琳院长来讲课布道时，白发童颜，目光炯炯。他对历史剧创作的成败得失，娓娓道来，旁征博引，引人入胜。我们都希望温婉博学的先生长寿考、过百岁，谁知老先生在去岁八月便羽化登仙，九天设帐，以待后学。

至若魏明伦师的上课，文采风流，思维深刻，有若山溪入江，滔滔不绝。除了学员们之外，他的听众通常还有风度翩翩的京剧大师刘长瑜、荆楚大编剧习志淦等诸人。名流前来捧场，星辰彼此辉映。他拿习老师当场予以善意而智慧的现挂调侃，引得大家喜笑开颜，声振屋瓦。但是在讲课之余，魏师还要注射胰岛素，带病课徒，令人敬重。

郭启宏作为大师级的名编，其思维的高度活跃、举重若轻的点化，文史掌故的淹通，长袖善舞的跨界阐述，都令学员们叹为观止。

习志淦老师不仅会写戏，会讲演，还会以 PPT 文件和视频来辅佐讲课，系统周正，深入浅出，循循善诱，都是经验之谈，为此深得学员们爱戴。

吴傲君名师讲课风格的冷幽默，写戏的轻快与活泼，哪怕是关于其身后之事的大彻悟，非但让学员们为之解颐悟道，还能因此驰骋戏文，感悟人生，笑傲江湖。

话剧、戏曲两门抱的编剧大师刘锦云在场讲课时，我与先生的相互逗乐引得众乐乐，一座皆欢也。我说他是雄安财主，所以身价过亿，远悦近从，蝶舞蜂飞。先生答曰游荡京师，土地已无，乃无根之魂也。我笑言其剧种往往有祁永年鬼魂坚定地作祟显灵、小仔儿灵魂神不知鬼不觉地出现在当场，因此中国当代戏剧界的魔幻现实主义大师非他莫属。先生便答曰，只不过在你们称之为雄安新区的白洋淀长大，从小听多了许多的人鬼传说和魂灵故事，点点滴滴，记在心头。如今年岁已老，展卷写作，那些精灵们便在不意之中翩然而至，缠绕在笔上，跟随在舞台，挥之不去，抚之还来，为此也百感交集，无可奈何，仅此而已。

编剧界的帅字旗号执掌者罗怀臻，本是本系的讲座教授，又是中国戏剧家协会副主席，他的讲课既有引领又有启发，既具备前卫性又具备可操作性。他还将都市戏剧、现代戏剧的诸多理念与多年追求同学员们分享。罗兄的讲课激情飞扬，系统阐发，学员喜欢，粉丝追捧，记者采访，总是忙得不亦乐乎。他在讲课时，常常适逢其剧作在京演出，于是又得协调票务，满足请求，一众为之倾倒，大家为之钦佩。

姚金成老师、齐飞老师和陈涌泉兄，都是班上的金牌教授。他们的戏都深得大家喜欢。姚老师对学员的剧作，指导甚多，入情颇深。有次他在评点贵州余妍洁同学的《云上红梅》剧作的时候，竟然边讲边为剧中人物的命运走向感动得热泪潸潸，情难自已。

姜朝皋老师不但讲课深受欢迎，也是学生爱戴的导师。他与习志淦、姚金成等导师三足鼎立，成为导师群中指导学生剧本最多的超级劳模。

曹宪成老师是《桃花烟雨》等剧作的大编剧，也是位诗酒文章与剧作、讲课与神聊无一不佳、无一不美的名家。

福建郑怀兴兄的上课，尽管闽式国语说得不是很溜，但是却机智中显出智慧，演讲中凸显激情，叙述中常带思考，大家也都很喜欢他的朴实中难以掩盖的才华。

张弘与罗周这对师徒，联袂授课，相得益彰。张老师谦和大气，侃侃而谈，颇有六朝名士之风。罗周逻辑清晰，思虑周密，当她论及创作剧目数量多达 80 多种的时候，引起了大家的一片惊叹之声。这要付出多少的精力，铺展多少才华，分享多少智慧，才能写出那么多绝妙好剧来？

中国文联前副主席仲呈祥先生作为著名的理论家，他不仅对相关文献精神倒背如流，连逗号、句号都一处不差，而且还能将类似思想性、艺术性、观赏性等定位和诸多政策方针的来龙去脉，都能条分缕析、娓娓道来，将历史与逻辑有机结合起来，令人佩服不已但不能至矣。

中国艺术研究院的韩子勇院长谈艺术与创作，富于哲理意味、文化精神和时代意义。

给编剧班学员上过课的导师，先后计有仲呈祥、王安葵、魏明伦、郭启宏、陈亚先、王仁杰、郑怀兴、罗怀臻、姚金成、刁志淦、姜朝皋、吴傲君、盛和煜、刘锦云、张永和、孙惠柱、齐飞、胡应明、陈涌泉、周星、李莉、季国平、周传家、周维培、杨乾武、梅帅元、龚应恬、王馗、王珏、韩枫、都文伟（美）、陆大伟（美）、张弘、罗周、罗锦鳞、李宝群、傅谨、李世英、吴新苗、田志平、颜全毅、王九成、崔伟、谭志湘、薛若琳、范小宁、廖奔、刘彦君、赵伟明等人。谨向这个豪华大气的导师团队，致以深切的谢忱和无边的敬意。

编剧班的五期学员中，目前担任戏剧艺术行业中的领军人物有江西文旅研究院院长卢川、广州戏剧家协会副主席李新华、新疆剧协主席肖帅、副主席王瑛等多人。获得文华奖、五个一工程奖、国家艺术基金、文旅部孵化计划等国家级奖项与扶持的编剧如冯静等人，每个班都可以数出一大批人来，详情请见还远不够周全的表格附件，虎啸林中，可见一斑而已。天下英才，集聚于此，满天星斗，戏文灿烂，由230多位学员构成的千人计划编剧班，已经成为中国编剧中青年队伍中名副其实的国家队。

每届千人计划编剧班的学员们，在经过一年的学习之后，同窗情当时且亲，历久弥新。记得杨澍班长在带领人员整理好国戏一教213教室的桌椅之后，回过头来依依不舍的情深一瞥，定格在照片之中，点化为编剧班青史流布的永恒节点。

国家京剧院的高明、李美妮，北京京剧院的李卓群和国戏研究生刘才华等人，被称之为国戏科班出身和千人计划团队中的四位俏佳人。高明的《刘伯温》《生死契约》等七部戏上演后颇受好评，又担任重大文化活动《伟大征程》编导。李美妮的京剧《浮士德》在国内外声誉鹊起，习主席与德国总统也曾闻名观看。李卓群的小剧场系列京剧风生水起后，现在又在京剧《大宅门》《鉴证》中大展身手。刘才华分别为豫剧、藏剧创作了《六弦情缘》等多部戏曲剧本。此外还有国戏刚刚毕业、现在北京河北梆子剧团任职的男子汉丁嘉鹏，其《平倭旗》等数部剧作，都成为文化部和团里的重点扶持项目。国戏戏文系青年教师陈云升在大小剧场同时发力，且让创作与理论并驾齐驱，他编剧的高甲戏《范进中举》、粤剧《金莲》、豫剧《南华经》等参加了文化和旅游部、中国文联、中国剧协等单位主办的中国戏曲文化周、中国戏剧节、中国李渔戏剧汇、中国小剧场戏曲展演等重要演出活动，获得了中国戏剧节优秀剧目、黄河戏剧文学奖最佳剧本、田汉戏剧奖理论二等奖等奖项，系列成果令人瞩目。

既然千人计划编剧班的成果令人目不暇接、数不胜数，那就就此打住。他们的成就，还将在如日中天的今天和灿烂的明天，共铸不凡，创造辉煌，铺展起中国戏剧绚烂的彩云。中国戏剧长空中绚丽的彩云，有朝一日也会或多或少凝结为灿烂的星座。

这本演讲录，基本上保留了讲座的原生态，质朴自然的风格，亲切点拨的口吻，发自肺腑的抒情，颇感无奈的遗憾，在所并是。之所以没有做论文化的加工，是为了让读者诸君如在课堂与名师交流，如沐春风在讲话中沉醉。至于高头讲章似的系统编剧法，原本不是讲演录的初衷。更何况功夫在诗外，在凝神静听的悟道中，得意忘形的感动之后，更多的功课是请名师指点剧本，以期有所提高和升华。

遗憾的是，其中两位名师已经作古，这本讲演录也只得作为心香一瓣，遥寄长空。

限于记录者的水平，还有一些名师的精华和要义，未必都能全部集萃体现。名师讲课也如演员表演一样，都是当场生发的灵动的展现，有时候眼神一瞥，神态一转，便胜过千言万语。因此，讲演录既有生动的一面，又有随意化和不够系统的一面。何况语言本身也有言犹未尽、口不应心的情况。

但是有胜于无，见微知著，千人计划编剧班的同学自可得意忘言，作为美好的回忆和编剧的宝典，读者诸君也可以各取所需，想见大师们的生动风采和人格状态。

云升为了此书出版用功最勤，万奇、泽莹等人也付出了诸多劳动，虽然他们都是我的学生，但是老师也不能掠美，也还得代表千人计划编剧班师生表示感谢。

作为班主任和上课教师之一，我在五个暑假中将全部心力都交付给了班务，每天都在迎进送出如云的大师，鱼贯介绍名人的成就。对前面两届学员的所有剧本，我都认真拜读过并提出过自己的浅见。后面两届学员的本子，我看得略少一些，但是也对上乘的佳作，都投以欣喜的目光。这么多年来，不管在文旅部剧本孵化的评委席上，还是在国家艺术基金的项目支持中，抑或在《光明日报》等报刊上撰文，还是在各省的舞台下为同学们的新戏“把场”壮胆，我总是不遗余力地为同学们摇旗呐喊，鼎力支持，因为我深知，那么多师长和导师们对他们的鼓舞和支持，就是在为中国戏曲发展征程上艰难成长的中青年编剧人才，铺展起更加切实从而少走弯路、更加正确从而面向光明的道路。

是为序。

谢柏梁

2022 年 1 月 9 日，写于中国戏曲学院

目录

第一部分

第二部分

第三部分

第一部分

坚持价值导向，着意审美引领

仲呈祥

二十一世纪之初，笔者在《人民日报》的“人民论坛”上，曾针对市场经济背景下文艺创作中出现的“豪华风”“滥情风”“戏说风”发表《艺坛“三风”不可长》一文，引起注目。如今，二十年过去，新时代生气勃勃、繁荣昌盛，艺坛力倡风清气正，创作评论两翼齐飞。但毋庸讳言，杂音仍不绝于耳。近来，一位流量明星因涉嫌强奸被批捕，一位颇有名气的歌手引咎退出娱乐圈，一位演员竟参观日本靖国神社，一位一级演员因强制猥亵获刑两年半……个中深层次缘由，必须反思。

一是坚持价值导向。早在 2013 年 8 月，习近平总书记就在全国宣传思想工作会议上深刻阐明，意识形态工作是党的一项极端重要的工作，要把服务群众同教育引导群众结合起来，把满足需求同提高素养结合起来。之后，又多次强调文艺的宗旨是以文化人、培根铸魂，是培育社会主义核心价值观。为什么上述杂音乱象的制造者会拥有数量惊人的“粉丝”？会那么得意忘形？会那么肆无忌惮？这可能与某些作品宣扬的价值导向的某种偏差有关。比如，某演员或歌手的作品明明既无精神高度，又缺文化内涵，更与社会主义核心价值观有悖，却不能旗帜鲜明地予以批评。结果，既害了其自身，更贻误了广大观众。文不化人只化钱，艺不养心仅养眼，放弃引领，一味迎合，后患无穷！再比如，无原则地宣扬“饭圈”文化。所谓“饭圈”，其实质就是拉圈结帮，策划包装，互相吹捧，刷分控评，以期一夜成名、一夜暴富，把人商品化，让资本操纵一切。甚至出现了有“饭圈”的“粉丝”为其追捧的明星偶像打榜投票，竟花钱买牛奶只取瓶盖内用于投票的二维码或包装箱里的投票卡后直接把牛奶倒掉的怪现象。此种不劳而获的“饭圈”经，颠覆的是劳动创造财富的真理，对抗的是社会主义核心价值观，影响所及，不独污染艺坛，而且危及全社会。不尖锐批评能行吗?

二是着意审美引领。习近平总书记反复强调，要继承弘扬中华优秀传统文化、中华美学精神和中华美学传统，强调文艺要讴歌真善美，鞭挞假恶丑，引领人们攀登高远的审美境界。不久前，中宣部等五部门联合印发的《关于加强新时代文艺评论工作的指导意见》，也要求“发挥价值引导、精神引领、审美启迪作用，推动社会主义文艺健康繁荣发展”。中华美学精神和美学传统，从老子、孔子、庄子开始，到屈原、陶渊明、李白、杜甫，都讲求托物言志、寓理于情，讲求言简意赅、凝练节制，讲求形神兼备、意境高远，强调知、情、意、行的统一。而中华优秀传统美学在现代化的历史进程中，从梁启超的“趣味”人生论美学到朱光潜的“情趣”人生论美学，从王国维的“境界”人生论美学到宗白华的“意境”人生论美学，都是讲究“趣”要雅、“味”要正、“情”要真、“意”要切、“境”要高。一句话，审美要讲究格调、讲究品位，要提高人的精神素质。要真正懂得“没有反思的人生不值得过、没有审美的人生更不值得过”。须知，己不正焉能正人，不讲诚信、道德败坏、情趣卑劣的人哪能创作出由真及善、由善达美的真善美统一的化人养心、培根铸魂的优秀文艺作品？以此衡量上述杂音，不能不承认我们在审美引领上也出现了某些偏差。否则，怎么会出现此种美丑不分、以丑为美、良莠不辨、良莠颠倒的怪现象呢?

三是厘清评价标准。习近平总书记反复强调，应当追求作品的精神高度、文化内涵、艺术价值，向着人类最先进的方面注目，向着人类精神世界的最深处探寻。要坚持思想精深、艺术精湛、制作精良相统一。要努力实现社会效益与经济效益相统一，当两个效益相矛盾时，要坚持把社会效益放在首位。要运用人民的、历史的、艺术的、美学的评价标准。应当承认，我们对这些评价准则的学习、领悟、践行都还存在着差距。君不见，出现上述杂音乱象，不正与那种唯票房、唯收视率、唯点击率、唯码洋即唯经济效益是从的评价标准，与那种以视听感官生理上的快感去冲淡乃至取代精神美感、盲目追求“观赏性”的创作倾向，与那种靠“饭圈”“粉丝”刷分控评以断优劣的现象，以及与那种仅仅依据尚不完善的大数据评价方式有关吗？

总之，归根到底，只要我们团结起来，认真学习、深刻领悟、坚决践行好习近平总书记关于文艺工作的系列重要论述，就能不断清除杂音乱象，创造新时代社会主义文艺的新繁荣！

文字整理：杨万奇

校对：杨万奇

卷入现场：艺术的深描和解读

韩子勇

与一件作品相遇，有许多情形。有些是无意的，有些是有意的。细究起来，无意并非无意，有意也许不那么明确具体。指出这点，是想说每件作品面对的都是具体的人，生活在具体的历史、文化、社会和时代，有自己的经历、想法、趣味和习惯，不是经验白板，不会被动“写入”。他们看作品，其实是看自己，是在交换、确认、深化、丰富自己的经验和愿望。就像市场上的闲逛、漫游，但更多是有意而来。不管是闲逛，还是有意而来，他只看见需要的东西，这些东西似乎也看见他，从一大堆“背景”中跳出来。这些东西也有目标，为人生产，但永远不知道谁才会满意，它的命运被悬置、被一次次延宕，惊心动魄又悄然无息。这是多么尴尬——生死攸关但又无法言说的关系呀。一直到他停下，仔细端详，和拥有者交流，并想把它带走……正是一个个匿名而具体的人，使艺术成为可能，成为所理解和所需要的作品。

如果一个时代里，很多人都中意某件作品，那么这件作品就红起来。如果很多时代过去了，这件作品仍有抓人的魔力，那它可能是件杰作。想想看，在一个似乎无始无终、无边无际的“大市场”中，人潮起起落落，但人们始终聚集在个别商品上，那只能说人类已经离不开这些东西了。在这些作品里面，最大限度地保留着人性和灵魂，被人享用不尽，如同那些耕耘千年依然肥沃，值得信赖、依靠和厮守的田畴，那就是一代代生命繁息的灵壤。

美术是典型的空间艺术。现在一些画家喜欢画大画，但像兑了水，比较寡淡无味，没法趴近细读。这些不恰当的大画，占据宝贵的展览空间，以为画前可以站更多的人，想在有限的展期内形成“共享”，但结果往往是“路过”。好的观看近乎“独享”，好的作品在合适的尺幅内，满眼刚好罩住，能打破空间艺术的魔咒，带人进入时间的河流，体味不断闪烁增殖的丰富性与可能性。

美术馆的人群不都是为作品而来。游客是观看行为中的人群假象。在达·芬奇的《蒙娜丽莎》面前，为传言、猎奇、装饰身份所驱使，熙熙攘攘的人流在这里挤成堆，刻画“到此一游”的意识形态。美术馆的人群也是“作品”，是社会的“作品”。任何社会，注意力都是稀缺资源，特别是还想从中分一杯羹的艺术，要想从被互联网、自媒体搅动的更加涣散的心神里，吸到一缕社会的视线，非有火眼金睛不可。哪些是普遍、持久、不易觉察，像人所未闻的珍稀矿脉，牢牢镶嵌在千米之下的历史文化和社会存在的深处，哪些是简单、短暂、浅表、肥皂泡似的浮光掠影、过眼烟云……关键是对这种资源的分类、估量、发现、捕捉和兑现的能力。这需要两种能力：一种是超出艺术知识范围的人文能力以及对社会结构，特别是心理、思维、情感、愿望、矛盾、压力、焦点的直觉把握能力；另一种则是通过艺术的方式完成杰出的、干净的、震撼人心的非凡概括。因此，我们看到，天才的“厨师”会经常从烟熏火燎的“后厨”跑到人群深处的“大堂”，他不仅是看“菜品”，更多是看“食客”，因为“食客”也是一道五光十色的“菜品”。美术馆中，暗哑的画面面对观者，像个从深处浮现的“吸血鬼”，它要攫住理想的观者，它有话要说，努力想蹦出一个个词来。但谁会接住这些词并一路传递下去？这里悬置着所有艺术都伴随终身的疑问。

一件作品，先要被看到。作品被看到的机会不是无限的，甚至非常稀缺。特别在古典社会，所谓的“发表”“展示”和“传播”，可能就点缀在交游、雅集、宴食……甚至青楼的听歌买笑之间。这样的沉醉空间，短暂而虚无，很难被捡拾和固定下来。有些了不起的作品，因为机会稀缺，湮灭在时间的长河里。但也有一些，经历了这么长的时间，竟然会被找到、唤醒、起死回生。

美术作品最好的呈现空间是展厅，是面对面地观看。它无法像书一样大量复制、供人随时分享。展厅的空间不是无限的，进去的人和可看作品都很有限。无论是作品还是观者，这样的交流和传播，相对于书籍、广播、影视、互联网、移动客户端等，是边缘的、零星的、时断时续的、成本较高的选择。人们至今迷信作品的唯一性，强调细读原作，认为再完美的印刷品，都是“替身”“二手货”，是“失真”或“失贞”的，即使复制技术的进步让内行人也经常蒙圈，但他们仍认为复制品缺乏“灵光”的神秘魅惑，根本无法与原作相比。这种情形对传播不利，使共识分散，迟滞了判断，无法形成大致统一的审美尺度。对籍籍无名的新人而言，尤其如此。这一切，在影像时代、信息社会虽有改变，但多少又变成炒作和闹剧，成为更严重的干扰或遮蔽。

今天，美的分蘖、繁殖、对立和夭亡，如此严重。特别是当代艺术的现场，打破了人们对艺术整体性的默认。这是什么？何为艺术？哗变、出圈和颠覆……平地而起的变故，引起悄悄的骚动，无须挑动，无法清理，也无法复原。关于美的中心化结构不复存在，“册封”的多源、多元和多变，影响、效用、界线的分散、对冲与流失，日益深重。生机和毁坏、保守和激进、吁请和抵制、暧昧和极化、一日千里和风流云散……同时呈现。作品的渊面之下，涌动的是社会结构、体制机制、市场、技术、全球化、多样性、文化变迁的无限渊薮。从各种角度看，从单一到复杂，从整齐划一到千姿百态，转型中的社会结构、体制机制远比改革开放前复杂千倍，各种元素、维度、力量同时在发力、牵制和平衡。特别是市场、金融、技术、全球化和多样性的全面渗透，几乎影响到一切方面……所有这些，加入和塑造着人们的动机、心思、言辞、偏好和态度。童贞岁月荡然无存，万物碎裂和成熟。这些力量颠簸流离地落到一件件作品的命运里，它的出生、籍属、性状、评价、册封和归宿，被严重复杂化了。当人们再与一件件作品相遇，可能不再是画面、形式、构图、线条、色彩……不再是这些重重深机折射出的令人晕眩的镜像，观看不在悦目，感性、直觉、经验中含有了越来越多艺术之外的艰难之思，言语变得困难，作品越过定义，它与观者和社会的关系难以明晰。

黄河文化、长城文化、大运河文化、长征精神，也许还有长江文化等，是我们最醒目的文化足迹。辽阔的土地上，悠久的岁月里，这巨大、辉煌、纵横交错的足迹，构成一个大大的“国”字。

这是我们民族的标识和徽记，是我们家园的门楣和梁柱，是我们文明结晶的大块堆垒，是我们纵到底、横到边、引以为傲的灿烂文脉，鸿图华构……从北到南，从东到西，横平、竖直、弯折钩，每一画都光彩万里，每一画都写在血脉灵魂里。

重重复重重，多元拱一体。历史力量的方位、节奏和力道，文明结构的布局、功能和机制，价值体系的开放、创新和熔铸，一次次凤凰涅槃，一次次升华跃进，大道直行，九曲回肠，质朴刚贞，缠绵悱恻，行行复行行，好一曲中华民族、中华文化“多元一体”、青春永驻的不朽旋律。

新时代必有大手笔。党中央、习近平总书记，首倡推动、筹划布局国家文化公园建设，百年变局中落笔有神，千钧之重，时不我待，千里万里，蜿蜒沸腾着国家文化公园建设的大“工地”。

难以忘怀、惊心动魄、波澜壮阔的2020年，就这样翻过去了。今年是党的百年华诞，中国人民在党的领导下，又将朝着下一个百年，朝着中华民族伟大复兴的希望高地，跋涉挺进。

“面朝大海，春暖花开”。值此充满命运感的时刻，愿将这篇文章献给所有热爱中华文化的人们。

文字整理：杨万奇

校对：杨万奇

新时代的文艺政策与文艺评论

周由强

今天我跟大家交流的主题是新时代的文艺政策与文艺评论。按照党中央的精神，党的十九大提出的中国特色社会主义新时代，时间上实应从党的十八大开始算。

所以，我今天交流所涉及的文艺政策或者文艺评论的相关论述时间上也是从党，从制度或者理论的顶层设计角度来讲的。新时代的宣传思想文化的使命，就是习总书记在全国宣传思想工作会议上提出的：举旗帜、聚民心、育新人、兴文化、展形象。

从学理上讲，这五点解决了几个根本性问题：一是解决政治方向的问题。二是解决理想信念、价值理念、道德观念问题。

习近平总书记在2014年10月15日的文艺座谈会讲话中指出："我国社会正处在思想大活跃、观念大碰撞、文化大交融的时代，出现了不少问题。其中比较突出的一个问题就是一些人价值观缺失，观念没有善恶，行为没有底线，什么违反党纪国法的事情都敢干，什么缺德的勾当都敢做，没有国家观念、集体观念、家庭观念，不讲对错，不问是非，不知美丑，不辨香臭，浑浑噩噩，穷奢极欲。现在社会上出现的种种问题病根都在这里。”

这里说病根就是价值观问题。所以党和国家这些年对价值观的弘扬和培育高度重视。

习总书记在去年两会的社科界、文艺界联组会上发表了重要讲话，讲话又一次对我国文学艺术发展提出了很多十分有价值的科学判断。总书记强调指出，要正本清源、守正创新。一个国家、一个民族不能没有灵魂，作为精神事业，文化文艺、哲学社会科学当然就是一个灵魂的创作，一是不能没有，二是不能混乱。在说到哲学社会科学不接地气这个问题的时候，总书记指出，哲学社会科学包括文化文艺不接地气不行，要解释现实的社会问题，开什么处方治什么病，首先要把是什么病搞清楚。“号脉都号不清楚，那治什么病？”

总书记还指出，我们讲大师、大家，不是说有大派头，而是说要有大作品。如果不把精力和思想心思放在创作精品上，只想走捷径，搞速成，是成不了大事，成不了大家的。总书记说：“我在文艺工作座谈会上也说过，没有优秀作品，其他事情搞得再热闹、再花哨，也是没用的，也是花架子，也只是表面文章、过眼烟云。”在讲到艺术创作的细节时，总书记指出，除了天赋以外，确实要去积累、去挖掘。很多事情都是在细节中见功夫，演电影、写小说，包括我们写戏剧、戏曲一样都是细节十分重要。细节要感人，细节要真实，作者要真实地去挖掘生活中的细节。

我之所以把总书记的这些重要论述挑出来和大家探讨，就是因为我们今天，无论是文艺创作还是文艺评论，都面临着不少共性的问题。这些问题就是我今天想跟大家交流的内容。

第一是关于新时代的文艺政策，主要探讨文艺创作和评论的方向与目标问题。

第二是学习总书记关于文艺工作的重要论述，探讨新时代文艺的价值问题，也是认识我们文艺工作者的初心与使命的问题。

第三是文艺的立场，探讨我们的人民情感和人民立场问题。

第四是价值观与思想性的问题。

第五是文艺的评价问题，探讨大众审美观与艺术表达问题。

一、关于新时代的文艺政策及其相关文件

第一类是关于文化文艺工作的重要论述和重大要求的。最重要的当然是党的十八大报告和十九大报告中有关文化文艺的重要论述。这两个纲领性文献充分体现了党中央对于包括文化文艺在内的新时代治国理政的理念和最高要求。再就是习近平总书记关于文化文艺工作的重要论述，包括但不限于在文艺座谈会重要讲话、在中国文联十大、中国作协九大开幕式上的讲话、在政协社科界文化界联组会上的讲话和有关文艺文化工作重要批示指示，以及总书记给文艺界、艺术家的致信、中国文联成立 70 周年的贺信。

第二类就是党内法规，如《中国共产党宣传工作条例》和党的十九届四中全会的决定，这些重要文献都专门就关于文学、文艺和文化工作作出了一系列的明确规定，而且从国家治理的角度进行制度安排和制度规范，这无疑给文化文艺的发展提供了更加可靠的政治保证。特别是党的十九届四中全会关于文化的制度设计和安排上，更是体现了新时代我们党领导文艺的重要方略。

第三类是党中央和国务院颁发的关于文化文艺发展的专门性重要文件。其中，针对戏曲艺术来说，最主要的包括《中共中央关于繁荣发展社会主义文艺的意见》、国家文化改革发展的“十三五”规划，国务院办公厅《关于支持戏曲传承发展的若干政策》，中办、国办颁发的《关于实施中华优秀传统文化的传承发展工程的意见》，国务院办公厅《关于全面加强和改进学校美育工作的意见》里面涉及的一些关于戏曲与文艺方面的内容。这些文件除了对文艺方向方针原则进行规定外，还针对戏曲等具体艺术门类的发展进行政策上的引导和支持。

比如，国务院关于支持戏曲传承发展若干政策中，除了关于戏曲的保护与传承，戏曲剧本的创作外，还包括实施戏曲剧本的孵化计划，支持戏曲的演出，加强了政府购买力度，以及将地方戏曲纳入公共的文化服务的目录，改善信息生产的条件，支持戏曲艺术表演团体的发展和第 6 项完善戏曲人才培养和保障机制，加大戏曲普及和宣传等相关内容。

再比如，在《关于实施中华优秀传统文化传承发展工程的意见》的文件也明确要求，要实施戏曲振兴工程，做好戏曲的相应各项工作，挖掘整理优秀的传统剧目，推进数字化保存和传播，推进汲取书法高雅艺术传统体育走进校园，这里也涉及加强评论方面的内容。大力加强文艺评论改革，完善文艺评奖，建立有中国特色的文艺研究评论体系，倡导中华美学精神，推动美学美德美文相结合。

党和国家从政策方面给予文艺发展这么大的支持，也是前所未有的。

二、关于文艺的价值问题

这一问题，从古至今，众说纷纭。习近平总书记的论述却让我们为之一振：文艺是时代前进的号角，最能代表一个时代的风貌，最能引领一个时代的风气。

总书记还指出，“文运同国运相牵，文脉同国脉相连”，“文艺创作的目的是要引导人们找到思想的源泉，力量的源泉，快乐的源泉”，“追求真善美应该是文艺的永恒价值”，“艺术的最高境界是让人动心，让人们的灵魂经受洗礼，让人们发现自然的美、生活的美、心灵的美”，等等。总书记这些重要论述和科学判断，把我们新时代文艺工作的价值和文艺事业的作用提到了一个全新的高度。

总书记也寄予文艺工作者殷殷期待：胸中有大义，心里有人民、肩头有责任、笔下有乾坤！正因如此，总书记几次会议讲话中反复强调，文艺是铸造灵魂的工程，是以文化人、以文育人，要用独到的思想启迪、润物无声的艺术熏陶启迪人的心灵，传递向善向上的价值观。

三、关于文艺的立场问题

这是社会主义文艺的一个根本问题、原则问题。

我们党的历代主要领导人毛泽东、邓小平、江泽民、胡锦涛和习近平，都对这个问题有坚定而深刻的论述，本质上就是坚持以人民为中心的创作导向。

习近平总书记对“人民”这个概念在理论上进行了突破，指出，“人民不是抽象的符号，而是一个一个具体的人，有血有肉，有情感，有爱恨，有梦想，也有内心的冲突和挣扎。”这一重要论述不仅对哲学社会科学，而且对我们的文艺创作的认知和空间是一个大解放。

所以，总书记在讲到文艺创作方法的时候，提出了“双扎”理论，指出，“我们创作的方法有各种各样，每个人的方式不一样，千条万条，但是最根本最牢靠的还是扎根人民扎根生活。”这对于文艺如何书写新时代人民大众、如何塑造具有新的时代精神的人民的形象给出了有力的回答。

总书记还希望我们文艺工作，“让目光再扩大一些，再深远一些，向着人类最先进的方面注目，向着人类精神世界的最深处探寻。”这些精辟的论述充分体现了新时代文艺的“人民性”特征。

四、关于文艺的灵魂问题

即价值观和思想性的问题。价值观是一个民族文化的灵魂，也是一个国家文化的灵魂。

总书记在多次讲话中反复强调，对文艺来讲，思想和价值观念就是灵魂，一切表现形式都是要表达一定的思想和价值观念的载体，离开了一定的思想和价值观念，再丰富多样的表现形式也是苍白无力的。

我们在评价一个文艺作品的精神高度、文化内涵、艺术价值时，最需要考察的就是创作者的价值观及其表达方式。核心价值观是一个民族赖以维系的精神纽带，是一个国家共同的思想道德基础，如果没有共同的核心价值观，一个民族一个国家就会魂无定所、行无依规。

总书记对核心价值观的审慎判断和高度把握，对于文艺创作十分具有指导意义。古今中外、各行各业、各地区各民族对价值观的问题都十分重视，但一段时间以来，我国不少文艺家对价值观问题重视不够或者说表达出现了不少偏差。价值观是一个很有意思的东西，看不见也摸不着，却随时随地在影响我们的行为。特别是当你要做出重要抉择的时候，内心深处的价值观就会被唤起。

反过来，我们也可以根据人们的行为和抉择，了解他们的价值观。所以，观众们经常从作品反观创作者的价值观，甚至对创作者的个人品德作出判断。党和国家一直提倡文艺工作者要追求德艺双馨，其核心逻辑起点也在这里。

五、关于文艺的评价问题

这是一个十分复杂且具有鲜明时代性的问题。

其中关于文艺作品评价标准，毛泽东同志提出“政治的、艺术的”标准，邓小平同志提出“对实现四个现代化是有利还是有害”的标准，江泽民同志提出“四个有利于”标准，胡锦涛同志提出“人民满意是最高标准”，这都是我国各个历史时期对文艺作品的基本要求，是马克思主义关于“美学的、历史的”文艺作品评价标准的继承和发展。

习近平总书记对文艺作品评价的阐述全面深刻。

比如，其关于运用历史的、人民的、艺术的、美学的评判和鉴赏作品的明确要求，关于一部好的作品，应该经得起人民评价、专家评价、市场检验的科学论断，关于好的文艺作品、优秀文艺作品、文艺精品、经典文艺作品、伟大文艺作品、不朽文艺作品等的深刻论述，关于文艺创作的目的是引导人们找到思想的源泉、力量的源泉、快乐的源泉，要把提高作品的精神高度、文化内涵、艺术价值作为追求的明确要求，关于文艺作品不是神秘灵感的产物，它的艺术性、思想性、价值取向总是通过文学家、艺术家对历史、时代、社会、生活、人物等方方面面的把握来体现的科学认识，关于繁荣文艺创作要坚持思想精深、艺术精湛、制作精良相统一的明确阐述，等等，都充分说明了习近平总书记关于文艺评价标准的论述系统、科学、完善，为建构我国文艺作品评价体系提供了强大的理论指导。

以习近平总书记关于文艺工作的重要论述为指导，把票房收入、收视率、收听率、点击量、发行量等反映市场接受程度的量化指标，与专家评价、群众评价有机结合起来，把握好艺术性与思想性的统一，把握好文艺审美的中国尺度，彻底扭转那种“以洋为尊”“以洋为美”“唯洋是从”的不良倾向和局面，推动建立反映文艺作品质量的综合评价体系，为铸就中华民族伟大复兴时代的文艺高峰贡献力量，是当代中国文艺工作者的共同责任。

总之，真诚地希望我们戏剧艺术工作者：

一、不碰红线，大是大非不糊涂，树立方向和导向意识；

二、守住底线，讲良心就是说真话不说假话，树立责任和使命意识；

三、牢记中线，从提高全民族的审美素质出发，树立市场意识和网络意识；

四、心仪高线，要有理想、有抱负，树立精品和经典意识。

总之，大家一起努力，各展所长，为我们这个时代的艺术事业添砖加瓦、发光发热，为我们时代铸魂，为人民立传，为梦想放歌，在中华民族伟大复兴的征程上，创造出无愧于我们这个时代的崭新业绩。

文字整理：陈秋吉

校对：杨万奇

当代文艺政策与戏曲创作

崔 伟

一、从戏曲创作所缺展开我们的话题

文化和旅游部举办千人计划，充分说明文化主管部门和社会各界对戏曲创作的重视，以及对戏曲发展的长远性建设的重视，因为没有各个门类优秀人才的有力支撑，戏曲也就不会有传承发展的明天盛景。

应该说，我国近年来戏曲艺术取得前所未有的大发展，并已经从一度的生存危机，转变为各方面都在支持、关心，可以说现在是史上少有的发展良机。作为基础工程的人才培养，从改革开放到现在，从来也没有像这几年这么大规模地在全国各省市层层选拔优秀人才参加培训，这说明有关部门对青年编剧的关心、培养、期待也是前所未有的。正是因为大家具有着如此神圣的艺术使命和社会与文化的殷切期待，因此我们不仅应该有光荣感、使命感，更应该有责任感、危机感。特别是明悉在这样一个大好形势下，在戏曲创作中时代和观众的呼唤是什么？我们的创作和创作者还缺乏什么？因此，我们今天着重围绕一个“缺”字来展开话题，如：缺少、缺乏、缺失、缺位。

二、戏剧创作现在存在着“五缺”

第一，创作中深刻体现时代先进思想和人类共同道德的人文精神缺情怀。

无论是历史题材，还是现实题材，近些年创作作品不可谓不繁多，但为什么产生撼动人心的作品却不多，为什么出现有数量没质量，有高原没高峰的严峻现状？本质的原因是许多戏曲文本和创作者，在戏剧故事和人物的开掘、塑造中，带给我们本应通过作家的思考和作品的表达，浓郁深刻承载、阐发的时代先进思想和人类共同道德缺乏深沉的思考力、思考的独特性、亲和的感染力，因此作品本身也就会弱化对社会和观众的精神感动与灵魂触动，作品的思想浓度与时代感、文学感都极为有限。一个作品必然体现一个时代的精神风尚，承载着作为时代亲历者——剧作家的人生感受和留给他的时代印痕，但这个感受与印痕必须是作者和时代同命运，与人民同情感，体现人类先进思想的精神追求与呼唤，代表着对人类和社会发展真、善、美的讴歌，假、恶、丑蔑视的道德坚守。这种思想精神和道德传达，不是概念的、抽象、浮表的，理应是作为作家、艺术家所具备的对人、事业、职业高度的敏锐、鲜活、深沉、良善，它理应是从生活中来，经过思考的熔炼，重要的是最终能转化为艺术作品所具有的深刻与鲜明，从而打下时代的烙印，浓聚着艺术家的是非的褒贬、情感的寄托，理想的呼唤、向往的呐喊。

遗憾的是时下我们创作的不少作品。虽然写了现实，聚焦在当代人物身上，但却很难通过作品，让我们感到时代的深刻的精神气质和当代人精神与内心的鲜活深沉状态。不少作品思想苍白、思考概念、关注的人和事多浮于表面，与时代和生活本身的丰富深刻都存在着极大的距离，不但没能写出当代生活的那种深沉与深厚，而且极为缺乏时代特征和鲜明特色的当代精神与魂魄，跟观众和时代的要求还有很大的距离。因此这样的作品是绝对不能引起社会的关注和观众的共鸣的，不能成为历史鲜活记忆的，也是很愧对当下国家那么重视支持戏曲传承发展的利好环境的。一代文学是一代人的思想记忆，是一代人思想的凝注，如果我们很多东西只是写了当代，但对当代生活的开掘中没有当代思想，这无疑是时代创作的缺憾，文艺作品的缺位，戏曲艺术的失职。

前不久有几位评论家都在叩问：为什么生活很生动，一写到戏里面就不好看了？关键是太多的作品没有秉持着深沉的时代先进思想来扫描生活，缺乏用人类的共同道德辨析发现生活中的崇高、壮美、平凡、质朴，并发出艺术本应有的深沉与厚爱，敏感与率真的讴歌、臧否、悲悯、呼唤。提升创作者的当代先进思想水平最重要的还是要深扎人民与时代这方沃土，作品真正做到生活中来、人民中来，要善于用艺术家的眼睛和大脑，用我们的良知与责任，发现生活、开掘生活，认识人生、塑造人物，把当代生活的本质，当代人的精神、情感，书写成可触可感，有道德、有筋骨、有温度的作品。

所以现在出现了一些问题，概念化、浅表化、功利化较为泛滥，从创作题材到创作方法都这样，怎么能出现高峰，怎么能根本改变质量的痼疾？概念化危害最大，它是创作的天敌，也是最易间离文艺与社会和观众情感的。概念化在观众面前没有征服力，因为艺术是要用形象、内容、情感、思考去感染人的，在感染人中升华人的境界，启发人的思维，铸造人的道德，影响社会的环境。而不是简单地说我写了当代的生活，这个就能感动人。现在我觉得要写什么东西，很多并不是说我们在生活中有了发现，或者说我们在生活中有了独特的感触不写不快，不写不行。前不久也有人担忧，创作越来越从我要写变成要我写。我要写的东西固然很重要，为什么？我有胸中的块垒，情感激荡不能不写。但是我要写的东西如果你没有思想，没有达到对当代社会的道德化评判和深刻辨析的话，要写也有可能写成概念化。

在创作中，我们应多思考题材的时代特点、人文精神如何体现时代性、深刻性、生动性，而不是这个题材有多么时髦、热闹。很多作品写的是当代，但是缺乏魂魄，缺乏魂魄的作品绝不可能感染人，更不可能撼动人。切记，当代题材作品的短命恰恰在于急功近利和缺乏深沉的时代先进性表达。

第二，在题材和人物开掘上“三性”缺浓度。

“三性”我指的第一是深刻性，第二是丰富性，第三是完整性。

深刻性、丰富性和完整性其实是使一个题材和一个作品能够伫立起来的最重要的思想的内因、艺术的支撑、长久生命力的保障。

现在很多作品粗制滥造泛滥，根本没有很好践行“思想精深”“艺术精湛”“制作精良”的号召。大家可以看到每天都在演出，有多少戏你看完以后能够真正的感动你？很少。但正是在这样的数量轰炸下，我们有为的创作者才更应该有更强烈的自觉，应在题材和人物开掘的深刻性上面调动起我们对生活的独特认识，在创作题材风格的丰富性上坚守我们的艺术追求，在呕心沥血对作品的完整性打造上实现当代艺术的留得下、传得开、唱得响。

艺术表现出对生活思考的深刻是什么样呢？最主要是体现在你对人生深刻思考的客观性，以及你对生活深刻感受的时代性，最主要的体现为你对生活认识的深度、温度。对于生活的深刻的认识正是我们现在很多戏剧创作中很缺乏的珍稀元素。应该说，这几年我们强调本体的回归、戏曲剧种地方地域特色的强化，都非常必要，但是我们又在一定程度上削弱了文学性的深刻。特别是一些既不具有戏曲性，同时更缺乏思考生活深刻性的作品数量呈上升趋势，使得当代新的戏曲剧目创作越来越缺乏震撼人心的动人力量。故事浅浮、人物概念、主题甚至就是概念的直白吟咏，都是缺乏深刻性的顽症。因此，我们要强调新创作戏曲作品既要反拨以往（主要是20世纪八九十年代）有些过度的对“思辨意识”追求而导致的观赏性削弱。但现在戏曲创作的危机则又呈现为对深刻性的文学认识和思想价值的忽视，甚至以概念代替思考，或深刻难觅或概念代替深刻，以致对生活的把握变得苍白无力，这样就会缺乏真诚，缺乏平实、缺乏睿智、缺乏主体。

丰富性和完整性比深刻性保留的要多些，这主要是艺术呈现的层面。我们现在说唱得响、留得下、传得开。唱得响靠谁？唱得响既靠演员也靠内容。留得下，为什么留得下？你必须是对这个时代生活的特别深刻和真实的记载才能留得下，别人会从文艺作品中去解读他没有经历过的历史和生活。传得开是什么？我们这个东西表达了戏剧的特点，更重要的表达了人生的情感才能传得开。我尽管是戏曲本体派、传统维护派，但坦白地讲，新戏中演员的表演固然重要，却不是唯一重要的，必须“三性”和谐并举，才能取得真正成功。要看演员表演，更要看演员表演的基础，看内容看生活，看你的情感对观众有多少撼动力。如果我们没有这方面的自觉性，那么我们的作品就不会产生深刻性和丰富性，我们的作品也就不可能产生完整性。

第三，体现当代艺术风格和高度的创造创新缺力作。

一代人有一代人的艺术，一代人有一代人的创造，文学是这样，中国戏曲创作的发展同样是这样，这是哲理。成功的创造不仅能成就优秀的剧作家，而且可以因为他们的成功创造创新改变和推动时代戏曲的发展，铸就不同时代的戏剧面貌。

历史不说，当代戏曲的繁盛也就是建立在20世纪改革开放新时期戏曲文学的那场巨变。可以说当代戏曲的面貌在很大程度上是上代那些有才华、有创新、有风格的剧作家的优秀阵容引领，以及他们作品经典示范性奠基的。如福建的郑怀兴、王仁杰、周长赋，四川的魏明伦、徐棻；湖南的陈亚先、吴傲君；北京的郭启宏、上海的罗怀臻，等等。他们尽管艺术理想和创作风格不同，但却具有一个可贵的共性，即对当代戏曲创作风格的创造性劳动，突破了传统又形成了新的戏曲创作时尚，形成了一个体现新时期以来中国戏曲创作的新高度。他们的作品也因此具有了经典性和生命力。但新一代戏曲创作者和他们相比，创作条件比他们好了，创作机会比他们多了，创作待遇和国家方方面面的扶持关注比他们直接频繁了，但我们却很少创造出能和那些距我们不远的前辈媲美的优秀作品。我想，这非常值得我们深思，也让我们各位尽管已成为编剧界的骄子，但也丝毫不能满足和欣欣然，要目标高远，脚踏实地，起码要有赶超的雄心，更要付出更艰辛的艺术劳动。我们真的不要太满足现状，更不要满足一戏一事的成功，那样你的标准就仅局限在眼皮底下了。更何况现在的艺术评价环境也不乐观，那些赞扬的话有些靠得住，有些实在靠不住。创作好不好，不在那些本不懂戏曲创作规律和技法的“专家”说什么，最简单是拿自己的作品多和戏曲经典比，多和新时期以来的那些前辈的代表作比，多听听观众和有识者的评价。这样你才能有目标、有标准、有学习的对象、有借鉴的范本，有自我反省提升的动力和清醒剂。

第四，如何达到精湛、精美、精绝的艺术呈现缺思考。

现在创作条件很好，似乎各种体制和扶持措施、资助机制都在推动着戏曲创作大干快上。但是为什么精品却不多，即使一些评论家屡屡封号的精品也不能得到观众的认可与艺术标准的考验，当然还有那经常并且是普遍的短命结局。

其实现在恰恰是我们同学可以大展身手的良好机遇，关键是要在艺术上做强做大做实自己的每一部创作。用心血写作，用智慧创造，用良知喻世固然重要，那是我们后期努力要做的，但我们更应该学会学习与借力。

近年来，我越来越感到当代青年戏曲创作者的学习不够，远不如上代人那样如饥似渴。甚至搞评论的没读过莱辛的《汉堡剧评》，搞创作的更是没读过本剧种的那些代表剧目。一些从事历史剧写作的作者甚至连戏曲史、文学史上的经典剧目都没有读过完整剧本，而是从百度上获取信息。这样，你的作品怎么能做到精湛、精美、精绝呢？每一个戏不包含心血是不行的。我们为什么不真正把它做得很完美，很用心，很倾情，充满真诚？好的东西绝对有征服力。所以我觉得真正的成就还要靠自己的努力，没有把心血变成你的作品的骨血，变成你人物的骨血那谈何打动人、感染人？

我们还越来越缺乏前辈创作者对生活和时代，对民族和人民的真情实感。前不久两个戏举行了创演60年纪念，一个是越剧《红楼梦》60年，一个是豫剧《朝阳沟》60年。坦率地讲，我们现在的许多现代戏和《朝阳沟》比有很大距离，好好研究一下《朝阳沟》为什么成功，对我们会很有裨益。我们不否认，它的时代局限非常明显，比如说上山下乡；也不否认《朝阳沟》在艺术上也有局限，比如几个转折很简单化，但是这都不影响这个戏的价值。60年了你看这个戏就像传统戏一样生动吸引人，但是你看这个戏又可以像看现代戏一样能够感动你。为什么？就是杨兰春这一代人他们对自己所处时代的那份热情，那份火热的真挚情感，对写作人物的那份熟悉洞彻，对调遣和通过豫剧形式对新生活、新人物、新主题的浓郁的艺术生动表达。应该说豫剧《焦裕禄》很好地继承了《朝阳沟》，但又发展和时代化了。它固然体现了豫剧特点，但更重要的是写出了和那么多写好官的戏不一样的内容。他写出了焦裕禄的担当，写出了那种历史的苦难和中国人要摆脱苦难的渴望和挣扎，他写出了先进的苦涩，他写出了那种为人民谋幸福和践行共产党理想的崇高与艰难。

要做到精湛、精美、精绝，第一我们要精心。创作浮躁，急功近利最害人。这些年内因外因的急功近利诱惑太多了，“毁掉”的人也不少。这导致不能清晰了解自己，不能客观评价作品，不能正确面对现状。因此，树立并时刻谨记艺术的高标准是什么就太重要了，特别是要注重专业学习和修养增进，要在名家的优秀作品中汲取营养，学习经验，特别是不能仅把眼光看着最近什么作品红了，什么题材火了，光想着艺术上“近道超车”，那是对艺术和自己的不负责任，也很难取得实实在在的成功。第二要对艺术有一份精诚。没有这种精诚你就不会用心感受题材、感受生活、感受时代。没有精心、精诚，那么精湛、精美、精绝都达不到。精湛是效果，精美是成色，精绝是给人意想不到的艺术冲击力和情感感染力。

第五，编剧对戏曲传统和创作规律缺敬畏。

戏曲有自己的规律，表演有规律，文本创作同样有规律。尊重规律事半功倍，无视和违背规律事倍功半。而这恰恰是我们时下戏曲作者明显的短板。

仍以《朝阳沟》为例，大家都说杨兰春是创新者，但他对豫剧传统戏极为熟悉，据说能熟练背出老戏的唱词上千段，所以他唱词写什么？怎么写？都谙熟于心。因此他的唱词口语化强，就是老百姓的语言，但又精彩凝练，妙趣横生，演员爱唱，观众爱听，利于流播。第一个唱的是豫剧的内容，第二个唱的是民间文学的文字，第三个唱的是戏曲的唱词格律，第四个唱的是演员的艺术风格。你看是不是？“亲家母你坐下，咱俩拉拉知心话。亲家母咱都坐下，咱们把话拉一拉……”这些话就是大白话，但是你说唱起来多么顺溜，现在我们谁能写？为什么？他对传统东西太熟了，他对老百姓语言太熟了，对剧种太熟了。

时下，我们的剧目为什么戏不好看？其中的主要原因是编剧没有提供一个好的戏曲文本。汪曾祺说过一句很深刻的话，他说：戏曲没文化，但是戏曲没文化就是最大的文化，它有它独特的文化。所以他才能以文人之身设计和写出了那么具有戏曲性的“智斗”场面，更写出了极具文人娴熟文字才能与文学功底的“垒起七星灶，铜壶煮三江。摆开八仙桌，招待十六方……”他说戏曲最大的特点是韵文，这个韵味不是文体的韵文，实际上是一种古典的思维方式。别小看传统戏，尽管很多老戏中基本上是情节套路相似，人的命运相似，但是有很多我们现在做不出来的灵活性和技巧性。

一方水土养一方人，一方水土写一方戏。个性的坚守与发扬才是成功的根本，剧种个性不存，独特风格哪里来？同样道理，我们年轻编剧不认真学习、了解、研究本剧种，或你不熟悉剧种规律、特点、要求，你又怎能娴熟驾驭，灵巧发挥，独成机杼，焕发你创作的个性色彩呢?

编剧要有历史底蕴、人生底蕴、文学底蕴，要有艺术的甄别力，要成为戏曲本质规律的深刻认知者，本剧种或常写剧种的深度稔熟者。这样才能够在艺术上施展自如不至捉襟见肘；做到传承发展万变不离其宗，才能够把我们的文学权威、作者的权威建立起来。

毋庸讳言，从戏剧本身的社会影响力和拥有受众人数来说，当下仍然是一个相对倒挂的窘状。如何使这样一个倒挂的形势产生一个良性的结果？这个主动权在我们手上。我们有其他艺术形式所不具备的创造条件。戏曲最应该表达对社会的关切，写的东西要饱含着对生活的认识，要浸润着自己的创作心血，在艺术形式和魅力上具有着独特的表现方式！把我们戏曲和其他艺术形式的区别和特有吸引力、表现力发挥出来，才是我们的立足之本，这不仅要靠表演，更要靠文本的立足自身本体，又善于与时俱进。我们青年作者要补短板，更要扬长，我们的长是什么？就是我们和当代人与生活的接近，于当代生活中获得的真切感受，对当代人心灵情感的感受。

文字整理：肖帅
校对：陈云升、李代鹏

编剧和出品方的几个关系处理

王　珏

今天，我想从出品方和创作者的两个角度跟大家做一个交流。我来自北京演艺集团，北京演艺集团是北京市政府直属的一家国有大型独资文化企业，集团旗下一共有 29 家子公司，涉及了 5 大业务板块，其中最重要的一部分就是有 9 家文艺院团，分别是：中国杂技团、中国评剧院、中国木偶艺术剧院、北京歌剧舞剧院、北京儿童艺术剧院、北京曲艺团、北京民族乐团、北京市河北梆子剧团、北京曲剧团。

我们的 9 家艺术院团，也就是 9 家舞台艺术内容产品的出品方和内容的生产商。作为国有文化企业，我们的主营业务就是创作、生产、传播优秀的内容产品，实现双效统一的目标。而所有的内容产品最关键的核心是剧本。大家常说剧本是一剧之本，那么作为拥有 9 家剧院团的出品方，我们需要什么样的剧本，或者说我们对剧本的需求和希望是什么？我们之间是什么样的关系？我想从编剧和出品方的角度说一说，在艺术产品的创作生产和传播过程当中，需要共同面对和处理好的几个关系。

一、我们和生活的关系——生活是个好 IP

无论是编剧还是出品方，谁都离不开生活这一永不会枯竭的创作源泉。习总书记在全国宣传思想工作会议上强调，要不断增强脚力、眼力、脑力、笔力。这是对我们所有宣传思想文化工作者的要求，要求我们深入到生活中去发现、去体验、去挖掘、去思考、去提炼、去创作。无论是新闻宣传还是艺术创作，都离不开生活这片沃土。生活无论对于新闻工作者，还是对我们艺术创作者来说，永远都是最好的一个大 IP。

电视剧《鸡毛飞上天》的编剧申捷老师曾经说，他在中戏一毕业就参加了电视剧《重案六组》的创作，当时跟着导演到警队、监狱体验生活，特别庆幸自己把创作生涯的第一粒扣子就扣在了生活扣眼上。为了创作《鸡毛飞上天》，他更是深入到义乌体验生活，他说几乎剧中的每一件事、每一个细节都源于当时生活体验基础上的提炼。前几年热播电视剧《士兵突击》的编剧是兰小龙老师，他也是直接扎到连队去深入生活。那时没人知道他是编剧，他在连队中成为了一个真正的士兵。大家可以看到他的作品中也是散发着浓郁的军队生活气息。

作为一名编剧，离不开用眼力去观察生活，去发现和捕捉生活中可歌、可书、可写、可画的故事。尤其是我们现在非常注重现实题材作品的创作，更离不开所处的时代和每天都融于其中的生活。我们集团在近年的创作实践中，有很多成功的作品都是得益于深入生活。比如中国评剧院的新创剧目《藏地彩虹》，这是 60 年来继经典剧目《金沙江畔》之后的又一部有关藏族题材的原创作品，取材于北京安贞医院的医生援藏的故事。主创团队先后多次深入到藏区去体验生活，克服高原反应，把鲜活的人物和多彩的藏区生活反映到舞台上。创作的道路是非常艰辛曲折的，这部作品还有很多有待提升的地方，团队不断深入生活、反复修改剧本，目前仍然在继续打磨，希望在当年评剧《母亲》获得多个国家级大奖之后，进一步勇攀高峰。

作为出品方，我们非常乐于跟我们的创作者共同深入到生活中去，这也是我们艺术创作生产业务中一项必不可少的工作。但是深入生活又不是照搬生活，不是说你去采风，通过采访把生活当中原有的素材搬到舞台上就能出精品了，而是需要在深入生活的基础上，靠我们的脑力去沉淀、酿造、思考、提炼，把生活中最深刻、最精彩的生活真谛提炼出来，再用你的妙笔去呈现。

北京歌剧舞剧院正在创排一部音乐剧叫《在远方》，改编自同名电视剧，讲述了一群快递小哥的成长故事。编剧申捷老师在这部电视剧的创作过程中依然是一头扎进生活，最终在电视屏幕上为观众奉献了一幅既波澜壮阔又细腻浪漫的当代生活画卷，深受大家喜爱。去年年底，我们决定以音乐剧的形式将其搬上舞台，青年导演肖杰为了能够体验和了解快递员的生活，每天就在自己家的小区门口帮快递小哥分发快递。他说这还不够，后来我们的主创团队包括编剧、导演、演员及舞美设计等，就一起到顺丰快递的华北中心站，穿上工作服到生产流水线上去体验快递员的工作。

说到创作也离不开另一个话题——选题。每年我们都有大量的创作计划要完成，其中最重要的环节就是选题。我们会在上一个年度就开始研究，遇到重大题材创作时，选题工作还要提前更长时间。并且大家可以随时进行选题的探讨，也会在众多选题中去选择和孵化出重点的选题。对于选题，我的体会是要不追风、不扎堆，从出品方的角度根据不同类型的艺术团体的特点来进行策划。总结选题策划，要做到的几个充分：

一是要充分了解你的院团。对于创作者来说，则需要了解你即将把作品交付或者与之合作的院团适合什么样的选题。

二是要充分了解业界的创作情况，并且考量自己的实力。如果一个选题已经大家都在写，那么作者动笔前或者是出品方在决策前就要充分考虑自己的创排实力。大家都争抢同一选题的前提下，你加入战团能否把选题做到极致、做到最好？

三是要充分尊重你要做的选题。尤其是在进行典型人物、典型事迹或者重大的历史题材创作时，如果做得不好或演出后观众的关注度不高，往往对这个选题本身也是一种伤害。

四是要在充分了解和吃透了选题的前提下，找到与众不同的创意，以及非常好的切入点。这需要我们对选题和素材进行提炼，比如，北京市河北梆子剧团推出的现代戏《人民英雄纪念碑》。这是一个宏大的选题，仅就这几个字我们就能够感受到它厚重的分量。作家王勇老师说，他每次经过天安门看到纪念碑时，心中就涌起冲动要创作一部以此为选题的作品。这就属于作者对于选题的自发判断，需要深厚的经验积淀，以及对于某段生活、某种信念的强烈信号感知所产生的判断。

在选定了一个题目，并得到出品方高度呼应之后，接下来要面对的问题就是如此宏大的选题如何写好。在反复研究各类资料之后，作家并没有围绕这一选题展开宏大叙事，而是从浩瀚的史料中筛选出一个小切口，把笔力聚焦到一群普通的石匠身上，通过这样一群人物阐释出主题——一个有希望的民族不能没有英雄、不能忘记英雄。经过反复地讨论、磨合，出品方和编剧、专家共同论证创作的方向，最终确定了作品的具体走向，后来的成果大家也都有目共睹了。

二、编剧和出品方之间的关系——好戏是反复打磨出来的

很多朋友可能会觉得编剧和出品方是一对矛盾关系，我倒觉着是对立统一的关系。站在各自不同的立场上，我们都想想自己当初为什么出发，可以找到一个统一的地方。

首先有一个角度问题，如果站在编剧的角度，希望出品方能够尊重我的创作，最好不要改动我的作品，同时还希望自己的剧本能够变成剧目，能够立在舞台上，并且传之后世。站在出品方的角度，则希望编剧能够出色完成创作需求，最好别漫天要价。作为国有企业会有一整套严格的项目审批立项的流程，一切的合同和经费都要在立项以后才能实施。而编剧提供的剧本大纲是立项的要件之一，如果连一个能看出眉目的大纲都没有，这个项目根本就不可能提上立项的议程。出品方还希望编剧能够对自己的作品负责，有需要修改的地方，最好可以随时和其他主创共同沟通研究，而不是交稿走人。并且当然还希望这部戏不仅创排、演出，还要深受观众喜爱，并且能拿奖，等等。

一句话，我希望在我们请来的编剧和主创团队共同努力之后，创作出的舞台艺术产品传得开、唱得响、留得下，成为精品，成为院团的保留剧目，

成为今后每位新入团的演员必学的戏，成为每到团庆、院庆必演的戏，成为广告一出观众争抢购票的戏。

在双方的关系中有一个不可避免的问题，就是剧本修改。我相信大家可能都有过类似的经历，经过脚踏实地地深入生活、深思熟虑地提炼创作、精心设计的人物、巧妙编织的结构、高度升华的思想，等等，你非常满意甚至不得不佩服自己的创作才华。然而剧本到了导演或者制作人的手里，各种修改剧本的要求就都来了。有的时候你可能为了坚守创作而说我不改，也可能为了把戏立起来怎么说就怎么改。其实无论是作为编剧还是作为出品方，这两种做法我都不太赞同。一是，一部优秀作品的诞生并不是止步于作品交稿之日，交稿只是迈向精品力作的万里长征第一步。作品在接下来的生产过程中会遇到很多问题，你是在纸上谈兵，而一旦落地就是实战，剧本的修改是不可避免的。二是，别人说怎么改就怎么改更不合适。剧本创作是一个深思熟虑的过程，修改更是如此。有时我们甚至发现有些剧本越改越不对，一稿不如一稿。剧本的修改是一项牵一发而动全身的工程，说一改一、说二改二并不是最好的修改，因为好的创作者不仅能够完成对自己剧本的再认识和剧本修改的系统工程，更能对剧本进行驾驭和把控，精益求精地完成。比如，之前提到的河北梆子现代戏《人民英雄纪念碑》，一经推出后广受好评，已连续演出 93 场，后因疫情影响才中断。在前不久获得国家舞台艺术精品工程奖以后，编剧王勇老师主动提出，要把这部戏从头到尾再好好打磨一遍，因为他在 93 场的演出过程中有了更多思考，并发现了一些需要大家共同调整和提升的地方。于是王老师以及导演、主演和我们一起拿着剧本对着演出录像，一点一滴地研究整个戏需要调整和提高的地方。现在的修改版被称为精品加强版，并且将在排练过程继续不断打磨。

三、我们和观众的关系——尊重和引导

在这一组关系里有两个关键词，一是尊重、二是引导，我以儿童剧创作为例进行相关探讨。儿童剧的观众是一个极为特殊的观众群，儿童剧创作现在非常为人们所关注，创作者和制作者都把越来越多的精力转移到这一领域

中。但是不是所有的作品都能被儿童剧的观众所接受，都真正完成了我们期待的教育功能，在传播的过程当中产生的影响都是正向并且符合我们的创作初衷吗？无论是创作者还是出品方，这些问题都应该在创作立项之初就给予思考和关注。结合多年工作经历，我梳理了一些个人觉得在创作过程中应该考虑避免或尽量不使用的创作手段。

一是离家出走。这是在现实题材儿童剧中用得较多的一个手法，孩子们只要和父母、老师或同学之间出现问题，就会采取一个动作，就是离家出走。之后戏剧的走向，要么是机缘巧合地做了一件少年力所难及的好事而广受赞誉，要么是遇到一群坏人而身陷险境，还有一些作品会用动物来比喻孩子。最后大家都回归了，一切问题在剧中都迎刃而解，而且看似还很感人。但我们应该想到，在极易模仿的未成年人中，这个手法其实存在巨大的负面作用。因为离家出走不仅不能解决任何问题，反而会带来更多的问题。严格意义上来说，离家出走也是一种逃避，是一种潜在的危机和风险。

二是网络游戏。有些作品会去写孩子们因为玩游戏而影响了学习，出现成绩下降等问题，最后通过发生某件事而得到教训。在舞台呈现上，却过多地展示了游戏内容以求有看点，完全忽视了戏剧展示过程对孩子可能产生的负面影响。

三是贫俗。为了简单化地追求所谓的喜剧效果，使用大量不恰当的网络语言或者脑筋急转弯等，显得挺幽默。实际上对于孩子来说，这种又贫又低俗的东西带来的影响很难说是完全正向的。

四是口吃。众所周知，孩子的模仿能力最强，一旦刻意去学，可能会对他们的语言功能造成不良影响。而如果台下正坐着有口吃问题的孩子，就有可能成为同学们的嘲笑对象，引发儿童的心理障碍。在儿童剧创作中，出于对特殊观众群体的尊重，我觉得这是绝对不能用的。

五是胖子。儿童肥胖在现实中也是学校、家长需要共同解决的一个问题。但是在一些剧目中，肥胖儿童成为被嘲笑、被批评的对象，对这个群体的孩子心里也会造成阴影和伤害。

六是下跪。有时为了追求剧情的感人，常常会设计剧中人为了某个请求而下跪，配上音乐显得更为感人，相关问题也得到了解决。但是我想，我们的祖先由跪到站经历了多么艰难的过程，下跪是不是能够真正解决所面临的所有问题，我们要不要在儿童剧中这样引导和教育下一代呢，我觉得最好不要用这样一个所谓的手法。

综上所述，我认为在儿童剧创作中，不能为了追求效果而不顾效果，不能为了强调教育而影响教育，不能为了追求想象力而破坏想象力，不能为了童趣而失去了童趣。我的第一部儿童剧作品是为中国木偶艺术剧院参赛而写的，当时我提出想改编芭蕾舞剧《天鹅湖》并得到了支持。那时候还没有微信等传播交流手段，为了保险起见，我用了比较笨的办法，就是把写好的剧本印成很多份送给那些有孩子的同事朋友，请他们代为向未来的观众——孩子们征求意见。同事朋友们纷纷把孩子们的意见带回来了，有的是在睡前给孩子读剧本，读到什么地方孩子睡着了，就帮我标注出来；有的剧本上有很多铅笔字，这是孩子把剧本带到了学校，和好朋友们一起把不喜欢的地方写出来。这是我的第一次儿童剧创作经历，收到了很多对于剧本的修改意见，而孩子们提出的所有意见，我基本上都照单全收进行了修改。这部戏我前前后后改了 39 稿，在广州参加演出获奖以后，深圳大剧院的负责人当晚就将原订的 7 场演出合同改成了 14 场。

归纳一下，我觉得作为一名儿童剧的编剧，需要有三心二意加一力。三心就是要有一颗真诚之心、一颗童心和一颗责任心；二意就是创意和新意；一力则是要有想象力。

四、我们和传播的关系——面对疫情，以“变”应变，拓展传统业态的新传播途径，满足文化供给

在全球都被疫情侵袭的今天，我们舞台艺术工作者们一直坚守舞台，努力拓展传播途径，坚守而不墨守我们的艺术本体，快速掌握了新媒体的传播规律，全方位创新内容生产。

大家都注意到，这 7 个月来，全国各地几乎每个院团、每个剧场上空都飘起一朵叫作线上直播的云。北京演艺集团的线上传播也经历了三个阶段。一是疫情爆发之初，我们各院团的艺术家们主动作为，积极创作了一批抗疫

作品，通过互联网进行传播，做到了停剧场不停演出。二是集团也快速作出反应，在今年2月就提出与快手平台合作，推出京演快剧场，开启京演集团的线上演出季，6场风格各异的直播吸引了大量的关注。三是在云端推出京演剧场平台，分时段推出各团演出及培训等内容。目前在线下，我们的剧场迎来有限开门时，又果断推出分类试行的线上线下同步销售的策略，探索线上线下互动播出、同步销售的传统业态新模式。

进入传统业态布网探索的新阶段，舞台艺术网络平台直播是被疫情的倒逼，其实也是大势所趋。回望我们北京演艺集团从大年初二起步的触网至今，线上线下联动的经历，盘点我们每天的播出数据，我们也进行了以下思考。互联网进入中国已经有20多年，根据统计2019年中国网民规模已达到8.54亿。当前，随着高速网络和视频网站的传播发展，以短视频为主的视觉文化相对呈现碎片化、快餐化、短平快的现象特点，也主导了我们特别是年轻一代的日常网络文化生活的语境。

舞台艺术因其特性，与互联网的接触还没有达到凝聚力和全方位。疫情之下，我们的传统演艺业态最大的一个变化和收获就是，广大从业者特别是一些中青年骨干演员创作者纷纷主动触网新媒体，一些老艺术家甚至也亲自上网直播。同时我们也注意到，目前播出的这些内容大部分都是以舞台演出内容进行加工策划。对于网络传播的特点，我们其实还需要进一步认真地研究，积极地探索。我们还需要充分研究网络受众的阅读习惯和需求，有针对性地开展主题策划，适应互联网的语境。同时我们也要坚守艺术本体，在此基础上要创新发展。传播形式的改变，其实也随之带来内容和创作样态的改变，需要重新思考和创新。也许在舞台之外的某个角落，一种或者是多种新的内容和创作样态正等着我们去开拓、去创作，这是需要我们共同进行探索的。

五、我们与市场的关系——保有定力、坚守品质、锐意创新

无论是创作者还是出品方，我们都需要保有定力、坚持品质、锐意创新。市场是我们必须面对的，过去我们对市场也不是很熟，现在我们几乎天天要跟它打交道，而且身为文化体制改革的硕果，国有文化企业跟它的距离也更近。

面对市场经济的汹涌波涛，保有定力不是裹足不前，坚持品质不是奢靡铺张，锐意创新又不能抛弃本体。我曾在《新剧本》杂志社工作过13年，它是有着30多年历史的戏剧双月刊，我也经历了它从当年只有48页到如今144页的体量。这本杂志在发展过程中，也不可避免地和叫“市场”的家伙相遇，并且短兵相接。杂志一度陷入到非常大的困境当中，但也始终比较好地保有定力、坚持品质和锐意创新。最困难的时候，我们编辑在地铁里交接稿件、看校样、发稿，因为固定办公场所是要付租金的，每一分钱都要计算成本。值得庆幸的是，《新剧本》即使在最困难的时候，也没有卖刊号、没有向作者收取版面费。这些年来，《新剧本》杂志一直将发表剧作家的优秀作品作为目标，坚持讲述戏剧人的戏剧故事，并把国外的戏剧事件、戏剧作品引进来发表。

我们白天在单位看稿、编稿、采访，因为有时差，晚上还会跟国外作者进行联络。我们也坚持创办了老舍青年戏剧文学奖，坚持把更多的版面和空间留给青年创作者。首任主编潘德千老师曾对杂志有一个要求，版面空间是留给作者的，我们作为编辑不要在上面发表自己的东西，至今大家都一直按照这个规矩来做。我们也坚持在第一时间开通了线上平台，在市场经济大潮中，《新剧本》不仅在线下保有着良好的作家与读者群体，在线上也有着自己的传播空间和忠实的用户。

出品方和创作者无论做什么，都需要有一种创新的思路，需要增长新的本领。习总书记指出，互联网技术和新媒体技术改变了文艺形态，催生了一大批新的文艺类型，也带来文艺观念和文艺实践的深刻变化。当前，文艺工作的对象、方式、手段、机制出现了许多新情况、新特点，文艺创作生产的格局、人民群众的审美要求发生了很大变化，文艺产品传播方式和群众接受欣赏习惯发生了很大变化。创新是文艺的生命，要把创新精神贯穿文艺创作全过程，大胆探索，锐意进取，在提高原创力上下功夫，在拓展题材、内容、形式、手法上下功夫，推动观念和手段相结合，内容和形式相融合，各种艺术要素和技术要素相辉映，让作品更加精彩纷呈，引人入胜。

有一款融媒体产品，我觉得是集技术、新闻和艺术创作于一体的极具创新价值的产品，大概是在2019年全国政协大会开幕的当天，由北京电视台新闻中心新媒体科的同志推出，叫作“假如70年前有微信”。编辑们本着对受众习惯的充分了解，对历史知识的权威掌握，对新媒体技术的灵活运用，用时两个多月进行精心准备，可以说是以海纳百川的手法，把70年前新中国成立的点点滴滴再现于受众面前，非常有创新精神，也受到了中宣部的表彰。在当下，移动互联网已经改变了人们接收信息的习惯，并不是所有内容都是王，只有尊重碎片化时间、场景化的观看体验，从用户的需求出发，推动内容创新，在表达方法、角度、观点等层面求新求变，能够吸引目光、打动人心、引发传播的内容才具备王的潜质。

技术的发展也在不断催生新的内容，不断倒逼内容的创新和变化，技术和内容不再是两条平行线，而是相交相融、相克相生、相辅相成。在融媒体时代，技术和可视化本身就是信息和内容的一部分，它也决定了内容的可看性、传播力，尊重技术和可视化，不仅是全媒体新语境下传播的内容升级，同时也是内容供给侧改革的一个重要变化。那么在传统媒体进行融媒体转型的时候，对于我们演艺这一传统业态，如何用好新媒体平台，让我们的文艺精品得以更广泛深入地传播，是创作者、管理者都需要认真努力思考和潜心实践的，我们需要充分用好技术创新的成果，为内容产品的生产传播助力。

六、集团未来在内容生产方面的一些想法

我跟大家分享一下北京演艺集团未来在艺术生产传播方面的一些想法。一是出台一系列关于艺术创作生产的管理办法，制定扶持和服务艺术创作生产的1+N制度体系，为集团的艺术创作生产工作保驾护航。二是依托《新剧本》杂志，建立现实题材创作选题库，阶段性地进行选题论证和研发。三是与各有关单位签订协议，建立集团自己的深入生活基地。四是在集团范围内推动小剧场舞台剧的创作，为青年艺术人才搭建平台。五是推动线上线下双轮驱动的舞台艺术产品传播，用好新媒体。六是在演艺业态的发展方面，我们将有一个“软硬兼施”的计划。因为北京演艺集团旗下9家院团长期以来有一个很大的困扰——没有固定剧场。在北京市市委的高度关注下，相关问题正在逐步解决，未来我们集团旗下的院团都会实现驻场演出。剧场建成后，

我们将成为拥有硬件设施最多的一个演艺集团。而我们比剧场建设起步更早的是软件部分——内容产品的建设，根据不同剧种、不同院团的特点，根据市场需求的情况等，进行细致地规划设计。

最后，让我们一起重温党的十九大报告中关于文化建设的论述。“社会主义文艺是人民的文艺，必须坚持以人民为中心的创作导向，在深入生活、扎根人民中进行无愧于时代的文艺创造。要繁荣文艺创作，坚持思想精深、艺术精湛、制作精良相统一，加强现实题材创作，不断推出讴歌党、讴歌祖国、讴歌人民、讴歌英雄的精品力作。发扬学术民主、艺术民主，提升文艺原创力，推动文艺创新。倡导讲品位、讲格调、讲责任，抵制低俗、庸俗、媚俗。加强文艺队伍建设，造就一大批德艺双馨名家大师，培育一大批高水平创作人才。”我想，这是我们工作的指导思想，更是创作者和出品方都必须遵循的标准和努力践行的使命，与大家共勉。

文字整理：丁彦

校对：杨万奇

历史剧创作的几个问题

郭启宏

历史剧是要传神的。传什么神呢？怎么传神呢？且听我慢慢说来。

一、传神史剧

（一）传历史之神

1. 历史不能留其貌，却可以传其神

创作历史剧，不能完全还原历史原貌，而要传其神韵。韩愈写春雪与早梅“须知两逼真”。这里的逼真非真，乃“逼”近于“真”也！

美学家朱光潜说，“一切历史必都为现时史”。

历史是美妙的，对于剧作家来说，历史是表现独特观念、又是驰骋想象力的广阔天地。

2. 必须怀疑所谓“正史”的记载

梁启超讲：“二十四史，不过是为帝王将相做家谱。”

史学家看来是自相矛盾、无可索解的记载，或者是断裂的、语焉不详的记载，甚至是卷边的、废弃的、涂改的、模糊不清的记载，在史剧家看来，恰恰是想象力飞扬的广阔天宇。

“传神史剧指的是这样的历史剧：内容上熔铸剧作家的现代意识和主体意识，形式上则寻求‘剧’的彻底解放。”

（二）传人物之神

第一个层面，写“人”，而不满足于“演故事”。

有更深的层面在传神，就是写人的内心世界，而不满足于外部动作。

（三）传作者之神

从总体来讲，文学只有两个含义，其一，是批判，失去批判，无所谓文学，古今中外皆然。其二，仅有批判是远远不够的，更重要的是自省。

（四）传神史剧余论

传神史剧论价值之一——传神史剧使史剧创作找到文学与历史的最佳契合点。

传神史剧论价值之二——传神史剧使史剧创作的当代意识与传统积淀得以沟通。

这里有必要谈谈技法的进步，发展与创新，如写美人：

《诗经·硕人》用比喻，“手如柔荑，肤如凝脂，领如蝤蛴，齿如瓠犀……”

到了乐府《陌上桑》则用衬托，“行者见罗敷，下担捋髭须，少年见罗敷，脱帽著帩头，耕者忘其犁，锄者忘其锄，来归相怨怒，但坐观罗敷。”

我由此杜撰了一个词，叫“半妆”。唐伯虎《题张梦晋半身美人图》云：“天姿袅娜十分娇，可惜风流半节腰；却恨画工无见识，动人情处不曾描。”

传神史剧论价值之三——传神史剧使史剧创作的内容和形式得以同步发展，终将实现“剧”的彻底解放。

二、选材

题材有大小之分，无优劣之别，关键在作家的追求。

“文化大革命”前，有“题材决定论”与“反题材决定论”的论争。

从功利上说，大题材影响大，容易获得支持，好处更多，我不反对，人各有志，但我更热衷艺术上的追求。托尔斯泰有《战争与和平》，同样写战争，莫泊桑有《羊脂球》，都德有《最后一课》，难分优劣。

历史剧的选材，面对丰富多彩的中国历史，必有你的钟情所在。在操作过程中，我排除一个天真的想法，即不要指望历史记载里有现成的人物、事件、情节甚至故事供你驱遣。因为现成的东西早已被前人和同代人写尽了。当然，你不能弃笔，你可以另辟蹊径。途径有二：

一是“垦荒拓殖”，要有筚路蓝缕的精神，更要有标新立异的创意。

二是“精耕细作”，必须超越前作。

三、结构

李笠翁说结构第一，是否最重要尚可商榷，但从工序上讲，肯定序先。通常的过程可以这样描述：大量阅读和思考之后，作家会形成一个思想，或许是创作冲动，推演之后，浮现出创作意图，甚至是主题，古人叫题旨；题旨既成，以为聚焦，烛照素材，选择筛汰，于是结构，分场分幕，叙述事件，铺排情节，突出人物，写戏曲的可以安排唱段。结构一般须反复多次，甚至重构，直至满意，动笔可以缓几天，冷静思考，再握笔不迟，有了提纲，也应如鲁迅所说，放下几天，重新审视，再做修改，所谓磨刀不误砍柴工。

戏剧结构，一般来讲，有两种结构方式：开放式与锁闭式。

有几位大家谈到结构：一是阿契尔“从最后一幕写起”，一是霍华德·劳逊“从高潮看统一性”，一是我们的曹禺院长“必演景”。

关于结构，曹禺曾有“三S”之说，即惊异、悬置、意外（英语都以S打头）。迪伦马特也有偶然事件之说。

四、语言

（一）历史剧的语言规范与特殊性

历史剧语言与其他文学形式的语言有绝对的区别。

于是之提出，戏曲是诗，话剧是散文，当然关乎意境，但主要从语言上探讨。我以为应该进一步理解。话剧的台词不同于一般的散文写作，它具有性格化、动作性、戏剧性以及语言的许多特点，比如修辞，尤其是舞台感与节奏性。

比如性格化。它不是作家的抒情独白，是剧中人心理感觉的外化，它还是戏剧化的必需。

话剧语言受话剧规律的制约，它要服务于最高目标和贯穿动作，角色上场，必有任务，举手投足，自有性格逻辑。语言固是作家所写，但必须符合角色的性格发展逻辑，亦即适应戏剧的所谓矛盾、冲突、期待、发现、突转、高潮种种，尤其是动作性，其与其他文学样式的区别正在于此。中戏教授谭霈生先生说过一句名言——“戏在‘话中’”（见《论戏剧性》），其真意便是话剧语言的动作性。

话剧历史剧的语言还有一点应该注意，即：现代语境中的历史感。如《李白》中“时间”改“光阴”。

（二）戏曲语言

曲文是诗，宾白也是诗，写戏曲比之写话剧更难。戏曲是诗，一种特殊形式的诗，诗的属性是确定无疑的。

中国文学从诗开始，传承到现在，由四言而五言而七言，中间有“文学恐龙”的辞赋，有骈四骊六的四六体，有乐府民歌，有曲子词，至盛唐达到高峰，古体、近体，五言、七言，体大艺精，鼎盛一时，诗人的成就，空前绝后。尔后由诗而词，由词而曲，由曲而剧曲、雅部花部，绵延至今。在我看来，可以这样界定，词乃诗之余，一些古代文论家便这样认为，同此理，曲乃词之余，花雅部乃曲之余。

1. 戏曲是人物性格的诗

若比较，小说的语言当然也需要性格化，但较松散，没有戏曲严格；散文则偏重作家一己之感受，显示的是作家的个体性格；而诗歌纯属作家情感的抒发；只有戏曲（唱词和道白）非鲜明的性格不可，不然就沦为一般化，味同嚼蜡。如《沙家浜》中的《智斗》人物性格就十分鲜明。

2. 戏曲是可歌唱的诗

编剧与作曲的矛盾时常发生，盖在于此。从编剧方面讲，没有格律化或者不讲求声韵、平仄是问题所在。例如："举起你长满老茧的手。"除一个虚字"的"，全部仄声，还都是上声，创起腔来，难免"倒字"，该负责任的是编剧。我给上昆写《司马相如》，有一支《小桃红》，作曲家一看，见第四句和末句押韵后加一"也"字，他认可了，因为曲谱规定必须有这两个"也"字。写板腔体剧种的唱词，虽然没有昆曲那么讲究，但押韵必不可少，句中平仄也尽可能协调。有一个窍门，句式的关键处亦即音乐的节奏处，是不可马虎的。七字句在二、四、六字的位置，是关键所在，如唐诗律句所谓"二四六分明"。如老杜"两个黄鹂鸣翠柳，一行白鹭上青天"，其上句四六处即个、鹂、翠，仄平仄，下句二四六处即行、鹭、青，平仄平，两相对仗，既有整齐之美，又具参差之神。十字句则是三、六、十字，如《沙家浜》"风声紧雨意浓天低云暗，不由人一阵阵坐立不安"，上句三六九是紧、浓、暗，仄平仄，下句是人、阵、安，平仄平，同样两相对仗。其他字的平仄声只要读起来不拗口，便无大碍。

3. 戏曲是剧种的诗

从剧种的整体风格看，自有雅俗之分。如昆曲就必须具备雅的品格。有的词语你可以读不懂，但该提高文字欣赏能力。我觉得看昆曲，是你要向昆曲高攀，而不是昆曲向你低就。我反对那种打出"通俗"或者为青年观众着想的旗号，俗化昆曲。从严格意义上讲，雅与俗不可能共赏，只有在雅与俗之间的模糊带有相对实现的可能，但这个共赏里，雅与俗都变化了各自的本初意义。

4. 戏曲还是作者的诗

戏曲创作与其他文学样式一样，是作家个体化的脑力劳动，一定要有作和各位做交流。

一、什么是历史？

恩格斯在《路德维希·费尔巴哈和德国古典哲学的终结》里讲："人们通过每一个人追求他自己的、自觉期望的目的而创造自己的历史，却不管这种历史的结局如何，而这许多按不同方向活动的愿望及其对外部世界的各种各样影响所产生的结果，就是历史。"这个我是赞同的。说起来历史也很简单，过去发生的事情就是历史，历史有几个组成部分。

第一是指时间，这个时间是过去的时间，它已经不复返了，不可重建，也不可能再生，因此这个时间是一次性的时间，历史就是一次性的时间。

第二是指事件，这个事件是已经发生了的事件，但是不能排除它与后来发生的事件有某种惊人的相似之处，然而毕竟不是那一次的本初事件。尽管有重复，历史上好像是似曾相识，但是已经不是那一次的本初事件。

第三是指人物，这些人物都是过去岁月中的人物，他们已经丧失话语权。过去的人物都已经故去，在后世子孙面前永远是缺席，所以他们将受到后世子孙或公正或不公正的评价，甚至极易受到歪曲。我们看史书，那些历史人物基本上是可信的，但是个别也有有失偏颇之处。

二、严肃的史学著作基本可信，个别之处可以存疑

《左传》和《二十四史》是历代史学家经过艰苦的考察，阅读前代大量资料，经过筛选和研究的结晶，凝聚了他们的心血和才智，基本上是可信的。但是也有一些人质疑《二十四史》是封建统治阶级的知识分子撰写的。在1960年前后那一场历史剧的大辩论中就有人发表这样的观点，说他们颠倒了是非，混淆了黑白。因此他们认为历史就其本质来说是不真实的，是不可信的。所以我们现在有些历史剧的作家常常拿这个当挡箭牌，认为历史是不真实的、不可信的，因此胡编乱造，为任意编纂、空穴来风，寻求理论上的根据。严肃的史学专著基本可信，但在浩如烟海的史学著作当中，例如《左传》

和《二十四史》，的确个别地方可以商榷。

鲁迅先生评价司马迁的《史记》是史家之绝唱，无韵之离骚。史家之绝唱就是科学，无韵之离骚就是文学，他俩的结合，这是允许的，因为史学要有可看性，干巴巴的确实不能引人入胜，所以有点小浪漫、小想象是允许的，要允许史学家在历史真实的基础上也有点想象。

三、关于历史与真历史

真实历史和历史真实有联系，但不完全是一回事。真实历史是实实在在发生的，我们永远看不见。历史真实是史学家记录的历史，有他们主观意识的介入。

从十几年前到今天常常有人论述历史与当代的关系的时候喜欢引用意大利哲学家、历史学家克罗齐的话："一切真历史都是当代史。"但我认为也未必，一方面不能把真历史解读为当代史或等同于当代史，另一方面沉睡的真历史或与现实无关的真历史也未必就是当代史。沉睡多年在那里，封睡多年在那里，和现实也没有什么关系，也不能说是当代史。

四、历史支撑虚构，虚构嘉美历史

历史剧由历史和戏剧组成，是两种文体两个范畴的事物，所以他们要组合在一起必然发生碰撞，有人主张历史剧应以历史为主，使之成为历史化的戏剧。有人主张历史剧应以戏剧为主，使之成为戏剧化的历史。两者之间长期推来搡去，甚至发生殴斗，这就给我们提出一个问题，在历史剧创作当中究竟是以历史为主还是以戏剧为主，这个核心是历史真实与艺术虚构的关系问题。

历史剧当中的"实"是什么？"实"指的就是历史真实。那么历史真实是我们戏当中非常重要的，是一个基础。所以历史剧当中的实我们是一定要有，要敬畏历史、尊重历史，但是在某些特殊的情况下我们可以做些取笔。

历史剧当中的"虚"是什么？历史剧中的虚构是指想象和推测，所以称大部分是在上戏的女生宿舍一楼边上的斗室里写的。例如《世界悲剧文学史》等，就是那时完成的。所以要想写作，关键时刻眼睛不红不行，进入到忘我和亢奋状态时，那就是创作的最佳时段。我们在自己的专业上要有设计也要有定力，要有每天的推进和提高，也要学会每天反思，思考自己的生存状况、专业修为和人生价值。

从来英雄莫问出处，各位讲了那么多写戏的艰难困苦，转行过来确实来之不易，到文化部千人计划班来之不易，到国戏戏文系同样来之不易。现在各地的编剧班、培训班层出不穷，但是我们的规格是最高的，这是国家办的班。我们是中国戏曲编队序列中当之无愧的国家队。怎么对得起国家队和御林军这个称号，就是在这里集中磨炼一个月，回去后在老师的指导下发奋创作一年，结业后怎么终身孜孜以求，真正体现出文化国家队和戏剧御林军的成就。

希望各位不管是大学里的师生，无论在国家院团还是在一般院团的在职编剧，哪怕是自由职业者的编剧从业者，都要有抱负，都要有胸怀。我们都是苦出身，因此在接受系统教育之后要有大境界，在国家队要有大追求，之后还要有锲而不舍的实践和有目共睹的业绩。

我们来看看第一期、第二期千人计划高级编剧班学员们的收获吧。首期编剧班 2016 年 7 月进班学习，2017 年 6 月结业。通过为期一年的学习，全班 33 名学员的创作水平、文化水平和思想水平得到了极大的提高，已在创作实践中取得了丰硕的成果。据不完全统计，全班 33 名结业学员，在结业一年多时间里，已有 1 部作品入选国家舞台艺术十大精品工程（2017 年度），21 部作品入选国家艺术基金项目（2017 年度、2018 年度），2 部作品入选文化部 2017 年度戏曲剧本孵化计划项目，2 部作品获得国家级其他扶持项目，5 部作品获得国家级（全国性）奖项，17 部作品获得省级奖项，12 部作品获得省级资助扶持项目。

第二期编剧班自 2017 年 7 月开班以来，全班共 44 名学员在艺术创作领域也取得了丰硕成果。2016 年度至 2018 年度，全班 25 部作品入选国家艺术基金项目，17 部作品获得国家级剧本创作资助扶持项目，30 部作品获得国家级（全国性）奖项，65 部作品获得省级奖项及学术论文发表，13 部作品获得省级剧本创作资助扶持项目。前两期“千人计划”编剧班开局良好、硕果满枝。

从各位谈自己的家门大意开始，到今天我们来比较前两届师兄师姐们繁华似锦的业绩，就可以反思自己的创作，寻找自己的位置。各位如果今天回去之后，晚上不思考自己在个人职业生涯中的定位，自己在本地区的编剧中的位置，自己在中国戏曲画廊当中的这个文化方位和戏剧经纬度，如果没有痛苦感，如果不出一身汗，如果不破茧成蝶，破石出玉，如果不凤凰涅槃重新再生到一个新的格局、新的高度，那我们今天的集体誓师也就是一番美好而空洞的仪式而已。

二、认识师资团队

前两届编剧班经过仲呈祥、王安葵、魏明伦、郭启宏、陈亚先、王仁杰、郑怀兴、罗怀臻、姚金成、习志淦、姜朝皋、吴傲君、盛和煜、刘锦云、张永和、孙惠柱、齐飞、胡应明、陈涌泉、周星、李莉、季国平、周传家、周维培、杨乾武、梅帅元、龚应恬、王馗、韩枫、都文伟（美）、陆大伟（美）、张弘、罗锦鳞、李宝群、傅谨、谢柏梁、李世英、田志平、颜全毅、王九成等名家的言传身教和远程精心指导，全体学员取得了长足进步。

本届编剧班授课专家按照讲课先后有谢柏梁、崔伟、李世英、颜全毅、习志淦、都文伟、姚金成、谭志湘、罗怀臻、周传家、陈涌泉、郭启宏、田志平、薛若琳、范小宁、赵伟明、姜朝皋、陈亚先等。另外还有一些重量级专家例如国家艺术基金的韩子勇主任等各位方家，也会陆续到场开讲。

不需要赘述除我之外这些名家的头衔与贡献。他们的名字一说出来，掷地有声，三日绕梁。精神为之一振，心胸为之洞开。这些大家在很大程度上就是文化的支撑、艺术的高度和戏剧的长城。

如此豪华的师资团队，本班独享，天下少有。听课有益，也许还会受用终生。从理论到实践，从经验到启发，从醍醐灌顶到耳提面命，从当面教学到远程指导，登堂入室，程门立雪。一进国戏，听过了名师的讲座，拜过了大庙的菩萨，气象顿时庄严，创作当然大气，人生自当卓尔不群，天花妙雨，四处逢源，福至心灵，境界一新。

三、认识古都北京

中国戏曲史上所有的戏曲大作家，几乎都跟北京息息相关，不是北京人就是必须要来北京行走、学习和居住的新北京人。关汉卿是哪里人？山西人说他是山西人，河北人说他是河北人。但是他生活的地方主要在今日的北京，元代的大都。马致远哪里人？地地道道的北京人。王实甫哪里人？现在大家公认是北京人。这些北京人，就是当时最好的剧作家。中国第一个戏剧的黄金时期是 13 世纪，整个戏剧圈的中心在大都，最好的作家都出在大都。

明代最好的剧作家是汤显祖。汤显祖如果没有在北京考试，没有在北京的这一番折磨和尊荣感，他能够写得出“临川四梦”那样好的剧本吗？水有源、树有根，找王气，寻文脉，这些人都和北京有着莫大的关系。徐渭是绍兴人。徐渭到了壮年的时候专门到北京，到燕北，到塞外，去考察一段时间。此后他的感觉完全不一样，从一个江南人到北京人，到一个具备全国情怀的泰山北斗式的人物，还是与帝都息息相关。

到了北京，眼界开了，心胸大了，就可以具备古今中外，上下左右的博大胸怀。曹孟德歌咏到，比日月更大的是沧海，但是比沧海更广阔的是人的心胸。谁如果不到帝都来，也许就没有眼界，就没有王气，没有志气和大气，没有这种文脉梳理和戏剧写作的自信心和必然感。洪升，杭州人，余杭人。他为什么写得出《长生殿》，为什么李隆基、杨贵妃的爱情故事到最后能够打一个结，到他这里成了一个后人无法超越的经典终结版。什么原因呢？洪升是北京国子监的资深学生，雍和宫的西边就是国子监。洪升正是在国子监里面待的时间久，跟昆曲艺人接触的多，一次一次地对戏曲艺术感兴趣，直至生死与共。最初写的《四婵娟》倒也平常，后来人家正经八百地写《长生殿》，这就成为名传青史的戏剧丰碑。

孔尚任，山东曲阜人士，他怎么能够写出《桃花扇》？他不到北京写得出吗？根本写不出。他再博学怎么也考不上功名，再聪明也攀不上科举的较高层面。契机就在于皇上到山东，到孔府去，到泰山去拜天，到孔府去祭孔。

孔府里面找不出最合适的达人，学问好的年岁又大了，年岁轻的一般又讲不好。想来想去，觉得这个孔尚任口齿伶俐，长得又清秀，人又聪明，尽管没有功名，但他给皇帝去讲经也许最合适。皇帝非常高兴，就说道："今天谁给我在讲经？是孔门的第六十四代孙在给我讲《论语》。"跟他一探讨，聪明啊，哪里用得着考试，皇上说让你做官就做官，就直接到北京做官。至于做京官之后再放外任，那感觉不一样，那种对于朝政得失、改朝换代的感慨就深，就抑制不住地书写了历史悲剧《桃花扇》。

所以我的想法是，不到首都就可能缺少家国情怀，不到北京就可能缺少中国气派，不在文化部办的千人计划班读书，那您说代表千人计划编剧班面对中国戏剧界、代表中国面向世界，代表北京叫板纽约，继承民族文化、弘扬传统艺术，有时候未免底气不足。怎么认识我们自己？怎么认识我们这个行当？怎么认识我们这个班？怎么回去做一个基本的定位？怎么最后给我们交出能够搬上舞台的佳作来？过一年半载，过十年八载，各位的作品有可能成为精品，那才是戏剧界的福音，也是千人计划编剧班最大的荣耀。

四、认识当代戏曲编剧界

"剧本荒"困扰戏剧影视界很长时间了，其原因在于这一职业人文生态环境的相对矮化乃至部分恶化。在当今，作为时代人文与文化艺术之重要方阵的戏剧影视界，其编剧主体从纵向上比愧对于唐、宋、元、明、清的编剧前辈，从横向上远不及小说家、散文家和网络作家等创作领域的同仁，从综合艺术领域内比不上导演、舞美与灯光的重要位置，从外向上看在很多综合指数上落后于西方大国的戏剧影视编剧。今天的中国戏剧影视编剧，已经沦为一类名副其实的弱势群体，已经到了亟须"救亡图存"的地步。长此以往，整个戏剧影视阵营将会在人文与艺术领域内乏善可陈，将会在中国的文化国力呈现当中显得苍白无力。

大家都知道，剧本剧本，一剧之本，没有好的剧本就没有好的舞台与屏幕呈现。甚至即使没有舞台与屏幕的帮助，剧本也有其独立的文学价值。唐代的俗讲、变文和说故事，宋杂剧、金院本和宋元南戏，元代以来光辉灿烂的杂剧以及明清传奇，近代以来以曹禺、老舍、郭沫若为代表作家的话剧，都使得中国戏剧与世界各国的戏剧相比可以分庭抗礼而毫无愧色。

在元代，关汉卿、王实甫、马致远等一流剧作家，有着自己坚定的文学追求和职业主体性，关汉卿还将剧本的书写称之为“我家生活”。从九山书会、大都才人等不同的写作圈子来看，剧作家成为戏剧活动中的绝对主导。明清以来昆曲的繁盛，更与剧作家本位制息息相关，只有最知名的剧作家如梁辰鱼、汤显祖与沈璟，江浙的李玉与李渔、南洪（升）北孔（尚任），是他们在戏剧天地中引领时尚，不可能有演员可以超越剧作家的主体位置。

但是编剧的骄傲到了京剧的时代被彻底颠覆过来。从乾隆年间肇始的京剧，秉承“拿来主义”的实用原则，从昆曲剧目、地方戏剧目中汲取了充分的养料，改头换面，为我所用。即便是后来有了些家用的编剧及其剧目，但总体上仍然是表演流派大家的附庸之作。这是中国戏剧史上大型剧种中文学品位的首度矮化，也因之出现了京剧中个别文理不通、戏情不佳、词句不顺的现象。

到了话剧的时代，编剧的强势地位一开始就咄咄逼人，洪深、田汉、曹禺、老舍和郭沫若等人，陈白尘、杨村彬、沙叶新、李龙云、姚远、赵化南、赵耀明等人，都在话剧创作中占有极大的主体位置。但是由京剧带来的演员中心制，由话剧带来的导演中心制，由影视带来的制作人中心制，以及由此带来的大型灯光舞美奢华之风，时至今日愈演愈烈。编剧们已经从剧作家的中心位置被偏移到边沿、附庸乃至文字枪手的地步，其与生俱来的文学品位和人文追求，已经逐步被阉割殆尽。正是在这一尴尬的“老大”背景的转换过程之中，郭启宏等极少数位高名重的剧作家才会无比激愤地振臂一呼：非经我同意，导演不得乱改我剧本一字；倘若某名导非要改剧本，那么不是我炒导演的鱿鱼，就是导演炒我的鱿鱼，二者必居其一。凡此种种皆表明，从不同维度上优化戏剧影视编剧的人文生态环境，到今天已经成为文艺界的当务之急。

当前的环境还是得倡导编剧的职业化。随着中国剧团体制的改革，绝大多数剧团连自身的生存都岌岌可危，于是纷纷打着“只求所用，不求所有”的招牌，声称剧团不养职业编剧。但是剧团不养职业编剧的后果，当然是剧目创作与生产的极不稳定。外来的和尚有时候确实会念好经，但是外来的和尚对于剧种特色和演员长处不甚熟悉，有的时候也可能把经念歪。一个剧团没有编剧，将会导致剧团原创能力的极度不足，更不是一个具备宏图远志、具备可持续发展能力的团队。齐如山之于梅兰芳，翁偶虹之于程砚秋，都是互为帮衬、相互发展的关系。在社会角色分配中，非职业化的行为也许可能无心插柳柳成荫，但却不能代替常规化的职业编剧工作。很明显，莎士比亚如果不职业化地具备自己带有几分御用气息的剧团，他的剧作也未必具备世界性的文化品格。当然，现实生活中也有像海岩这样既做酒店老总又当系列电视编剧的成功人士，但是这种职业的分离需要以多少身体和智商的均衡分配作为前提，其麾下的团队是否长期行之有效，其剧本又具备多少可以流传的文学价值，这还是可以另行讨论的话题。《大宋提刑官》系列的编剧是浙江省越剧团的戏曲编剧钱林森，他的电视剧的确较受欢迎，却是以其身体健康的一度透支作为代价的。

如何提高编剧的应有待遇，这也是一个非常实际的问题。目前一般戏曲编剧的剧目稿酬是在十万元上下，但是为了这一个剧目所付出的心血，可能要历经数年乃至十几年来自于各个部门的无穷折磨，这与导演、音乐、灯光与舞美等部门的一次性较高报酬极不等值。通常而言，玩技术的高于玩艺术的，这就是分配的荒谬与不公。影视编剧的稿酬看起来确实比戏曲编剧高许多倍，但是影视编剧特别是电视编剧的稿酬比起一位二三流演员，特别是比大腕主演又要低很多，这也是尽人皆知的事。更为重要的是戏曲编剧尽管报酬低，但是相对而言还会有自己的心理自慰感，还隐约感觉到自己是在追求文学。但是电视编剧必须在制片人和导演的双重管理下，一夜之间为一名新上位的演员添加台词和戏份，所以到了电视剧杀青与播放的时候，许多编剧都会羞于承认这是自己的得意之作，更不会将其看成是自己文学品位的呈现，充其量也就是职业写手之一而已，哪来的尊严感和敬业感可言。

如何促使编剧的年轻化，这是一个事关国家文化战略的问题。元老级的编剧始终有单位在找其创作，但是老编剧也深感自己日薄西山的暮气。每一个个体终身创造的佳作虽不能说都是“一出戏主义”，但也毕竟会出现江郎才尽的状况，还得是“江山代有才人出”，放后生们出人头地，大展宏图。就文化行政主管部门而言，数十年来不遗余力地举行中青年演员的会演与展示，这样的行为极其正确，但是也不能忘记一剧之根本的编剧们，什么时候专门为中青年编剧举行作品的资助、支持、扶植和专场演出，这才是当下各方面更加应当加以重视的话题。从古希腊时代开始一直到当今的美国，西方戏剧史上更多的情况是编剧的竞赛，更为重要的是悲剧家们所获得的奖项；中国戏曲史上的编剧本位制更是占有了最长的时段。也只有将编剧在戏剧中所占有的中心位置充分地确立起来，更多的年轻人才会投身到编剧事业的古典而又新潮的溪流中去，民族戏剧才会得以持续化地良性发展，中青年戏剧编剧才会后继有人，不断地蔚为大观。

新世纪以来的戏曲剧作家序列中，执掌帅字旗的资深作家郭启宏还在奋斗。他在新世纪推出的河北梆子《忒拜城》《北国佳人》、昆曲《李清照》等，宝刀不老。以《曹操与杨修》而享誉天下的陈亚先，新近写就的《远在江湖》品相较佳。新世纪当之无愧的将帅级编剧领军人物，还有郑怀兴、王仁杰、罗怀臻、姚金成、陈彦和李莉“六大元帅”。郑怀兴以《傅山进京》《于成龙》为代表的一系列新剧和好剧鱼贯推出。王仁杰跨世纪的《董生与李氏》《皂隶与女贼》广为传播，直指人性深处。罗怀臻推出了昆曲《班昭》和甬剧《典妻》。姚金成以现代戏写作见长，豫剧《焦裕禄》刚刚获得文华大奖头名。陈彦的《迟开的玫瑰》《大树西迁》和《西京故事》，在现代戏的疆域中有开拓性意义。李莉从《成败萧何》到《挑山女人》，一跃而成为当前最为活跃的成功剧作家。

新世纪的名家中还有20世纪成名的习志淦，他的《襄阳米颠》和《射雕英雄传》颇有看头。盛和煜从戏曲编剧队伍中改行做影视，却能蓦然回首于戏曲，其《十二月等郎》和《月亮粑粑》都有较大的感召力。姜朝皋和贾璐这两位资深编剧，近年来在婺剧、越剧、评剧上都有创获。河南陈涌泉作为新世纪崛起的少帅级编剧，其《程婴救孤》《风雨故园》和《都市阳光》都享有盛名。浙江余青峰的《大清名相》等一系列剧作，江苏罗周的《不破之城》等多部新剧，都有较好的口碑。江苏徐新华的《小镇》、云南杨军的《水莽草》，也赢得了观众和方家的共同好评。上戏的钱珏近年来潜心戏曲创作，其《田老大》等戏也广受青睐。

少帅与小将阵营中，国戏毕业的“国家军”不可小觑。且不论著名的山东大侠孙月霞，单说徐瑛在电视剧和歌剧的创作之外，其创作的京剧《兵圣孙武》、京剧连台本戏《宰相刘罗锅》(下集)、《连升三级》，都赢得了业内的好评。吕育忠的《将军道》《七步吟》和《屈原》、王勇的《英子》、颜全毅的《还魂三叠》《鹿鼎记》等戏，都在国内外有着较大的影响。上海淮剧团的龚孝雄、浙江宁波越剧团的王晓菁，他们最近的新作《赵子龙取桂阳》和《筑梦》，都令人在沉潜往复中耳目一新。韩萌的《羊脂球》、王扬《海的女儿》、陈云升的《范进中举》，亦颇有可观之处。

四位国戏出身的俏佳人披挂起来，都成为编剧阵上的翩翩先行者，值得大家关注。她们是国家京剧院的李美妮、高明，北京京剧院的李卓群和国戏研究生刘才华。李美妮的京剧《浮士德》在国内外声誉鹊起，习近平主席与意大利总统也曾闻名观看。高明的《刘伯温》等七部戏上演后颇受好评。李卓群的小剧场系列京剧风生水起后，现在又将在京剧《大宅门》中大展身手。李才华分别为豫剧、藏剧创作了《六弦情缘》等多部戏曲剧本。此外还有国戏刚刚毕业、现在北京河北梆子剧团任职的丁嘉鹏，其《平倭旗》等数部剧作，都成为文化部和团里的重点扶持项目。

所有他们的追求都是我们的追求，所有他们的昨天和他们的今天都是我们的明天，所有千人计划班的前面一两届的成绩都是我们现在和未来将要呈现出的光环。

让我们“黄埔三期”的所有国家编剧班的成员从今天开始立志向、做反思、找不足、寻差距，向着最好的作家的标高努力。取法于上，有所追求，有所修炼，有所凝注，有所成就。希望我们的千人计划班的“黄埔三期”的同学到最后都有佳作诞生，都能有佳作名篇搬上舞台，口耳相传。当我们再做“黄埔三期”的材料与相应图标的时候，各位在各地的几抹新红会濡染开来，延续下去，汇聚成祖国山河一片红的灿烂景观。每个地方都有我们的学员，每个省份都有我们学员的成就，五湖四海都有千人计划编剧班三期学员们的戏剧成果和文化格局，那就是国家队员当之无愧的基本成就。希望每一个同学都能肩负起民族文化振兴、传统艺术延续、戏剧天空绘彩的责任。以戏曲为主体，包括话剧、歌剧和音乐剧、儿童剧在内，我们都要有所造就，有所创新和发展。

开班伊始，与大家共同思考一下我们的现状、命运与前途，我们的今天、明天和后天，很有必要。我想中国戏曲的希望，首先在咱们文旅部千人计划编剧班这三期人的身上。让我们每个人怀揣着理想、肩负着道义，以情怀写春秋，为舞台添好戏，为了中华文明的再度复兴增光添彩，为了民族的尊严艰难而幸福地书写中国故事，孜孜以求，蔚为大观。

文字整理：谢士杰

校对：陈云升、李代鹏

当代戏文创作之五代编剧

谢柏梁

怎样看待戏曲编剧五代人在中国当代戏曲发展史上的位置?

新中国成立以来，第一代戏曲编剧以田汉、徐进、陈仁鉴等人为杰出代表。他们是中国戏曲编剧当中的泰山北斗，放在世界戏剧发展史上绝无愧色。

他们主要以改编为主，把传统的故事讲好。

田汉先生把昆曲《雷峰塔》改编为京剧《白蛇传》。他的《白蛇传》文采风流，意境氤氲，西湖如诗如画的景观，许仙跟白娘子之间的邂逅，白娘子骂他负心的那种痛楚，所有的精髓都抓到了。这就是“白蛇许仙”题材的集成版和终结版。目前还看不到后来者有超越该剧的可能，大家只能仰望，就是无可超越。

上海越剧院徐进先生所改编的《红楼梦》《梁祝》，全是越剧的经典。越剧《红楼梦》的文辞、意境、人物，宝、黛之爱的悲剧所产生的撕心裂肺的感觉，后来者无以为继。《红楼梦》有可能是全世界演出场次最多的剧目。

福建的陈仁鉴，他所改编整合的《团圆之后》，大家都认为是有古希腊悲剧味道的中国大悲剧。其喜剧《春草闯堂》也是出其不意地给人以惊讶和欢悦。

第二代剧作家以魏明伦、陈亚先、郭启宏、杨兰春、顾锡东等剧作家为代表。他们更多地注重原创，主要是以历史故事和人物为素材进行新创。他们的原创作品，放在元杂剧当中也绝无愧色。第二代剧作家特别能够跟当代思潮中的新锐成果彼此呼应。其原创精神和启蒙精神，民主意识和人文追求，特别值得我们珍惜。

魏明伦先生的《巴山秀才》以秀才在试卷中告状为亮点，写一位迂腐书生如何成为一位自觉为民请命喊冤的斗士。他的《易胆大》写天下乌鸦一般黑,《潘金莲》是写张大户、武大、西门庆乃至武松，包括整个男权社会在内，让一位女子沉沦下去，成为杀人犯。他笔下的人物，可以升天成为圣人，如巴山秀才，也可以入地狱成魔鬼，如潘金莲杀人者被人杀的命运，以及引人反思的审美观照。

陈亚先的《曹操与杨修》之所以写得好，就是会讲故事，在一道道危机中熔铸人格，把知识分子与统治者之间无法调和的终极性冲突，写到了极致。这是对中国历史文化的深刻质问和悲剧表达。

郭启宏先生在原创作品中，聚焦于文人和艺人两类群体。文人有风骨，艺人有格调。他笔下的司马相如、李后主、王安石、李清照，描摹出千古文人的悲欢与无奈。他写艺人当中的白玉霜，写北国佳人刘喜奎，写他熟悉的文人和艺人，写这些有志气、有格局、有个性的群体与个体，其《优伶颂》是世界戏剧史上写得最好的演员颂歌。

第三代剧作家以罗怀臻、姚金成、陈彦、王仁杰、郑怀兴、孙月霞等为代表。他们既能改编，又会原创，天风海雨，各有千秋。

罗怀臻上接陈仁鉴的精神，具备古希腊悲剧和莎士比亚悲剧的格局。他在编故事、立框架上的出其不意，令人不可预测。《真假驸马》逼近以假乱真的社会真相和朝廷实质,《金龙与蜉蝣》从风格和精神上都继承了古希腊悲剧的精神，冷静中有狂放，反转中见君心，荒诞中看世态，惊讶中探本质。例如《典妻》中慈母人格的撕裂,《班昭》中人生伴侣和生命价值的求索，都令人感同身受，蔚为大观。

姚金成善于把时代主旋律的要求跟老百姓的愿望结合，下接地气，上达天听。比如《村官李天成》忍辱负重地带领大家致富,《焦裕禄》不计得失成败地为老百姓造福。他总是把形势的需要、社会的趋势、主旋律的态势跟民生相结合,把国家政策和百姓疾苦相结合,所以他的戏,专家喜欢看领导喜欢看,百姓同样喜欢看。

陈彦的《迟开的玫瑰》《大树西迁》《西京故事》,总称为西京三部曲。这三部戏极具现代性,善于描写高校教授的西部奉献,也善于描写市井生活中的大美,描摹农民进城之后的人格尊严与价值冲突。其对现代生活的火热描写与生存状况的反思,都令人动容。

王仁杰不做宏大叙事,善于写中年人群中孤男寡女的炽热爱情。书生与寡妇的相互试探,监守自盗之后的人伦大义,皂隶与女贼之间的生死相依,把人性、人情、人格的状态变异拿捏得惟妙惟肖,在炉火纯青的调情过程中写崇高的情感和生态重组的至高价值。

郑怀兴的《傅山进京》既写冲突又写调和,既写知识分子的傲骨和人格,更写统治阶层对他的喜爱,宽容和理解。两者在彼此的接触交流中相互激赏,让知识分子喜欢看,领导者同样也喜欢看,这是个性张扬和阶层调和的一个样板作。

孙月霞的《画龙点睛》,剧情起伏跌宕,但是关于皇上与献媚者的关系,关于才子的傲骨与爱情的折磨,关于时代的造假风气与朝廷机器运转的常态,都令人在啼笑皆非中为之凝神思考。

第四代剧作家以李莉、陈涌泉等人为代表。他们善于将经典再造与原创精神结合起来。

上海的李莉军人出身,后来转行做编剧,从《深宫怨》到《成败萧何》,从古装戏到现代戏,大气与优美的美学色调多元并存,各有特点。《成败萧何》是上海京剧院继《曹操与杨修》之后的又一部悲剧作品,完成了一文一武的相互呼应,写得大气酣畅。但她的《挑山女人》回归母性,讴歌女人牺牲自己,成全儿女,从草根的角度仰望星空,从草民的角度解读社会进程,都令人为之感叹唏嘘。李莉在写戏的时候超越了性别。

河南的陈涌泉以改编起家,比如由元杂剧经典大戏改编的《程婴救孤》,比如鲁迅作品的系列改编,都返本开新,令人佩服。他笔下的程婴和朱安夫人，都成为提纯聚焦之后的典型人物。他的现代戏也写得感人至深，值得大家研究。

第五代戏曲作家，以文旅部编剧高研班的青年教师和240多位学员作为主体。江苏的罗周、魏强，广东的李新华、李满、苏隽、罗丽和曾志灼等人，河北的杨斌，吉林的高媛，上海的莫霞、管燕草等人，浙江的王晓菁，江西的卢川，四川的陈立，云南的杨澍和温丹，湖北的朱永山，河南的陈鹏，山东的高志娟、臧宝荣等，陕西的蒋演和张慕瑶，甘肃的牛勃，新疆的肖帅，安徽的朱雯娟，北京的冯静、高明、李美妮，等等，都以其不俗的创作，已经并且还将在今后的创作中独树一帜，蔚为第五代戏曲创作人的泱泱大观。

作为文旅部高级编剧班的国家队员，作为中国戏曲创作未来的希望之所在，要更加自觉地把自己的创作与文化传统结合起来，把历代剧作家的文脉传承下去，在中国当代戏剧舞台群体当中，找到自己的存在，建树起自己的特色，肩扛起第五代戏曲人的编剧责任和艺术使命。

文字整理：田晓隐

校对：陈云升、郭泽莹

戏曲唱词的特点与诗意追求

陈亚先

刚才谢老师过多地夸奖我，非常非常的惭愧，同时也对不起大家，最后才来和大家交流，刚才谢老师其实是在批评我，说我在电视剧创作上蹉跎了很多的光阴，那时候是受各种利益诱惑，后想也确实没有很大的收获，就是挣了一点钱。我还和王强老师合作过一部电视剧。但是回过头来，我想对大家说，电视也罢、电影也罢，戏曲编剧才是中国影视圈里面的大牌编剧，像刘和平、盛和煜等都是戏曲舞台编剧出身，刘和平的基础就是戏曲编剧，盛和煜更是。有过戏曲剧本创作的打磨后，有过戏曲创作的缜密思维历练以后，在把握创作结构方式上、对戏的理解上，就会是《红灯记》里一句词“什么样的酒都能对付”，也就是什么样的体裁我们都能对付。对于剧本创作，我觉得最难最难的其实就是我们的戏曲编剧。所以，我每次和戏曲编剧的同仁在一起的时候，我非常的感动，我感到大家很了不起。同时呢，我也很同情大家，感觉大家很悲壮。有的可以说是皓首穷经啊，“雨中黄叶树，灯下白头人”，有的人干了一辈子，还在努力地写着戏曲舞台剧本，甚至有些戏曲舞台编剧一辈子过得很平常。首先我要发出感慨，做戏曲编剧是了不起的一份职业，戏曲舞台文本的创作是很锻炼人的。有很多的小说家，他们不了解戏曲的时候，以为戏曲编剧就是跟唱戏班子写本子，觉得没什么了不起的，他们很看不起。但是慢慢地接触了，他们真了解之后，就会觉得戏曲编剧很了不起了，这都是题外话啊。

今天我和大家聊一聊编剧的事情，昨天我和王强等人聊天的时候，我说了一句话，就是说我们作为一名编剧，必须要始终坚持不渝的是：一个戏要干什么。在戏里要写什么故事，而这件“事”怎么“干”，那就是戏。同样的一件事情都是打仗，比如战争题材。一写到《亮剑》，都梁就变成了他的一种风味，就受到大家的认可，成为一部好的电视剧。为什么？那就是他的干法不一样。怎么干，这才是戏。电视剧历来都是文化快餐，有次去上海开会，吕效平先生就在大会上公开指责我“陈亚先跑去写电视剧，那是堕落”。很多人谴责我，我那时候还真在会上表了一个态，我说我争取回归舞台。回不回那是另外一件事。至少自那次以后我就真觉得不搞电视剧了。这么多的电视剧，我们都回过头来看一看，比如《激情燃烧的岁月》《亮剑》《历史的天空》，这几部电视剧观众爱看，事还是那些事，同样是战争题材写法不一样，怎么不一样，他有人物。只要人物一进去，所办的事就不一样，整个剧情就发生变化。所以说，干什么是故事，怎么干是戏剧，这就可以诞生各种各样的戏剧，只有相同的角度，天下没有相同的题材，同样的一个题材，只要你的立意不同，就有完全不同的作品，这是角度的问题。

今天我们的戏曲靠什么来体现？靠演员和导演来体现。编剧提供的是一个文本，戏曲的特点是什么？是王国维说的“以歌舞演故事”，那么我们如何在剧本上把握好歌舞这两个特质呢？所以今天我主要说的是关于戏曲的“歌、舞、诗”问题。戏曲以歌舞演故事，这是最起码的要求，如果拿歌舞来演诗，这是高明的，那一定是好作品，我们的传统戏里面，有很多很多的剧目就是“以歌舞演故事”，演到诗的境界，还是少的。今天我说的话是和大家讨论下，有不对的地方，大家可以当场指出，而且可以互相讨论。通常我们所说的，编剧在和导演讨论剧本的时候，常说的是剧本不够戏曲化，为什么不够戏曲化，就是歌和舞没有很好地落实在你的剧本中间。够不够戏曲化是在舞台上看的，但是好的剧本从字面上就能看得出来是不是戏曲化。有的戏，本子写得很不错，演出也四平八稳，但是总体给人的感觉还是很话剧，这是不够戏曲化的一个具体表现。好的戏曲剧本，就是说要让演员可以歌舞起来，拿到你这个戏一演就可以载歌载舞。电影、小说、散文都可以是诗，但不太可能是歌舞，我们戏曲的特点呢，可以是歌舞，还可以是从歌舞进化到诗的境界。我们看看什么是说故事的戏，什么是写诗的戏。比如说，我们很多的传统戏，像大家熟知的《赵氏孤儿》都是在说故事，后来也成为了另外一个面貌的样子。但在我的印象中是有说故事的。但是也有我们的基础，我们的戏曲瑰宝流传下来的《桃花扇》，那就是诗，它已经是一种境界了。它是拿歌舞来演诗，那首先是要能歌得起来。不管你这剧本的本质是说故事，还是进入诗境的，必须是能歌舞起来，然后才叫戏曲。道理很简单，比如在《刘海砍樵》中，刘海去砍柴时被几个狐仙围着，拿着扇子载歌载舞，这个剧本其他的我就不说，起码它具备了歌舞的性质。它可以歌之舞之。歌说到底，就是唱，唱是什么呢？唱就指唱词。在我的阅历中，看到很多的戏曲剧本不是唱得没有到位，就是唱不起来。

我第一个要说的就是歌，怎么唱得起来呢，我觉得还是老艺人说的“说而不足则唱”，指唱是要表达一种非常强烈的情绪，这种情绪是需要通过音乐，通过歌舞来达到的，往往演员一张嘴唱，都在节点上。所以在戏曲里有一个叫琴，演员从台口一出来琴就响了，直到开口唱。比如《梁山伯与祝英台》见面的时候，梁山伯知道祝英台已经许配马家了，我们两个曾经山盟海誓、十八相送，多么深厚的情感。后来他去看望祝家庄碰到了祝英台，祝英台告诉梁山伯自己已许配给马家，梁山伯那种心情，仅仅靠说已经是不足以说得清楚，到这种时候非唱不可了。他一激动，情绪就上来了，梁山伯激动不已地说“英台啊，你啊，你啊，言而不信祝英台，反复无常祝英台什么什么”，编剧你不写行吗？怎么着也非要写一段唱词了，像这种地方是很容易唱起来的。还有京剧《红灯记》里面，李玉和与鸠山的情理不和，等李玉和走到门口，李奶奶说“等一下，拿酒来”，她知道这一刻生死未卜，这一句那是刀光剑影啊，不一定将来是什么结局，可能就是永别了。拿酒来，倒完酒交给他，李玉和拿到这碗酒喝下去，喝完这碗酒，他不唱是不行的，他不能再说了，要把这碗酒充分调动起饱满的情绪，这个编剧是非常懂得什么地方要唱起来，什么地方要张嘴。问题是我们很多的作者，情绪不到，不合适不应该唱的时候先唱起来了。这样的例子很多很多。我随便给你们举个例子，比如对话“我听说，你回来”，“你在街上买了什么”？女儿说“买了一个镜子，买了一瓶胡椒”，这种以互相对话是可以完成的，这个交代性的情节要写成唱，就没有必要。比如：“女儿，你回来了”，“买了什么”，“妈，你看，女儿我买了东西好几件，总共花了很多钱”，这个当然也能唱得起来，但是情绪是不够的，实在不需要唱。那些可以拿简洁的对话说清楚的，它为什么要唱，那就是滥用。我们戏曲的歌舞，歌是第一，因为唱戏唱戏，戏要唱的，必须是要唱起来，唱不起来就不能唱。有很多传统戏，比如《坐宫》，公主和四郎那是为什么，因为演员唱得好，唱得是精品，你一句、我一句地传下来，成为一个精品段子。如果从编剧的角度来看完全就是对话，我不记得那些唱词了，比如：杨延辉“公主虽然不阻拦，无有令箭怎过关”，铁镜公主“有心赠你那金钺箭，怕你一去就不回还”。杨延辉“公主赐我那金钺箭，见母一面即刻还”。铁镜公主“宋营离此路途远，一夜之间你怎能够还”？杨延辉“宋营虽然路途远，快马加鞭一夜还”。这些唱词完全是可以以几句简短对话完成的，但是变成了一个唱段，这个唱段不是说不好，这个唱段是很经典的，但是从编剧的角度来说，我觉得它应该是唱不起来的。我们在写剧本的时候，必须要把控好，什么地方该唱，什么地方不该唱。把握好这一点，其实是要很会用心的。比如，“先生家住哪里，姓甚名谁”，“家住岳阳市，小生姓陈名亚先”，也可以唱，但这唱有意思吗？所以说，我们既然要张嘴唱，一定是走人物情感抒发的唱，有感觉的唱，而抒发的情感，不论是喜悦、愤怒，都可以。这是为什么唱，就是哪怕我不是喜悦，或者心情很舒畅，我的这种情绪，也可以通过说白，没有歌舞的特质，可是恰当的时候是可以唱的，但必须是有一种情绪是到这点上，哪怕是愉快的一种心情也可以唱，需要把心情唱起来。有的唱，有的歌，它不光是戏曲的特点，同时还成为了一种手段。可能我们现在留下来的都是戏曲里面的名段，它是充分发挥了戏曲中歌的特点，一旦人物的情绪达到一个临界点的时候，你不想写唱词，也能想到唱，关汉卿的《窦娥冤》中，窦娥上刑场要被杀头，能不唱吗？唱多少都可以，比如“【端正好】没来由犯王法，不提防遭刑宪，叫声屈动地惊天！顷刻间游魂先赴森罗殿，怎不将天地也生埋怨？【滚绣球】有日月朝暮悬，有鬼神掌着生死权，天地也，只合把清浊分辨，可怎生糊突了盗跖、颜渊？”她这一段唱得一泻千里，我们今天听起来仍然是荡气回肠，这是我们的演员和编剧（我们伟大的关汉卿），利用戏曲里面的歌，把人物的情绪宣泄到极致。那么除了一种情绪的抒发和宣泄之外，还有什么地方可以唱，就是背供也是可以唱的，很必要。因为在有的剧情里面，当你不可能把内心独白告诉对方时，而人物内心活动要向观众表述、表达时，就可以唱，而且这才有对手戏。比如《沙家浜》中，【反西皮摇板】刁德一“这个女人不寻常！”，刁德一不可能当着阿庆嫂的面说“这个女人不寻常”，只能心里说“这个女人不简单”，所以要表达人物内心独白的东西就要背供唱，这是必不可少的，这是不可回避的一种唱法。样板戏里很多，之所以说样板戏是因为大家都比较熟。比如《智取威虎山》中，当中国人民解放军跑进村庄救助老百姓时，李勇奇就会觉得很奇怪，这些都是他内心的活动，他唱“这些兵急人难治病救命，又嘘寒又问暖和气可亲。自古来兵匪一家欺压百姓，今日事却叫人难消疑云”，这都是内心活动，这都是背供唱，这种唱是很巧妙地安排在剧情里面，这在交代剧情和刻画人物中不可避免的。

还有就是叙述性的唱，这种叙述性的唱也是非常必要的，它可以通过两句、三句唱简洁地交代下剧情。江青抓的八个样板戏，说良心话，在人物形象上都是千人一面的，比如郭建光、杨子荣、李玉和等都是一种类型的，都是英雄主义，革命英雄。人物是类型的，从文学思想上咱不探讨，但是从戏曲艺术的把控中，是最有经验可谈的，它经常把唱腔安排得特别到位，简直可以从八个样板戏里面提炼出唱和念的关系，可以搞一部研究著作。什么地方该张嘴唱，什么地方不该唱，而且唱的时候可以精简都是十分讲究的。以至于那些看惯了样板戏的作曲家，比如北京京剧院的朱绍玉老师，他拿到剧本之后，他给你说剧本要唱多少句，他说亚先啊，唱词 300 多句了。他先就说唱词写得过多了，这是他的经验，虽然他说唱词多了不一定有道理，但他的经验是，一部京剧大戏，或者说一部大戏剧本不会超过 300 句唱词。为什么会这样呢？因为人家在唱和念关系的安排上很有经验，也很科学。有的时候，你看啊，在《智取威虎山》里杨子荣的一个上场，两句唱成为一段，它是交代情节的，“紧跟踪可疑人行迹不见，再访问猎户家解决疑难”，这两句很说明问题，说明他是来干什么的，他是紧跟踪可疑人过来的，来了之后，要干什么，再访问一个猎户家来解决我的疑难问题。两句唱把他的来龙去脉和剧情交代得清清楚楚，这是非常必要的叙述性的唱词。但是导演和编剧非常清楚，这里面安排四句就多了，这里的两句就成为杨子荣在这个戏中的一处唱段，他从张嘴到收腔就两句。我们刚才说了一下这个情绪的说法，一种对剧情的叙述，可以张开嘴来唱，否则的话，唱不起来千万不要张嘴。我发现很多的编剧在写唱词的时候，第一是很随意，不管三七二十一，我一打开剧本先唱起来再说。这个唱词的安排，其实是编剧的技巧，必须要把控得非常缜密。最难堪的是什么呢，是本以为写唱词很容易，随笔就写结果写出来没法唱。我们必须加强文学修养，让我们的唱词清通、明快、流畅，没有在编剧“火坑”里面滚过几个滚，在冷水里沾过几次冷水，在热水里滚过几次热水，泡过几次后才知道戏曲唱词创作有多艰难，没有经过这些仅有初生牛犊不怕虎的劲头儿是不够的。早些年有个这样的笑话，有位在湖南小有名气的小说家，他说写剧本有什么难的，他已经发表过好几篇小说了，他说我来写个剧本给你们看。写了以后，我们要求他把剧本拿出来，大家讨论、学习一下，他很自信，说不着急不着急，等发表了再看。后来他一直没发表，结果最后也发表不出来，只能拿出来讨论。我到现在记得他写的一段唱词，他写的是洞庭湖里面有个草尾河，好像剧本叫《草尾之春》吧，他就写唱词“草尾湖水入洞庭，护岸大队就在河附近”，他就这样写唱词，他觉得唱词那么好写，他以为戏曲编剧很容易。这样的例子我在看剧本的时候见过很多。还有一个很好笑的事，有一位编剧说，戏曲的手段除了唱和念之外，还有第三种手段，那就是数来宝，他写的一段数来宝，非常可笑。其实好多人把戏曲看得太随便了，他的文学准备不够，就以为可以写戏曲，这是一个误解、误会。戏曲的唱词说实话，是要美的，但是美，也不能臭美，要有节制。我曾经在一个地方，好像是台湾地区，说关于戏曲唱词问题的时候，我讲到了关于戏曲文学的铺陈和点染，我反对铺陈，我主张点染，就是说你再有才华，再有文采，也不可以毫无收敛，也不要硬写下去。田汉先生是个中的高手，他有很好的唱段，也有可以讨论的唱段。比如《谢瑶环》里面，武则天一上场张口就是“偶到上阳宫里游，万千朱雀舞宫楼。风调雨顺民康阜，彩凤祥麟朝冕旒。百尺天枢新建就，铁柱铜盘颂大周”。我说你费事不费事，他的唱词里面，他把他自己的文学知识，历史知识铺陈尽致地写进唱词。“偶到上阳宫里游，万千朱雀舞宫楼”，万千朱雀是什么东西，就是凤凰或玄鸟，皇上的福气，皇上的光彩，“风调雨顺民康阜，彩凤祥麟朝冕旒”，冕旒指的是皇冠，皇帝的平天冠。我觉得过于铺陈了，就像李商隐的诗《锦瑟》，“锦瑟无端五十弦，一弦一柱思华年，庄生晓梦迷蝴蝶，望帝春心托杜鹃。沧海月明珠有泪，蓝田日暖玉生烟。此情可待成追忆，只是当时已惘然”。我说他八句诗，用了好多典故，包括蓝田种玉，庄周化蝶，望帝啼鹃。由于诗人用了很多典故，所以写得很晦涩，让人费解，最后两句才是好诗，“此情可待成追忆，只是当时已惘然”。你这么好的情怀，现在才回忆，其实当时我就已经很没有办法了。他所说的刻苦铭心的情感，到最后那么深的感情，怎么现在才来追忆它呢，他告诉你“只是当时已惘然”，所以最后两句，十分贴近人情。其实好诗就是近人情。好的唱只要贴近人情了，它就是最好的。你铺陈得再华丽，它没有用。要不要文学色彩？要，要点染它，在关键的时候，就像画国画一样，这个地方浓墨重彩，点一点靓丽的颜色在里面，可以显示你的本事，显得有才华，但是不要把唱词搞得浓浓艳艳的，好像浓得化不开的，实际上是过犹不及，我觉得“好诗不过近人情”。还是田汉先生，你看《白蛇传》里，刚才说的《谢瑶环》“偶到上阳宫里游，万千朱雀舞宫楼”武则天上场的唱词那么多，可是到《白蛇传》“惊变”中白蛇把许仙吓死了，白素贞要到峨眉山盗仙草的时候，她交代青蛇的那一段唱，没有一个字不流畅，但是他的唱词就贴近人情了，这个地方我认为是很棒的，比如【西皮快板】“为姐仙山把草盗，你服侍官人莫辞劳。为姐若是回来早，定救官人命一条。倘若是为姐回不了，你把官人遗体葬荒郊。坟头种上同心草，坟边栽起相思树苗。为姐化作杜鹃鸟，飞到坟前也要哭几遭”。他这个唱词就贴近人情了，他也没有去把他那种华丽的词藻堆积，就是平平常常地说着家常话一样把心里话说出来。所以说大家一定要记住，好的唱词好的诗，其实唱词就是诗，切记“好诗不过近人情”。相反，过于铺陈的时候，留下给我们的印象是“溢”，好像一碗菜放太多油了，就是“溢”。现在我们拿着话筒唱卡拉 OK，就把“穿林海，跨雪原”唱起来了，这是它的音乐，是留下来的音乐，但是我们仔细分析这一段唱词，“穿林海跨雪原气冲霄汉！抒豪情寄壮志面对群山。愿红旗五洲四海齐招展，哪怕是火海刀山也扑上前。我恨不得急令飞雪化春水，迎来春色换人间！党给我智慧给我胆，千难万险只等闲。为剿匪先把土匪扮，似尖刀插进威虎山。誓把座山雕，埋葬在山涧，壮志撼山岳，雄心震深渊”。写那么多，其实就两个字，“豪壮”，它留下的是它的曲子，这段曲子太棒了。所以如果不是样板戏，我们写剧本也像他们“穿林海，跨雪原”，不惜笔墨地去铺陈而不是点染，那么我觉得我们的唱词、我们戏曲的歌是不能正歌的。我举一个自己的切身例子，当年我写的一个戏叫作《唐太宗与魏征》，这是给湖南湘剧写的。当李世民和魏征两个人，一个是明君一个是贤臣吵架生气，魏征取下乌纱帽，把帽子一放，不当你这个官了，这把李世民气坏了，他想杀了他这个牛鼻子老道。而魏征则跑回家，他要弹他的琴，唱他的心事。“明月如勾，勾我烦忧，我欲乘风去，偏自苦淹留，天下事，万言疏，都到心头，休休休，空有这剪不断理还乱的万种离愁”。这是写魏征的心情。然后李世民在长孙皇后的安慰之下，他说魏征跑了辞官了，不行，不能杀了这个牛鼻子老道，还得把他留下来，他便去访问魏征。我当时写这个唱词，就没有注意点染，写得很铺陈，“闲庭小院美如画”，他到魏征家里来了嘛，和长孙皇后两个人带着一些宫女打着灯笼，踏着月色跑到魏征住的小院里来，李世民一张嘴“闲庭小院美如画，夜露无声湿落花，寻常巷陌幸龙驾，千秋秀媚冷月华，忽听别院琴声雅……”，铺陈很多，听起来很文采，但写戏曲要简洁，后来我改，我就删句。“闲庭小院美如画，夜露无声湿落花，寻常巷陌幸龙驾，只为孤王事做差，学一个汉萧何，追赶韩信在月下，趁月色访魏征慰勉于他”，就写剧情里去了，后来写的都是大白话，反而这种写法，比我刚才上面说的那一段更有色彩，更好，为什么会更好？它不是你编剧在臭美，不是编剧在美美的搞你的文学说情，而是在为人物说话。什么叫情调，前面已经点到了，点染了，不要再铺陈了。“闲庭小院美如画，夜露无声湿落花，寻常巷陌幸龙驾”，马上回到人物，那种腻歪历史的话就不要了。“只为孤王事做差，学一个汉萧何，追赶韩信在月下，趁月色访魏征慰勉于他”，人物的动作和行为心理完成了，也就够了。但那前面那一段铺下来，好像文人才子挥毫潇潇洒洒，其实是没用的，你要显本事，要几句点染可以。所以纯是铺陈的东西，叫作臭美。改后的这个呢，反而把剧情烘托出来了，像有一根绳子拖住剧情往前发展。关于这个唱词的事，其实可以专门来说的，今天就不展开说了。这是我说的第一个问题——戏曲的歌。

接下来我简单说一下戏曲的舞。刚才说歌要歌得起来，舞也是要舞得起来，就是说剧本中要提供舞蹈元素，因为我们是戏曲，戏曲是以歌舞为主要表现手段的。除了歌得得体、恰当，还要舞得起来，这对于其他的种类的艺术形式来说是不存在的。除戏曲之外，舞剧是另外的事，话剧是不需要歌也不需要舞的，像《茶馆》和看过的其他话剧，都不具备舞蹈的元素。但是我们的戏曲，就因为有舞，很多剧目就成为了经典。我们搞戏曲的都看过一些经典折子戏，比如《活捉三郎》《打棍出箱》《小放牛》《对花儿》，都是靠“舞蹈”撑起一个戏。我们湖南花鼓戏在60年代出现两个代表作《打铜锣》和《补锅》，都是载歌载舞的。为什么会载歌载舞，是因为编剧在写剧本的时候，在平面的剧本上已经把舞蹈元素放进去了。所以各位，在你们的剧本中间，如果在你的一出戏里出现经典的舞蹈场面的时候，我可以说你这出戏牛掰了。我是没有现场看过京剧《骆驼祥子》和《华子良》，我只是在电视里面浮光掠影地看了几眼，但是我看的都是剧目中的那段舞蹈，可能是电视台觉得这一段最精彩，最精彩的地方恰恰是舞蹈的地方，那个《骆驼祥子》里拉着一辆黄包车，拉着黄包车要起来，它舞起来了，华子良挑着一担箩筐，在舞台上也舞起来了。那电视台播的时候，它就是播这一节点，这一个画面。包括《华子良》也是播这个画面，它可能是这出戏里面的精华，为什么会成为精华？它舞起来了，它一旦舞起来就是最能体现戏曲特点的东西。当然这个不容易做到，但是这是我们的目标，一定要让我们的戏曲能够舞起来。有的时候就是说你要千方百计去考虑这一出大戏里面什么地方是可以舞起来的。比如《曹操与杨修》吧，到了第五场我就必须给他一场舞蹈，让他们舞起来，曹操踏雪巡营和杨修打赌，两个人马行三十里，导演也很给力，找了很多旗子，很壮观，舞台上是雪花飘飘，那些队伍来来去去，曹操给杨修牵马呀，整个这场戏就是全体的舞蹈。

刚才说我今天主要研究我们戏曲的歌、舞、诗，接下来我们说一说关于戏曲的诗意。我认为，拿歌舞演故事和以歌舞写诗是两种境界。有追求的导演，他会去挖掘作品中间的诗意，但前提是剧本必须有意识地进行诗意的写作，否则你就是一个天才，也不能把一个侦探小说，一个政治报告写出诗意来。接受作者编剧所选取的材料，你的构思里面要保持构思境语的戏曲语气，这诗意对于我个人的体会，分成两个方面，一个是外化的诗意，一个是含蓄的内在的诗意，一个是外化的，一个是内敛的。外化的诗意呢，跟主题、跟人物关系不是很大，是故事情节所规定的那种情境。即便是外化式的诗意，我们也要用匠心去营造，尽量要让我们的戏曲和戏曲中的人物处在诗情画意之中，这首先是前提，外化的一种因素。这种写作在我们戏曲里面是屡见不鲜的，往往具备了诗意外化诗意中心，也为我们大家所喜闻乐见，也能脍炙人口。比方《林冲夜奔》，情节不是被逼上梁山了吗，那偏偏就是一个风起之夜，那么在写这出戏的时候，我想编剧、导演，就已经在写剧本的时候把这种诗意考虑进去了。他就在草料上长卧，一场大雪把他的住房压垮了，他必须跑到山神庙里去，然后在山神庙里手刃仇人之后，茫茫大雪，夜奔梁山。那个画面，我们闭上眼睛想象一下，就是一种特别苍凉的一种诗，这是一种外化的诗境。像这样的写作很多，如《秋江》里陈妙常与潘必正的那段戏，有的剧种把它叫作赶潘，就是书生潘必正离开了之后，尼姑陈妙常去追赶他，叫作赶潘。有的戏起名干脆很诗意，就叫《秋江》，一江秋水，一叶远舟，痴男怨女，它表演起来那种情绪和那种情境，非常好的融洽在一起，是一种非常好的外化诗意。《萧何月下追韩信》也是充满诗意的，它恰恰是在剧本写作的时候，已经考虑到了这种诗意的诞生。因为它不是白天去追，我们想象一下，太阳底下追韩信和月下追韩信，是两个不同的情景。月下追韩信既表现了萧何急切的心情，他是夜不能寐的，他是晚上不睡觉也要把他追来。这是体现了人物的特定状态，同时呢，在月亮之下去追韩信，他的诗意就倍感充盈。这都是一种外化的诗境，都是由剧情需要所产生悲剧情境，什么赶潘啊，什么雪夜上梁山啊，什么追韩信啊，都是属于剧情需要产生的这种情境。这种情境就产生了诗意，同时它是故事逻辑的一种必然。问题是，没有逻辑的必然我们怎么办？非常没有诗意的一件事情，我们要把它写成为有诗意的戏曲怎么办？同样的一件事情，我找不到那种产生诗意的理由，就是人家林冲夜奔是因为下大雪，把他的房子压了，他雪夜上梁山，这有诗意。萧何追韩信他是晚上去追，这有必然性，由于故事逻辑、人物逻辑产生的这种必然性描述，那么没有这种必然性怎么办呢。《红楼梦》里面的贾宝玉出走，也可以说是大白天的，也可以说春天、秋天、夏天都可以啊，可是在电影和电视里就把他安排在茫茫大雪的框里，穿着一袭红裘，红色的裘衣，大场面，茫茫白雪，就看见一点红色，在茫茫白雪之中贾宝玉出走了。这样安排能体现出一种诗情“白茫茫的大地真干净”的感觉表现出来了，就把曹雪芹以前那个“忽喇喇似大厦倾，昏惨惨似灯将尽，到头来落了片白茫茫大地真干净”，而贾宝玉出走的这个画面，就恰好地解释了曹雪芹那首诗的那种诗意，这显然是编剧和导演特地安排的一种外化诗意。我们再看《白蛇传》，它的事件，它的第一场事件，是白蛇和许仙相遇。这两个人的相遇，事件是这个，没有逻辑，没有故事规定，他们要在一个晚上或者一个什么地方相遇，怎么能把这种诗意体现出来？恰恰田汉选择在西湖，安排两人在茫茫烟雨之中相遇，这是编剧精心安排的，一叶小舟，烟雨濛濛在游湖，一把精致的油纸伞，一个艄翁，两个美女，充满了诗情画意。如果换一个角度，换任何地方的话感觉都不会这么充满诗意了，所以在这里他们一见面，白蛇就可以唱得很有意境，因为在西湖见面，又是在烟雨之中，它可以唱得很美，【南梆子导 / 原板】“离却了峨眉到江南，人世间竟有这美丽的湖山！这一旁保俶塔倒映在波光里面，那一边好楼台紧傍着三潭。苏堤上杨柳丝把船儿轻挽，微风中桃李花似怯春寒”。看起来它这个场景呢，我们说穿了其实就是一个场景的安排，它这个场景的安排让这个戏一开场就富有诗意。如果不是这样，如果是换一个场景，许仙和白蛇的情节虽然是不受影响，假如让白蛇和许仙相逢在一个客栈里，故事照样可以发展，也可以留下地址，留下墨纸便于男方过后去找女方。但是就没有了这种画面的美感，假如白蛇唱“离峨眉人来往喧嚣一片”，那完全没有诗意了。这种外化诗意的安排，其实是非常必要的，前面说《林冲夜奔》也罢,《秋江》里的陈妙常赶潘也罢，这都是剧情诞生的情节。比如《追鱼记》的鲤鱼精看到书生张珍在书房里面读书，更深夜静，张珍读得入神的时候，哗啦啦水响，从水池中远远升起来，碧波潭中升起来一个鲤鱼精，那都是诗化的。这种诗意是鲤鱼精和书生在晚上相遇，这是剧情诞生的诗意。恰恰这个《白蛇传》里面的游湖送伞，是作家刻意安排的一出外化的诗意，因为它这种场景是可以置换的，不是不能置换的，我是可以换到另外一个地方让白蛇和许仙相遇。为什么要安排在西湖？西湖风景多优美啊，又有 ·叶小船，又有濛濛烟雨，又有保俶塔，又有长堤，又有诗。“这一旁保俶塔倒映在波光里面，那一边好楼台紧傍着三潭”，那她唱起来就很美，有那种非凡的美，又有编剧煞费苦心安排的那种外化诗意，看起来像不经意，实际上是很经意的。因为在这里，她一上场，这个戏一开场就处处透出了一种爱情的信息，到处都是诗情。我还记得田汉有个戏《谢瑶环》，在戏里谢瑶环在江南判案，杀了鲁莽的蔡少炳之后，江湖上的义士袁行健对她产生了爱慕，两个人要谈恋爱了，然而他们的谈情说爱的地方被安排得很具体化，这个是可以随便置换的场景，他就设置在后花园，也安排在晚上，可能谈爱都在晚上。他一到了后花园里边，一到了晚上，这种诗意就诞生了。所以袁行健一登场就是在后花园里边，袁行健唱的词，就是一首让人非常放不开的柔情蜜意的诗“幽池高柳荼蘼架，几处芳菲桃李花。银河倒泻，楼台如画，灯光隐隐透窗纱。耳边厢又听得有人说话（屋后传来‘姐姐，这儿来呀’），呀，这声音好似女儿家”。你看它这个诗情，在朦胧月夜体现出来了。这个都还是外化，这外化是给观众看的诗意，就是你肉眼看得到的诗意。这种诗情，对戏曲的歌、舞、诗是非常重要的，我们要着力的追求这种诗。所以田汉才煞费苦心地把袁行健和谢瑶环的谈爱安排在后花园里的一个月色朦胧的晚上。因此谢瑶环后来倾诉起来，就非常抒情了，谢瑶环唱“谢瑶环深宫九年整，只道是青锁红墙葬此身。都只为太湖之事有争论，圣上命我到吴门。乔装男子访民隐，伍员庙内得遇郎君。我敬你气宇轩昂貌英挺，敢为百姓打不平。我与你八拜把金兰订，胜似同胞同母生。今夜晚云鬟绣袂穿芳径，姊妹们月下诉衷情。谈到与袁郎偕秦晋，万不料细语缠绵被你闻。这也是姻缘前生定，袁郎啊，莫负今宵海山盟”。这个场面充满了诗味，是因为编剧安排了这样一个充满诗情画意的场景。这种场景其实是可以替换，但是如果你编剧有意的话，就想好一个环境，这个环境跟剧情发生一点点关系都可以。

又说到《曹操与杨修》了，不知道大家看过《曹操与杨修》没有，第二场是由于曹操疑心太重误杀了孔文岱，以为孔文岱是坏人就一刀给斩了。杀了孔文岱之后，接下来的一场戏是杨修正在为曹操操劳，为曹操筹集军粮和战马，这个操劳完全可以在办公室里或主簿府，或把杨主簿安排在公堂里也都可以。但是我把他安排在杨修的后花园，大幕一拉开，葱翠的竹林，很多花草点缀着舞台上的花园，中间有个台子人物可以坐在那。幕一拉开就鸟语啁啾，鸟的叫声特别欢畅，杨修的心情也特别舒畅，他一张嘴就说“坐花间药当酒无事一样”，恰恰这种场景一打开充满外化的诗情，同时他又把这种心情的反差拉得很开，上一场是杀他的好朋友，这一场他的心情居然这么开朗，还这么有诗意。如果把杨修筹集军粮上一场这个场景，换到一个杨修的办公室里去，剧情是照样可以发展的，但是那种诗意就不知道要差多少。“青天外白云闲风清日朗，洛阳红绕回栏阵阵飘香。处乱世遇明主欣喜过望，酬知己哪顾得昼夜奔忙”。他就是说我坐花间药当酒无事一样，他心情特别放松，一种外化的诗情把他的心情拉得很放松。而实际上他马上面临着残酷的现实，下一场是很残酷的现实，我这里把它放肆的张开，特别要有诗意的环境。这样设计使这个戏有张有弛，而这里把它弛开。不仅是一种张弛，也确实是一种外化的诗意。所以这种反衬，是诗意的反衬，戏写得美了，也刻画了人物。这是戏曲的诗意外化的一种。

下面我来着重讲一讲，内敛的诗意。我们在戏曲里面要追求歌、舞，特别是要追求诗意，而内敛的诗意是至关重要的。他不在乎场景和画面，也不在乎人物的故事情节。再换一句话说，就是把戏写成诗，这种诗有时候是哲理的，有时候是抒情的，有时候是讽刺的，有时候是幽默的，有的时候是自嘲的、哀怨的、悲壮的，都可以成为诗。诗有很多手段，比如说《文昭关》里的伍子胥，《文昭关》这一折戏久演不衰，其实它在舞台上有诗意吗？没有，舞台布景就是一个场馆，一个帐幔搭着，毫无诗意。但是我认为它是一种运用夸张手法的诗意，是一首使用夸张手法的一种悲壮的诗。伍子胥唱两句，跑进去，黑胡子变成花白胡子，再唱两句，跑进去、再出来，花白胡子变成了白胡子。我们在看这个戏的时候，有很多的感慨，老艺人有大才。《将进酒》里的“君不见，高堂明镜悲白发，朝如青丝暮成雪”，李白的这首诗，也写的是一夜间满头的黑发变白发。我们的戏曲里《文昭关》小小一折，它属于很悲壮的诗，这种类别的诗意，不是外面看着多么风光漂亮，不是。不是“保俶塔倒映在波光里面”，也不是“忧国愁离”，都不是。我前面讲的都是外化的诗意，这种外化的诗意我觉得编剧是要追求的，它对我们编剧是大有用处的，但是还有一种内敛的诗意，莎士比亚的作品都充满一种内在的诗意，我们的很多戏曲名作也是如此。比如《空城计》是富含哲理的诗。什么哲理，诸葛亮其实老弱残兵打不了仗，司马懿已经攻到城下，他敢坐在城头上散散淡淡，两个琴童伴着弹起琴来，司马懿站在城下不敢打，两个人心理战非常纠结。诸葛亮又是如此的散淡“我正在城楼观山景，耳听得城外乱纷纷。旌旗招展空翻影，却原来是司马发来的兵”。诸葛亮非常散淡，那司马懿千军万马不敢进城，这是一首哲理的诗。就是庄子和惠子的对话里面，有这句中国最古老的哲理。因为他们两个都互相知道底细，司马懿知道诸葛亮从来不弄险，他不会搞这种危险的事情，诸葛亮知道司马懿知道我这个人不冒险所以我要露险给他看，两个人都在打心理战。庄子跟惠子对话，“子非鱼，安知鱼之乐”，你又不是这个鱼，你怎么知道这个鱼很快乐呢。那庄子说“子非我，安知我不知鱼之乐”，你又不是我，哪里知道我不知道鱼的快乐呢？他们这种富含哲理的中国最古老的哲学底蕴，其实就在《空城计》里面。它属于一种非常隽永的哲理的诗。每一个经典能够流传下来，必有它流传下来的道理，《空城计》不就搭了一个城墙矮矮的，不成比例的，一个司马懿在下边，诸葛亮在上面弹着琴，就成为一出《空城计》。为什么可以这样写戏呢？因为它是富含哲理的诗，同时它也具备了内在的诗意。再如，《贵妃醉酒》是一首怨妇诗，诗贵含蓄，它是一首很含蓄的怨妇诗。如果不是杨贵妃受到冷落了，如果是一个没有诗意的女人，她会生气啊，她就直接跟皇上闹别扭，跟皇上埋怨啊，那么这种戏就看不下去了。《贵妃醉酒》不是这样，她自己喝酒喝醉，唱得跟她生气一点关系都没有，很含蓄。她的生气就是喝酒、醉酒，醉酒之后呢，她就以很多婀娜的歌舞和歌喉来表现她的情感和心理，这样也就让整个舞台具有某种诗意的韵味。

这样的例子还有很多很多，因为时间关系，今天就先讲到这儿了。总之，我们搞戏曲创作，要重视唱词写作与诗意追求，这样才能创作出观众喜闻乐见的经典之作。

文字整理：李斐斐、欧阳槿晨、曹能兴鑫

校对：陈云升、李斐斐

当代戏曲创作技巧（上）

——选材、结构与舞台样式

习志淦

一、什么是有戏?

我们平常看一个戏，爱说这个戏有戏，那个戏没戏。什么叫戏?《辞海》的解释我们不说。所谓的“戏”就是戏剧性。对戏剧性大家们有各种各样的论述，我作为一个编剧，从演员到创作，从舞台到案头，我把它归纳为八个字，这就是：意料之外，情理之中。我们仔细想想，舞台上，处理得非常好的都是既意料之外，又情理之中的事。我们看一些乏味的戏，说了上句，下句观众就说了。只有不断产生悬念，观众才可能有兴趣。这种兴趣的维持也就是在不断的意料之外，同时又在情理之中。不过有一些作品看似意料之外的神来之笔，但不合理，这个人物不可能是这样的。那就是瞎编。对每个编剧来讲，你一辈子做到这八个字，你的戏绝对好看。

二、重视“戏核”选材，写出好玩的戏

《徐九经升官记》也是意料之外、情理之中的作品。1975 年郭大宇分到湖北省京剧院，他是北京人，因为身体不好分到武汉，唱丑行。他喜欢文学，那时在演员队，我已经在创作组。我们有次去农村辅导，两人分在一个房间。这样我们两个就结成了无话不谈的好朋友。1979 年，我到湖北房县生活一年多回来，当时把大宇拉着一起写，因为他毕竟是京剧科班出身的，我原来是汉剧出身的，对京剧还是不够熟悉。我们合作写了一个反映当时农民的戏，叫《妈妈你害了我》，写农村穷，女孩子两边换亲，这个戏当时被否定了。我们原来准备长期合作，商量好，这个作品你的名字在前面，我的名字在后面；再一个作品，我的名字在前面，你的名字在后面。当时名字是在前面还是在后面都是很计较的，认为分量是不一样的。后来他说我有一个题材你听听能不能搞戏。他的记忆力特别好，是“文革”前张寿辰先生的一个单口相声段子《姚家井》，讲清朝年间两大派势争夺一个女人。其中最重要一个情节是两家相持不下，最后派一个五品的御史来审案。御史将女人同时许配给两家，这样逼着女孩子吃毒药死了。女的死了后就看出了双方的真情假意，最后问题圆满地解决了。我们一聊，觉得这个跟一般的故事不同，这是一个非常好的“戏核”。

能够流传于世的作品，都是有有别于其他戏不同的“戏核”。《俄狄浦斯王》是杀父娶母，《美狄亚》是杀子报仇，《西厢记》是未婚先发生关系。“戏核”决定这个作品能够发生发展，也左右着剧情的发展和人物性格的走向，是戏剧形成自身的个性和风格的决定性因素。也就是基因，基因好，决定你这个戏将来有挖头，决定你这个戏将来能否流传于世。

我最近这几年在美国读《圣经》才知道，几千年前所罗门王在两个妓女之间为争夺一个儿子，他也用这样的方法。这是我们老祖宗早就有了的点子。

原段子的女主人公死了，“假死”的“戏核”可以从两个方面开掘：一是写女主角对爱情的忠贞，写成一部歌颂忠贞爱情为主的戏，这样的戏也很好。二是写官，以御史的行动为契机，写一个具有特殊性格的官。我们的兴

趣，也就是说我和郭大宇的兴趣放到了御史身上，因为这个人物能够把我们在“文革”中的感受和思考表现出来。一个小小的官，在官场的两大派的斗争里，是怎么运用智慧来抑恶扬善的。这个是我们最欣赏的。虽然这些只在原段子的篇幅中占一小点，我们把这一小点拉出来，在“戏核”上发展出来找到这个人物性格点。京剧人物首先是要确定行当，这个御史是不是好官不说，他审案的行为幽默诙谐，用丑行最合适了。但是京剧自诞生之日起，丑角就是配角。但我们要打破京剧过去的惯例，敢于走前人没有走过的路，当然这个说起来容易，做起来却不容易。

行当确立后，背景放在哪一朝？又是一个意料之外，情理之中。段子写的是清朝。当时我和郭大宇都是默默无闻的小青年，我们想，写出来以后团里会给我们做服装吗？这样就改到明朝吧，反正传统戏的服装都能够通用。恰恰就是这个动机，我们在明史里找到一个叫徐九经的县令，后来还当过知府。这个人名字蛮好玩。清朝背景太复杂，有阶级矛盾、列强入侵、民族矛盾，内部十分复杂。我们这个写的是官场的斗争。明朝的官场有很多清廉的官，不少名垂青史的清官，比如海瑞、于谦。这样，我们把它放到明朝。

三、戏剧结构

李渔在《闲情偶寄》开篇说，结构第一。中国戏曲讲究起承转合。我们平常讲豹头、猪肚、凤尾。豹头就是首先要把观众唬住，开篇开得不好，抓不住观众，就不能叫好戏。这个起很重要。一个作品好不好，能不能抓住观众，一开场就知道。徐九经的开场经过多次的修改。初稿的时候还没有从原段子表现倩娘的忠贞中走出来，就有一场表现倩人出去打仗，然后尤金来抢亲的情节。初排的时候，请的欧阳明，我的一个哥们儿，他当的导演。后来领导发现这个戏基础很好，认为要加强力量，就请余笑予老师来导。余老师是原来戏校的老师，和我私交非常好，我多少年都跟着他。他当时也犹豫。余老师接下这个戏完全是因为我们的私交好。我们两个好到什么程度？每到过年的时候我都是在他那里吃年饭。我的对象是他给我介绍的，我们俩情同父子。在艺术上他也对我有很多的启发和帮助。余老师接了这个戏以后说开场就把喜服变孝服，他这个动作来源于范钧宏先生的《杨门女将》喜堂变孝堂。但范先生看后直夸这真是神来之笔。这就是余笑予老师的高明之处。一个动作，就表现出李倩娘的忠贞。一拜天地，二拜高堂，夫妻对拜。李倩娘把斗篷一抖开，一身白孝，手上拿着一个灵牌。观众就知道了原来她是不愿意的，而且她在纪念她的情人。一个快板，拿起钢刀寻自尽，开场几分钟，把李倩娘的人物动机一下子解释出来。刘钰赶来了，看见拿着自己的灵牌穿着孝服，两个人的隔阂也解开了。编剧要知道怎么样的节奏可以把观众抓住，这都是在意料之外，又在情理之中。

主人公上场之前，这样两大派，侯爷的义子和王爷的内弟都抢这个女人，两大派都抢着写状子要去审。我们原来写了一场大理寺的戏，觉得还有趣，大理寺正卿少卿接到王爷的状子要发疯了，马上装病，用了一场戏，后来就觉得这样不行。当时余老师说能不能换一个形式？当时他就提出一个形式，最后我们就运用戏曲的一种手段，这种手段是非常宝贵的，是外国戏剧没有的，也就是我们的表和演。什么地方该表，什么地方该演，这又是我们编剧所需要掌握的。两个司务用数板的表，代替了原来大理寺的演。两大派势力的对峙就出来了。王爷要找一个人好好治治侯爷。找谁呢？九年前他曾经得罪了一个人，这个人在下面官声很好，但是得不到升迁，把他搞上来，这样徐九经就千呼万唤始出来。

我们过去写丑行，白鼻子，往往只是其品质的一种外化显现。比如高衙内，其实高衙内没准儿比林冲长得漂亮。我们在构思的时候就有意将徐九经安排成一个满腹经纶，但是相貌丑陋的人。他被安国侯参了一本，贬到玉田当了一个七品县令。

他上任时，遇到一棵歪脖子树。这是以树喻人。徐九经一上场屁股就坐歪了，但是这个歪又是我们美的形象，以不美来反衬的。这几年我看了好多剧本，人物单一，特别主角就一根筋，其实我们生活中每个人都是天使和魔鬼的融合体。徐九经虽有才华，但是其貌不扬，久不得志，竟一步登高，想要伸张正义，却受到权势的压迫，既有为民的大抱负，又有个人升官的小算盘。他善良却又在恩怨面前徘徊不前。他敏捷聪慧，时有迂腐，清廉自律，又不拘小节。当然在渲染他不美的时候，我们同时要保持他美的一方面，我们写主角，完全写歪了也不行，他毕竟是我们要褒扬的对象。

希腊哲学家赫拉克利特说过，互相排斥的东西结合在一起，不同的音调造成最美的和谐。我们平常听和弦为什么好听？它给人很厚很高的感觉，我们写人物也要做到这样。这种方式就是以不美写美。这个戏在其他人物的身上也贯穿了这种美学思想，比如说代表邪恶一方尤金是小生。过去小生都是比较正派的。这些全部和过去传统戏行当习惯来了一个颠覆，也就是这个戏整个美学的观念又比过去的作品不同，是一种创新。

当徐九经遇到李倩娘被抢到侯府马上要结婚的时候，摆在他面前最大的问题是怎么办？他的地位与侯爷相差太大。我们让徐九经不断陷入一个又一个危机里，这样的"承"为后面全局的高潮打下基础。所以"承"是很重要的。当时这个点子怎么出来的？当时我们也着急怎么办？刚好有一个同学要结婚，我们想送一点什么。于是联想到徐九经到侯府可以去送礼，又想到送酒。很多点子是在生活中创作出来的，并不是坐在家里事先想好的，我们没有那么聪明。徐九经"诓倩娘"、求"尚方剑"虽然手段高明，表现他的智慧。但是我们写他越是在局部取得胜利，越是在走向战略上的崩溃。我们故意让他在沾沾自喜中越陷越深。也就是说一个人物上只有把各种矛盾集中以后，不断给自己挖着坑，观众的兴趣也才能跟着愈加的强烈。看你后来怎么办？后面怎么办？这实际上是考验编剧的智慧。这样，全剧的高潮应运而生。我们平常说的高潮，一种是戏剧性高潮，一种是人物感情的高潮。这个人到了顶点的时候，他整个思想也到达了顶端，我们主题也是在这个地方展示出来。表达思想最重要的，要做到有戏可看，当然离不开情理之中，意料之外。我们追求的是让剧中人与观众一起经历着情绪的变化和意志考验。

徐九经"诓回倩娘"，王爷又送来尚方剑，他马上给王爷说，对不起，搞错了，是你的内弟抢人。王爷说你必须要按我的意图办，最后要太监送来鹤顶红，明天不按我意见办，你就把毒药吞下去，把他逼到死角。怎么办啊？人物到了顶点，我们平常设计唱段，也就是所谓"转"，人物思想到了最激烈的时候，这个时候是编剧挖掘人物最核心的地方，这就涉及核心唱段了。我们终于找到一个核心唱段，揭示人物思想性格。戏曲的唱分为叙事和咏叹，宣叙调是叙事，咏叹调是抒情。但是丑行怎么唱？我和大宇陷入很大的困境，包括欧阳明我们三个人非常的头疼。想了好多天，写了好几稿都不行，人物没有特点。前面的戏写得再好，后面“转”不了也是白搞嘛。有一天晚上11点了，欧阳明把我的寝室门踢开，说，志淦，我想了一个点子，汉剧陈伯华他们演的有个现代戏《借牛》，有个丑角的唱以“家”字为韵脚，一段唱有八到十句。他说我们这一段能不能以“官”为韵脚也这样来一段？我一拍大腿说好，一下子找到一种特殊的表现方式。当天晚上我写了十几句，天没亮把郭大宇叫过来，他也拍案叫好，他又加几句。这个唱段不是一个人写出来的，是欧阳明最先出的点子，四个人共同完成的。前天省里开会的时候，我们省文联原主席沈虹光说，我们话剧独立性很强。我说戏曲不一样，戏曲是打群架，你那个是单打独斗。戏曲是综合性艺术，它是需要共同的智慧。于是《徐九经升官记》那段“当官难”唱段就出来了，这一段唱成为丑行的代表唱段。

“一字韵”，是一种表现形式，它是为内容服务的，不能“因字失义”。后来有一些编剧也学着这样来做，看着就是有“东施效颦”的感觉。说这个话，就是大家千万不要效仿，每个作品都有其特定的内容。

结构上最后一场戏“大审”是“合”，它要将所有的矛盾画上一个句号，观众在看徐九经“怎么干”的时候，实际上是高潮。前面是人物性格高潮，这里是剧场性的高潮。这就决定了剧本的最后走向了，是开掘主题的重要手段。一个戏走到最后往哪儿走，常常像我们吃了很香的花生米。如果最后一颗是烂的，那么前面吃的花生都白吃了。

一个好的作品必须是有思想的。这个思想不是政治概念，而是人类的共同的人生体验和哲理，只有这样的作品才能让人长久回味，永久不衰，这就是作品的理性思辨。这种理性思辨的力量决定着作品的美学价值和生命长度。最后徐九经辞官而去，王法条条空自有，大人弄权小人愁，脱袍挂冠吾去也，歪脖树下卖老酒。这个罢官而去是深化主题，揭示人物的重要一笔。单从剧情看，成全了刘钰与李倩娘这个戏就完了，但是有了辞官而去的动作，主题就更深刻了，人物的性格也有了更深化的发展。

后来写了《药王庙传奇》，创造了一个戏核：没有学历的药剂师把一个医学权威的病人治好了。《美人涅槃记》的戏核是一个女孩子真心感动观世音让丑女变美，丑男变俊，却依然没能改变自己受欺侮命运，等等。我所写的戏都有这样一个“戏核”，为什么要有“戏核”？一是让这个戏好看；二是能够长期保存下来。

《膏药章》的选材也是从“戏核”来的。1984年从北京回来后，笑予老师就讲了一个《胡魁卖人头》的故事。是一个不愿意介入大的斗争的一名医生被人栽赃到死囚牢里为死刑犯治病。作为编剧或导演，能够发现一个特别的表演形式是最为珍贵的，这种“戏核”坐在家里是想不出来的，它“独特”而有趣，好玩而蕴含了哲理。

四、讲题材决定样式

这是20多年我创作的《洪荒大裂变》，1988年中国第一届京剧节演出后产生争议，引起了一场《洪荒大裂变》现象的讨论。《人民日报》《文汇报》《光明日报》《天津日报》及湖北等许多地方的报纸纷纷讨论。张庚先生说，它从京剧的母体中蓬勃地生长出来，有力地冲击了我们视之为传统的戒律，甚至也冲击了一些基本规律，它的出现一方面向我们显示了京剧的生命力，一方面又引起了我们的振动，这种振动的意义是足以引起我们的深思的。另一位戏曲理论家朱文相先生认为，京剧发展有三个阶段：第一个阶段是传统戏的框架，以表演为中心；第二个阶段是从话剧中寻找借鉴，话剧加唱的方法，剧本结构表演都更接近话剧，比如说样板戏、唱腔有了很大的发展，出现了一些脍炙人口的唱段，在人物刻画上也有所提高，但表演上较为贫乏，欣赏价值不如传统戏。而目前的以歌舞演故事，发展了戏曲的优势，好听又好看。京剧《洪荒大裂变》代表了这种新的综合已经突破。假如说话剧加唱是对传统的否定的话，那么以《洪》剧为代表的这种新的综合便是对话剧加唱的一个新的否定，这种否定既是突破又是回归，是一个否定之否定，最终归到了以歌舞演故事的基点上来了。

改造史料传说，编撰全新的故事。以洪水为主题或背景的神话，在世界各地普遍存在，华夏民族的洪水神话，所揭示的是与洪水抗争拯救生民的积极意义，看重人的智慧以及斗争的精神。在这些洪水故事中，最杰出的有鲧、禹父子两人。然而上古神话又是零碎和不可信的。为使故事可信，我有意识地抛弃了过去人们强加在大禹身上的三过家门而不入的道德典范，在戏中写他实际上没有三过家门而不入，第三次写了他的动摇。第三次他是偷偷跑回家的。我分析当时形势，刻画这个人要有血有肉，他碰见大的灾难，他的困境，他当时的处境决定了他要回去，不把他作为神来写。在素材中寻找与今天人们相同的意蕴，才能够拨动当代观众的心弦。有关大禹的原始素材最让人震撼的有几段：一是其父舍生盗壤，鲧到天上盗息壤来堵水。二是其妻化石而死，其子裂石而生，三代人的不同命运。这些都存在于我们早期的《山海经》作品里面，不成系统。我有意识地把它融合起来，把他作为一个人来写，写他的家庭，他个人的爱情悲剧和叛逆性格也恰恰能够引起今天观众的共鸣。

舞台形象思维是编剧最重要的一个技巧，是与小说、电视剧和电影的作家之所以不同的最大的区别。编剧脑子里要出现一个舞台，我现在看你们剧本的时候我就要想，这个人物从哪儿出来？这种舞台形象思维是我们编剧将来能否成功的一个要素，大家掌握了，就可以将来写出好戏来。

再一个戏里情感主线，文学是人学，爱与死是永恒的主题。我们每个人都要爱的，我们每个人都要死的。不管什么理念，什么时代，它都会随着时光流逝而有变化的。我们生活在人间就离不了感情，观众也是生活在感情之中，他们每个人都有爱的，你要拨动他的心弦，不写感情的东西，不会引起他的共鸣。

所以《膏药章》本来原作里没有小寡妇这个人物，后来说不行，必须要有，得要给他配一个。这个小寡妇最后起到决定性的作用，有了她之后膏药章这个人物就丰满了。我们始终围绕着膏药章的情感线走，小寡妇作为被压迫、被剥削的底层人民的代表，把膏药章那种对革命的不理解到最后理解的过程融合在一起。他的情感线和整个动作线就成一体了。再比如《洪荒大裂变》，写大禹三过家门。一过家门通过唱来表现；二过家门表现他决心与女娇痛别，是通过“表演”来表现；三过家门是进了家门，从后门，偷偷披一个麻袋，感觉天地鬼神都看不见我了，我没有违背誓言。他治水失败，偷跑回家的戏剧动作，实际上是把他作为一个人，而不是当作神来写的。

戏剧是语言的艺术，京剧艺术是靠唱念来塑造人物的。上古人是怎么讲话的？今人并不知道，凭着想象，人类童年的语言应该是简单的，既没有成语，也没有俗语，只能用大白话，但京剧唱大白话不行。什么样的对白才能使人感到不是今天，而是那个时代的，这是我写《洪荒大裂变》遇到最大的一个难题。创造独有的特殊的语境，就成了剧本创作的首要任务。也就是说，每个作品独有的特定的语境，这个语境是特别重要的。所以我就说题材决定样式，样式包括的整个舞台展现的样式，也包括人物语言。我从早期的《诗经》《楚辞》里面寻找意蕴，完全按照《诗经》《楚辞》的格式也不行，必须要把它的意蕴找到，找到之后变成自己，好像融到自己身上，然后再进到女娇和大禹的心里去。

再讲讲《暴风雨》的实验性。2013 年台湾地区的当代传奇剧场准备把莎士比亚的《暴风雨》搬上京剧舞台，邀请我来执笔改编，并请了电影导演徐克先生来做总导演。

徐克把电影创作的方式运用到舞台剧中来，他首先考虑的是舞台呈现。这是一次特殊的合作，从创作思想和创作模式都与过去大相径庭。我认真分析了徐克总导演和吴兴国先生的意见，提出我对莎士比亚《暴风雨》的理解和建议，并且在共同认可的基础上，拿出了一个初稿。过去，中国戏曲改编莎士比亚的作品很多，不外乎两种模式：一是“中国式”的，就是致力于保留中国传统戏曲，都是传统戏的服装、道具，等等，只是把它的故事搬到中国来。二是“西方式”的完全相反，完全是西式的演出形态。我们想介乎二者之间，创作一种既中国又西方的样子。

选材要情有所感，心有所动，用一个好的“戏核”深入开掘出好看、好听、好玩的东西，每个戏都要做到这样，我们的戏曲才会有观众。善用戏曲技巧，把握舞台节奏，再用其整体的结构（起承转合）做统领，然后进行添枝加叶（如四功五法的运用）才可以让你的戏产生蓬勃生机，牢牢抓住观众。

文字整理：郑家泉、陈章华

校对：陈云升、李碧萱

当代戏曲创作技巧（下）

——人物塑造、戏剧情境与四功五法

习志淦

一、什么是“意趣”？

“意趣”是指人物命运中蕴含的思想内容所产生的审美趣味，它作用于观众的理智和认识。这个“意趣”不是我们平常说的空洞概念。最近一两年，现代戏强调了现代题材。我看了大量的剧本，好像认为题材好剧本就好，其实好多都是简单化、概念化了。这不是我所说的意趣。《膏药章》的原材料仅是一个小郎中，并没有其他关系人物，如果仅写成一般的丑角逗趣的戏，虽然也可以有效果，但总觉得差点什么。为了戏好看，便给他安排了一个女主角。我的《襄阳米颠》是写米芾和徽宗之间的戏，我也虚构了一个米芾的夫人，这个夫人在这里也是起着很重要的作用。戏里色彩、行当要搭配好。在《膏药章》里，我们虚构了一个小寡妇，又为其安排了一个不同于别人的悲惨身世：她遭受着族公和洋买办的双重压迫。她的老公被族公和洋买办害死了，她成了一个寡妇。她的命运便与膏药章的命运搅在一起，变成一个别具一格的悲喜戏。膏药章的命运与小寡妇的关系如果仅仅停留在男欢女爱上，是有悖于我们创作的初衷的。创作《膏药章》，就像鲁迅写《阿Q正传》一样，写人民被蒙蔽，不觉醒，最后把他搅到革命大潮中去。小寡妇与膏药章身份、遭遇不同，对待革命的态度就必然有差异，思想观念的差异形成了性格冲突，使全剧的趣味性有了支柱。我们常常在舞台上用某种形象来作为象征，这个戏就是围绕膏药章的长辫子，展开了几段戏，把长辫子和膏药章、小寡妇的命运结合在一起。一开场他对革命的态度，通过辫子表现出来（对革命党剪辫子嗤之以鼻）。引申出他对革命的态度是不理解甚至是反感的。而后来他和小寡妇两个被官府抓获，罚款。经过一系列变故之后，膏药章被押上法场行刑。小寡妇跟他刑场拜完堂后说，你既然一辈子被人看不起，今天就挺起腰来做一个人，就学着做一个革命党，在刑场上把辫子剪掉，然而即便他要死了还在拼命拒绝剪辫子。接着武昌起义的枪声响了，最后小寡妇死在乱枪之下。这个时候膏药章在他最爱的人面前，剪掉了自己的辫子，这个人物的性格也终于在最后完成了。围绕长辫的冲突是有“趣”的，但这个“趣”里却有着理性的“意蕴”，这就是我说的“意趣”。

在艺术作品中，主题的过于单一和鲜明会使作品失之浅薄和概念化，难以造成意趣之艺术效果。作品思想性除了主题这根主干外，还有茂盛的枝和花叶，才会显出勃勃生机。从接受美学的角度分析，观众的文化层次各不相同，他们往往根据自己的审美“各取所需”，这样就要求作品在揭示主题思想的同时，尽可能表达更多的富有哲理性的副主题来，这是许多超越时代的经典著作给我们的启示。人们常说，有一千个观众就可能有一千个哈姆雷特。一个作品为什么显得浅薄，那就是因为一根筋，给观众讲一些大道理，观众听了也累。

二、什么是“情趣”、什么是“谐趣”

情趣，以情动人。前面是以理服人，这个“理”不是大道理，而是富有戏剧性的哲理。“情趣”是指作品的情感内容所产生的审美趣味，它作用于观众的情感需要。这里的情一定要让观众感动，要观众动情，作者首先要动情。我写《牵挂》的时候，常常是边流泪边写的。自己没被剧中人的感情感动，就写不出真正感动观众的戏来。以“情”字为中心来组织人物关系和矛盾冲突，才能打动人。然而由于人物思想性格的不一样，所表现出来的“情”字也不一样，各有各的表达形式。

在《襄阳米颠》中，我写了一个外号为“癫子”的书法家米芾。爱石如命是他性格的一大亮点，也是他与其他人物完全不同的地方。他没人的时候可以对着一个石头说话，他得到一个好石头以后，他完全可以到达忘我的程度，这是一般人没有的。他用一个很大的宅子换了一块石头——研山，就是一方砚台，最后还写了一个《研山铭》。为了把爱石表达到极致，我安排了他在新婚之夜，冷落了新娘而独自抱石而卧的情节。一般来说新婚之夜哪有把新娘子甩到一边呢？但是这个情节是好不容易想出来的，我一定要让它合理。怎样才能做到合理？必须是情理之中，意料之外的。想什么点子呢？这里就要发挥自己的生活积累和想象了，经过反复的修改后，我抓住了新婚之夜赠石这个细节。我把他妻子设计成李煜的后代，赠的是李煜家传的石头。再设计颂石、咏石、拜石、抱石以及饮酒等细节，表现米芾得意忘形饮酒过多，再加上细心的琼雪对丈夫的体谅，观众也就对他新婚之夜不抱老婆抱石头的行为给予理解了。

谐趣，以技抓人。我们编剧一定要研究制造戏剧情境，不断产生笑料。我们的笑料和相声不一样，我们根据整个人物发展的脉络来走的，这个需要我们大量的积累。地方语言，老百姓的俗语，作家的语言仓库丰实就可以信手拈来了。

谐趣是作品的形式技巧所产生的，它作用于观众的审美感官。当代戏曲要想获得更多观众的喜爱，必须首先强调剧本文学的娱乐性因素。戏首先要好看好玩好听，好看好玩就是指的这个。观众进剧场是来娱乐的，我们必须在其审美感官上不断予以满足，才能使他在两三个小时的时间里坐得住。情节的铺排、气氛的烘托、悬念的设置、人物的悲欢、细节的设置，等等，都是剧作家刺激观众审美情趣时的必要手段。

三、戏中所用的技巧

一个是误会法的巧用。误会法，是造成喜剧效果的重要手段。在《膏药章》里，膏药章被诬陷，大师哥说他杀了人，把洋买办的头丢到他的锅里，这样他被诬陷杀人丢进死囚牢，这个时候我们用了误会法。大家都传膏药章杀了人，小寡妇进来探监，表达出对膏药章的崇敬之情，其实杀人的不是他。但小寡妇的误会推动了剧情的发展，使膏药章终于答应给革命党治病。这样运用的误会法，就十分合理。另一个是用四功五法来创造戏剧情境。戏剧情境创造是编剧很重要的编剧手段。为什么有一些剧本看到索然无味呢？就是它老没戏，所谓戏就是戏剧情境。还是我说的八个字，不断在意料之外，情理之中，连串起组成一个晚上的戏。戏曲是讲究四功五法的，也就是说，唱、做、念、舞，手、眼、身、法、步。我们的戏剧情境通过这种手法来营造戏剧情境，人物才是真正的戏曲化艺术形象。戏剧情境也就是戏曲人物活动前的活动设置，只有把这种情境设置到一种最佳状态，才能不断地产生意料之外、情理之中的戏剧性，才能把观众紧紧地抓住。戏剧情境的营造，是剧作家的基本功之一。传统讲故事有一个“三番四抖”，“手眼身法步”的五法中有“欲前先后”“欲左先右”，先铺垫好，慢慢把矛盾推到极致，从而抓住观众的注意力。

四、怎么运用唱来营造戏剧情境

在戏曲中唱的功能巨大，什么该唱，都是编剧必须掌握的。编剧的技巧实质是语言的技巧，唱词的新鲜感、通俗化、哲理性能对观众的审美观照产生直接效应。人物宾白和唱词的选用，一定要把观众放在心里，有效吸收传统戏手段的同时，还必须借鉴相声、小曲、民谣、新诗等等其他的语言适应当代群众审美兴趣的语言形式。

李渔说：“曲文之词采，与诗文之词采非但不同，且要判然相反。何也？诗文之词采，贵典雅而贱粗俗，宜蕴藉而忌分明。词曲不然，话则本之街谈巷议，事则取其直说明言。”也就是说，我们写词写唱的时候，很重要的一个基本功就是要“贵浅显”。剧本是在舞台上演出的，观众要能一下子听懂看懂。我讲贵浅显，是浅显但并不是不讲文采，我们的文采蕴含在浅显的文字之中，韵味更足。

口语化。编剧要学会念剧本，写出来的东西自己都念不出来，演员怎么念？老舍写话剧，他就念给熟人听。别人听得懂，就是好词。

唱能增强机趣。在京剧《阿Q正传》这部戏里，把话剧的很多表演又运用到戏曲中。我抓住姓“赵”这个点，以姓赵的古代名人排列的唱段，既表现了阿Q的性格，又增加了戏的机趣。

铺垫剧情。主人公出场之前要做铺垫，观众未见其人，先闻其人，就会留下深刻的印象。《美人涅槃记》中有一段戏，牛家商量着给老三找媳妇。胡翠花还没有上场之前，要把她的丑渲染到一定程度，通过二嫂的唱，让观众产生期待。这种唱就是一种情境，这种情境是为后来人物出场铺垫的。

塑造性格。安排唱时要有戏则长，无戏则短。没戏的时候尽量要干净，干净到“惜墨如金”。有戏的时候要挥洒自如，撒开写。《美人涅槃记》中主角胡翠花未上场之前，她的丑貌和快嘴已经铺垫得很足了，而她出场的一段唱，就进一步认证了那些流言蜚语不是空穴来风。

唱能够直接与观众交流，唱能深化主题。每一部的唱都要有不同的手法，有的宣叙，有的咏叹，有的夹叙夹叹。比如《襄阳米颠》中的“哭石”，米芾以石头自比唱起来，就有了具体对象，戏的主题也得到了形象的升华。设计唱段需要注重几个关系。表与演的关系，表是述说，是过去式。演，是现在式，正在发生的。

我前面讲的《射雕英雄传》的序幕，我是用半阕词牌加上后来郭靖母亲的一段唱，把前面六回的故事全部讲完。什么地方该唱及什么地方不该唱，有的地方要惜墨如金，有的地方要酣畅淋漓，这个就是根据舞台节奏的需要。

再是动与静的关系。郭靖和黄蓉和解这一段，黄蓉虽然调皮，也是一个有着万千柔情的少女，把黄蓉内心的怨、怒、嗔发挥出来才能把爱情的诗意美表现出来。黄蓉捏泥人，一方面要罚郭靖跪在山坡上，日晒夜露；一方面又心疼他，表达了内心的矛盾，增强了舞台上的美感，也就是说这个动和静的关系处理要恰当。

五、谈谈做功的要点

实际上是说戏曲怎么用“做”来营造戏剧情节。戏曲演员的做都有一定的规范，手到眼到，身段做派一招一式，而做功又常常跟唱联系在一起，可以说戏曲的做功也是创造戏剧情境，塑造人物的重要手段。

念白在新编戏里的运用。千斤道白四两唱，京剧道白分京白韵白，韵白是严肃、沉稳、庄重、矜持，京白轻松活泼、亲切自然。

京剧传统戏里根据人物身份，性格有韵白，京白之分。在《襄阳米颠》中，我打破了过去的框框，徽宗和米芾作为两个文人，正规场面时用韵白，有的时候（放松下来时）却用京白，这种混用的方法常常起到了很好的效果，创造了一种新的道白的韵律。

再是武打设计。京剧是以武打见长的，京剧传统戏武戏很多，过去的武生、武旦各有一套，但在新编戏里怎么把传统的武把子运用进去，就是学问。当然这个是编剧和导演要一起商量，从情节和人物塑造设计武打，这样就要求演员具备全面的技能，能够唱、武、打，新编戏对演员提出了更高的要求。

生活体验与艺术提炼。今天，怎么驾驭现代题材，是每个编剧面临的新任务。2012 年 11 月我应邀到华中农业大学《狮子山讲坛》普及京剧，讲传统戏。当时的校团委副书记说我们华农马上 115 周年校庆，想写一个戏。我是被学生下农村支教的事迹感动才写这个戏的。戏剧不是报告文学，需要冲突和故事，青年题材只写理想、只写崇高，而不写个人的生活、爱情就会显得干干巴巴。我的三个人物原型都是没有谈过朋友，我不得不在他们的学弟学妹中寻找素材。于是我塑造了一个理想的女性形象，给主角安排了一个他们的班花。她美丽、单纯，不以世俗的眼光来挑选对象，其对真理的追求，对未来的向往都是美好的，但同时又有些高傲和任性。

情有所感，心有所动，用一个好“戏核”深入开掘，把握节奏，在起承转合的整体框架内，用四功五法创造着独特的戏曲情境，就能写出充满生机的剧本。最后谈五点和大家共勉：

第一，要有献身精神。戏曲编剧是所有创作中付出成本最高，个人获益最少的。由于戏曲属于可以不断打磨的艺术，不满意还要再改，改了几十稿，不断地改，可以说戏曲编剧的付出成本最大，收益最小，所以需要有奉献精神。

第二，要有敏锐的嗅觉和智慧的艺术手段。我觉得这个是很重要的，愤怒出诗人，没有爱憎的作品是不可能长久的，但是我们必须把握好艺术表达的分寸，既是艺术的需要，也是现实的需要。

第三，要熟悉舞台，熟悉观众。我们作品不是供案头，而是供剧场演出的，这就要求掌握舞台，熟悉导演的手法，最好能自己亲自排排戏，演演戏。一个剧本的完成不是在案头，而是在排练场乃至剧场。每次我的戏首演的时候，我总是坐在剧场最旁边一个角落，观察观众的反应，有一些反应是我意料之中的，有一些不是我意料中的，我来总结为什么是这样的效果，自己总结就会不断前进。

第四，要紧跟时代，更新知识，大胆创新。戏曲只有不断革新，才能永远永葆青春。

第五，善于与人合作。我们戏曲讲究“一棵菜”，需要和导演很好的合作，演员很好的配合，长期的磨合过程中就可以找到自己贴心的人，而且我们自己要有一种虚心的精神，不断地追求。同时要有定力，我按照戏曲艺术的规律去做，相信它就可以保存下来。

文字整理：郑家泉、陈章华
校对：陈云升、李碧萱

戏曲创作与当代审美构建

陈涌泉

一、剧作家要成为思想家

在整个戏曲创作团队中，剧作家是最有思想的。如果说没有这样的自信，没有这样的文化自觉，就成为不了一个好的剧作家，剧作家不仅要思考戏剧从何处来，更要关注戏剧向何处去，肩负起戏剧发展的总设计师和领航者的责任。剧作家的价值就在于思想，在于文学精神。这是戏曲的灵魂之所托，事关戏剧的健康发展。作为一个剧作家，一定要记得，失去了思想的能力，你就失去了主体性和存在的价值，从而导致“四失”：

作品灵魂缺失；

文学精神丢失；

发展方向迷失；

编剧地位丧失。

创作高峰作品，剧作家首先应该占领思想的制高点；构建良好戏剧生态，更需要剧作家思想的引领。

上医治未病，中医治欲病，下医治已病。

戏有病，天知否？

近年来随着导演地位的畸形凸显，文本被逐渐弱化，这样带来的结果绝不仅仅是编剧被边缘化的问题，边缘化的将是整个戏曲在多元文化竞争中的地位。当导演开始越俎代庖时，戏曲就被阉割了。只重场面不重内涵、文学精神丢失，将对戏曲发展造成无可挽回的伤害，并拉低观众审美。一个不争的事实是，在没有导演情况下，中国戏曲创造了一个个鼎盛时代、产生了众多表演艺术高度成熟的流派。

我并不是说抹杀导演制建立对推动戏曲发展的积极意义，但凡事有度，过分强化导演作用，必然导致戏剧文学的弱化和表演艺术的退化。

二、当代审美文化背景下的戏曲审美

首先，随着社会发展、时代变迁，当代审美文化实践正不断消解着传统的价值观，审美格调呈下探趋向。大众审美快餐化、娱乐化、庸俗化、感官化、殖民化；娱乐至死，感官刺激、心灵快餐、思想休眠，以洋为美……做文艺的比不过做娱乐的，“劣币驱逐良币”。一些戏曲作品“新”而无根，“大”而无魂，见物不见人，有面子没里子，导致戏曲审美出现泛化、浅化、洋化、异化、退化……令人心痛。

吴冠中说，今天中国的文盲不多了，但美盲很多。木心感叹没有审美力真是绝症，知识也解决不了！更有冯小刚的“垃圾观众说”“提升大众审美，我们做了什么？”——完整看“垃圾”生产链，这个问题远没有先有鸡还是先有蛋那么复杂，一定是先有垃圾作品，后有垃圾观众，垃圾观众又催生出新的垃圾作品，彼此间仿佛亲亲热热抚慰一阵子，留下的却是心灵的苍白和满地垃圾。

三、当代戏曲审美构建的原则

以坚定的文化自信为基础，以坚守中国戏曲美学精神、坚守中华优秀传统美德为两翼，以持中守正、固本求新为原则，以现代人类共同价值为导向，以培育美的人性为目标。

戏曲创作一方面受当代审美文化特点的制约和影响，另一方面对当代审美文化的构建起着引领作用。观众的审美情趣需要引领和提升，不能一味迎合，更不能拉低；戏曲美审的最高层次是审人性之美，而戏曲审美的最高目的在于培育美的人性，促进人的全面发展；提升人的审美趣味，培养人们认识美、体验美、感受美、欣赏美和创造美的能力，从而使人们具有美的理想、美的情操、美的品格、美的心灵、美的素养、美的人生。

四、与审美构建有关的戏曲创作的六大问题

（一）关于法治与德治

首先，“道德教化高于法律强制”。

孔子曰：“道之以政，齐之以刑，民免而无耻。道之以德，齐之以礼，有耻且格。”老氏称：“法令滋章，盗贼多有。”太史公曰：“信哉是言也！法令者治之具，而非制治清浊之源也。”老子曰：“上德不德，是以有德；下德不失德，是以无德。”最高的道德境界是不说的，不把道德时刻挂在嘴上，所以才是一种大德。而口口声声不离道德，恰恰是一种无德的表现。这是一种辩证思维。大象无形，大音希声，道德是靠践行的，而不是挂在嘴上。

“一个肮脏的国家，如果人人讲规则而不是空谈道德，最终会变成一个有人味儿的正常国家，道德自然会逐渐回归；反之，一个干净的国家，如果人人都不讲规则却大谈道德，最终这个国家会堕落成为一个伪君子遍布的肮脏国家。”

司法是维护社会公平正义的最后一道防线，一旦被突破，就会出现类似内蒙古的“呼格案”。没有道德的规则，法律对于既得利益者只是手中的工具，对于弱势群体，则是套在身上的枷锁。英国哲学家培根说，“一次不公正的审判，其恶果甚至超过十次犯罪。因为犯罪虽是无视法律——好比污染了水流，而不公正的审判则毁坏法律——好比污染了水源。”法律由人制定，并靠人执行。一旦人出了问题，不能实现公正的审判，那么法律就成了一堆废纸。所

以从根本上来说还是人在起决定作用。“对恶法、恶制度的突破，恰恰可以表现人性的深刻和伟大。”

正在热映的《我不是药神》，主人公最终还是被判了五年，这就是我们千呼万唤的法律。但是面对一个又一个买不起药的白血病患者，那一条条即将失去的生命，我们文艺家能像法官一样吗？文艺家要表现的恰恰是在面对这些不合理的制度、不健全的法律时，我们怎样以悲悯情怀关注弱势群体，关注人类命运，并敢于为民请命，仗义执言，这样才能显示文艺的价值和文艺家的担当。

[编者按：《我不是药神》体现了人间的两难困境。其中的人非恶人，法非恶法。如果法律不保护制药厂的利益，则新药无法开发。人间无奈，人间有法有情。]

（二）关于清官戏

关于清官戏，我认为古代的清官往往是法治的典范。他们念兹在兹的“王子犯法与庶民同罪”，不就是今天所说的法律面前人人平等吗？他们的家国情怀、铁骨柔肠，与邪恶势不两立、为了正义敢于犯颜直谏、九死其犹未悔的精神，恰恰是这个时代最稀缺的品质。

否定清官戏本身就是一种典型的反历史主义。毕竟，清官戏支撑着中国戏曲史大半天下，中国历史的前进是靠人民大众和以清官为代表的杰出精英所推动的。创作者需要注意的是，在新创作品、特别是现代戏中，要注意与现代法治理念的结合。

（三）关于忠孝节义

我们反对的是愚忠愚孝愚节愚义，但对国家、民族的忠诚，对长辈的孝道，对正义事业的追求，做人的气节……不但过去、今天，将来依然具有永恒的价值。做个比喻来说，空气中有雾霾，但谁也不能停止自己的呼吸。我们所做的就是怎么管理好空气，去除这些雾霾。忠孝节义中的现代积极成分是我们中华民族的DNA，绕开它我们不可能写出真正具有中国气派、中国风格、中国审美风范的精品力作，更讲不好中国故事、发不好中国声音，因为离了这些你所发出的声音是变异之后的声音。

（四）关于人性

归纳人性的四个层次：

神性，光辉的人性；

常性，人之本性；

兽性，动物性；

陋性，丑陋的人性，低于兽性；

戏剧家要讴歌光辉的人性，审视人之常性，鞭挞丑陋的人性。不能玩味人性中的丑陋，更不能以丑为美。

阿兰·布鲁姆说，古代人通过仰首注视那些较高者来校正自己，当代人则通过把玩自己的脚趾来揣测较高者。是否承认人就其本性而言有高低之分，以及究竟是以差异还是一般性来衡量人，这构成古今思想之间的巨大分歧。当古希腊哲人提出“人是万物的尺度”时，他们心里想的，是理想的人；拿破仑称赞歌德说，“这是一个人”，他也在重申古代关于人的定义，即堪作事物尺度的、完整的人；这也是《论语》中“子路问成人”的意思，“成人”就是成为人。霍布斯以降的现代思想家篡改了人的定义，人性的真相从此取决于其中最低劣、丑陋和一般性的部分。

（五）关于生命平等

中国有杀身成仁、舍生取义；西方有“生命诚可贵，爱情价更高，若为自由故，二者皆可抛。”这里引用孔孟名言：“志士仁人，无求生以害仁，有杀身以成仁。”（《论语·卫灵公》）“生，亦我所欲也，义，亦我所欲也。二者不可得兼，舍生而取义者也。”（《孟子·告子上·鱼我所欲也》）艺术家不是锱铢必较的账房先生。总有一种东西比生命更重要。为了维护正义而不惜牺牲一切，是东西方共同的价值追求。

（六）关于原创

现代戏曲界有一种“原创焦虑症”，整天呼唤原创，出来的作品大多却是

"伪原创"。对于戏曲艺术而言，太纠结于原创没有意义，那样只会催生出更多的"伪原创"，给观众带来"审美灾难"。

文字整理：周广伟、刘勤、尚文波

校对：陈云升、李代鹏

唱词写作

颜全毅

一、声韵常识

我们中国历史上第一部文学作品《诗经》不是散文，而是韵文。在日常生活语言中，我们就习惯于押韵，这种运用是很普及的。要想让语言更好地让别人记住，押韵是一个好办法。音韵之美往往需要通过押韵传达，在不同的句子中，对仗是以相同的韵部为基本准则的。戏曲唱词最离不开的就是音韵和平仄，作为一个戏曲编剧，最基本的素养就是懂得音韵、平仄。押韵合辙是有区别的，对于诗歌而言，我们称之为押韵，而对于京剧而言，我们称之为合辙。

一个汉字的发音由声母、韵母和声调组成。声，是声母，是发音之声；韵是韵母，是字音之归属，声调分平仄，形成了抑扬顿挫的语音。声调即四声，四声在历史发展的过程中存在较大变化，最开始是南方语音系统的“平上去入”四声，元代以后为北方语言系统的“阴平、阳平、上声、去声”四种。阴平、阳平即为平声，上声、去声为仄声，以前的入声现在几乎不论，摊入平声和仄声中。声调在诗歌、戏曲创作中非常重要，有了声调的对称、变化，才能有抑扬顿挫的美感。中国声韵讲究反切，就是将一个字分成字头、字腹、字尾，三者的组合，使一个字的发音有了一个发展走向，有的优美动听，有的急促有力，呈现出不同的美感。一般来说押韵分为宽押和窄押，有的押韵是字腹和字尾都押上，叫作窄押。有的只把字尾押上，叫作宽押。

在格律诗写作中使用《平水韵》，平水韵是宋代以后使用的诗韵系统，王文郁作《新刊韵略》，将格律诗用字分为106韵，相当严格。我们戏曲的押韵要求是不一样的，诗韵从严，曲韵从宽。戏曲的宽押窄押和剧种有关系，北方的戏曲都是宽押，而在南方一些地方戏里头押法就不一样，越剧和京剧就完全不一样。戏曲创作有两部常见的韵书，第一部是元代周德清编的《中原音韵》，是历史上首次脱离开传统韵书方式，根据戏曲用韵实际需要和当时的实际语音写成的一部开山之作，成为北方语音体系中影响力最大的一部韵书。《中原音韵》把汉字归纳为19个韵部，把入声字取消，变成了阴平、阳平、上声、去声，更容易被北方作者所掌握。《中原音韵》影响很广，很长时间以来都是我们戏曲创作的一个主要参考。第二部就是由民间创造的《十三辙》，声韵向着更简便的方式去发展。十三辙是近代“花部”兴盛以来新兴的押韵方法，它的范围比起以往任何音韵都要宽泛，因而略显粗疏，但应用方便，在北方的戏曲、曲艺中广泛使用，是北方民间的产物，是艺人的创造。十三辙特别简单，就是一个口诀：“东西南北阔，俏佳人，扭捏出房来”，分别对应中东、衣齐、言前、灰堆、梭波、摇条、发花、人辰、由求、乜斜、姑苏、江洋、怀来等韵部，它把所有的汉字都用这十三个韵部来进行了概括。戏曲曲艺中还有一类被称为小辙的，在曲艺中尤其多见。所谓小辙就是北方语系中的“儿化音”。写好唱词，需要了解每个韵部适宜的唱腔和情感表达；要提高唱词写作水平，需要大家熟读古诗词，更要熟读成语、典故和歇后语。要花苦工夫，形成自己分类的诗词、成语、典故、歇后语手册。在写作地方戏时，特别要注意收集地方的谚语和民歌。

二、戏曲文学体制

我们戏曲文学体制一共有两种，曲牌体和板腔体。曲牌体又称曲牌连套体，形成于宋金元时期，把不同的曲牌按照它的宫调连接起来，宫调和宫调之间又能连起来，形成曲牌连套。

目前能看到最早的中国第一部戏曲剧本是南曲《张协状元》，从《张协状元》来看，当时的曲牌体创作已经很成熟了。杂剧分为九宫调，即：仙吕宫、南吕宫、中吕宫、正宫、黄钟宫、双调、越调、商调、大石调。北杂剧是按照宫调来进行创作的，所有的曲牌在一个宫调。宫调相当于定调，定完调以后整套曲子都是和谐的，而在宫调基础之上才有曲牌。北杂剧有一个基本套路，第一折常为仙吕宫，第二折常为南吕宫，第三折常为中吕宫，第四折多为双调。北杂剧有着非常严格的体制要求，第一折和第二折之间必须要使用正宫调，而且一个宫调不能连着出现两次。南戏是民间产物，它的创作没有当时北方那么多文人、音乐家参与，属于民间小调，格律较为宽松。到了元末明初出现了《琵琶记》，这是一个转折点，是一部文人戏，全剧共四十二出，每出戏十来支曲子，排列整齐，很注重格律和宫调。

曲牌体持续了很长时间，南戏的时代，北杂剧的时代，后来到了南北合套的明清（传奇）时代。写作曲牌体要有很高深的文学水平和音韵知识，它和词牌一样，每个字的平仄使用很考究，这就制约了很多文化水平不高的人，很难进行曲牌体创作。

随着戏曲的进一步成熟与发展，戏曲板腔体应运而生。板腔体的句式以一个上下句为基本结构，在此基础上，可以根据剧中情节和情感的需要，可长可短，进行抒发，长的可达 100 多句，短的可以只有一个上下句。板腔体的基本句式主要有七字句、十字句，穿插有五字句、六字句。板腔体的用韵基本上是每句都要押韵，如果不行，起句一定要押上，上句实在不行可以不押韵，下句必须押韵。在北方剧种中，上仄下平是一个基本规律。在板腔体的垛句中，一般垛句的下句尽量也要押韵。

三、唱词写作基础

戏曲唱词的基本形态：独唱、对唱、齐唱、幕后合唱、背唱。编剧要擅长运用戏曲唱词的不同形态，营造出错落有致的戏曲场景，特别是齐唱和背唱。通过唱的不同方式来推动剧情，把不同的人物，不同的性格很有场面感地表现出来。幕后合唱，很好地将时间空间变化和人物关系背景告诉观众。背唱是背供唱。

戏曲唱词的基本要求：动作性；完整性；有层次、有张力、不啰嗦。

戏曲唱词不同于诗歌，诗歌可以是静观，可以是想象。戏曲实打实的是人物在行动，哪怕是人物内心在思考，也要有思考的外化行为。戏曲擅长于把内在的看不见的行为转化为可视的、可表演的外化行为：行路、坐轿、行船、水袖、台步、帽翅……

自古以来，戏曲理论家、评论家就对唱词写作提出了要求，唱词不能是诗词，要注重是“谁”在说，在唱，要酷肖其口吻。“雅俗共赏”是唱词最好的标准，但具体操作起来，还是要看人物身份的需要。“本色当行”是对唱词写作的要求，在剧学论著中反复提及。而在国学大师王国维看来，元杂剧最好的地方在于“沁人心脾”，有意境让人遐想回味，这也是好唱词的一个标准。

四、戏曲的语言风格

唱词与念白，共同构成了戏曲剧本（舞台呈现）的语言面貌，这是一个戏直接可观的外貌。剧情推动、人物性格、剧目主体美学风格乃至剧种风格，都和语言风格息息相关。唱词与念白语言能力水准，考验着一个编剧的核心生产力。

戏曲语言要求简洁，大量的信息量、人物的命运和情感浓度，是“冰山”在“海平面”以下的部分，构成丰富的信息和潜台词，这样才能给剧中人物表演张力。而且，戏曲剧本是“台上见”的即时艺术，不是诗赋，除非特别的题材，尽量不要在台上掉书袋，不要用特别文绉绉、令人费解的词语和死文字。语言要“稳”“准”“狠”——要高度概括凝练、从现象升华到本质从情感升华到情绪、从偶然进升到必然以“共情”撞击每一个读者和观众的心灵。

唱词写作要有总体的风格追求。从格式上看，比如比较庄重的纯粹十字、七字相间，或者特意选择灵活多样的跳跃式。从风格样式上看，如庄重大气、厚重典雅的风格；有清新唯美、如诗如画的风格；或者口语化、生动俏皮的风格应有总体上的布局。同时，同一个剧中，不同的人物有自己的身份、性格和知识程度，语言也有不同的风格。这些都需要作者进行巧妙构思和布局。

戏曲文学是用语言刻画人物的，人物一出场，他（她）是什么样的身份、个性、风采，要用唱词与念白进行表现，同样一出戏，有的人物语言珠玑锦绣、琳琅满目，显示人物文采斐然；有的人物语言通俗浅显，充满家长里短的亲切和自然。通过唱词上的雅俗之分，一出戏甚至一场戏，就能让不同人物的形象生动起来。

除了题材风格、体裁特色、剧情需要和人物身份个性之外，戏曲语言往往还和剧种总体特点和地域语言风格相关联。有的剧种，例如昆曲总体偏于雅致；有的剧种，例如评剧、高甲戏总体偏向通俗有趣，在语言风格上也有一定的规律。除此之外，写作地方戏，在唱词和念白上应注意运用这种极具地方特色的语言。少数民族题材的戏曲也要注意运用少数民族的语言习惯。

文字整理：杨平

校对：陈云升、郭泽莹

第二部分

诗词写作漫谈

吴新苗

一、诗词的“体”与“用”

诗词的鉴赏和创作，首先需要对其文体特征有一个基本的认识。与“体”相关的问题就是“用”，所以先从这两方面谈起。

鲁迅曾说上古时人们在抬木头时，发出的“杭育杭育”号子，可以看作最早的诗歌。诗歌是从人们劳动、祭祀等社会活动中诞生的，比如《吴越春秋》中《弹歌》：“断竹、续竹、飞土、逐宍。”这首古歌谣写的就是打猎的场面；《礼记·郊特牲》中《蜡辞》：“土反其宅，水归其壑，昆虫毋作，草木归其泽！”这首歌谣是人们祭祀时祈祷生活能够风调雨顺，一切平安。劳动号子要讲究节奏，祭祀时则是诗、乐、舞统一着的，所以诗歌从起源时，就有了音乐性的特质。文字的音乐性，体现在音调、句式节奏、押韵等方面，这些成为此后各种“诗”体的基本特征。

古人对诗歌的认识中，还有“诗言志”的说法，这是从内容方面对诗歌的界定。所谓“志”,《左氏春秋传》以“民有好、恶、喜、怒、哀、乐”为“六志”，因此主要指情感，所以诗歌在中国是一种抒情文体，纯粹的叙事诗并不发达。

诗主要分为“古体诗”“近体诗”两大类。古体诗中可以按照每句的字数分成三言体、四言体、五言体、六言体、七言体、杂言体。

三言体，比如唐山夫人的《安世房中歌》有一首：“雷震震，电耀耀。明德乡，治本约。治本约，泽弘大。加被宠，咸相保。德施大，世曼寿。”这是歌颂汉高祖“约法三章”的德政，这种体裁一般用于庙堂的祭祀；《诗经》是四言体的典范，其后历代诗家都有创作，曹操、陶渊明等有不少佳篇；五言体，过去说起源于李陵与苏武的赠答诗，现在认为是伪作，汉末的《古诗十九首》才是真正五言诗的最早源头；七言体，也在汉魏时期发展起来，曹丕的《燕歌行》是文人七言诗早期作品的代表。

古体诗还可以从诗歌风格上分成古风体、乐府体。总而言之，古体诗有这样几个总体体征：句数不限，句式没有严格的格律要求，押韵方面平仄韵皆可、可以换韵、韵较宽（可通可转）。因为束缚较少，开始学写诗可以从古体诗入手。

与古体诗相对的是“近体诗”，即格律诗。汉魏时期佛经翻译很甚，在翻译中引起人们对汉语语音规律的认识，这催生了诗歌文体的变革，于是在齐梁时期有周颙、沈约倡“四声八病”之说，到唐代沈佺期、宋之问进一步完善，五言八句、七言八句的律诗（还包括绝句、排律）诞生了。此外，还有所谓“宝塔体”“回文体”等诗体，多是文字游戏的性质，偶尔也有佳作。

诗之“用”，孔子“兴观群怨”之说构成儒家的诗歌观。王夫之有段讲“兴”的话很有价值，他说人们陷入平庸的日常生活“拖沓委顺，当世之然而然，不然而不然，终日劳而不能度越于禄位田宅妻子之中，数米计薪，日以挫其志气，仰视天而不知其高，俯视地而不知其厚，虽觉如梦，虽视如盲，虽勤动其四体而心不灵，惟不兴故也。圣人以诗教以荡涤其浊心，震其暮气，纳之于豪杰而后期之以圣贤，此救人道于乱世之大权也。”诗歌让人超越世俗生活的束缚，发扬主体的性灵，所以欣赏和创作诗歌，可以对抗日常世俗生活对人的“异化”和平庸化。

在古代，诗歌也是重要的交际工具，但凡送别、酬谢、庆贺、悼亡都会用诗歌表达自己的情感，完全是人们生活的构成部分，并没有“我要写诗了”那种严肃性，这也是需要了解的。

二、诗词格律

无论是创作古体诗还是近体诗，首先都必须有一定的音韵学知识，掌握四声平仄与押韵的基本要求。唐以前人写诗基本都是按照当时语音来创作，唐以后则按照唐代语音来创作，而语音变化是很迅速的。所以宋代有王文郁、刘渊编写一部《平水韵》（王氏在山西平水做官，所以称为“平水韵”）来规范诗歌创作，成为历代诗歌创作辨声用韵的指南，一直为人们所遵守。关于入声字，这需要刻意记忆，当然也有一些规律，南方人也相对好辨识一些。

古体诗的用韵，可以一韵到底，也可以中间换韵；可以用平声韵，也可以仄声韵。一般是偶数句换韵，如果平仄韵兼用，那么换韵时就平、仄两韵交替使用。比如李白的《经下邳圯桥怀张子房》，就是平、仄、平三个韵交替，其中“报韩虽不成，天地皆振动。潜匿游下邳，岂曰非智勇？”用的仄声韵。古体诗用韵不像近体诗那么严，存在通韵的情况，上面这两句就是“一董”和“二肿”相通。古体诗换韵的原则，是一层意思表达完整之后开始换韵。这从李白的这首诗中也能得到印证。

近体诗要求压平声韵，一韵到底，韵字不能重复。除此之外，需要“调平仄”，有所谓相对、相错、相黏等要求，看似复杂，其实只需记住五言律诗的“仄仄平平仄，平平仄仄平”，“平平平仄仄，仄仄仄平平”这两种格式，然后把它们先后重叠起来、再把重叠后的四句重复为八句，就构成了两种律诗的格式。在这两种格式中，第一句都是仄声不入韵的，换成一个平声入韵的，那就构成了另外两种律诗格式。这就是五言律诗的四种基本格式。七言律诗，不过是“平平仄仄平平仄，仄仄平平仄仄平”、“仄仄平平平仄仄，平平仄仄仄平平”两种格式的重叠、重复而已，七言律首句押韵的比较常见，这是与五律不同的地方。

调平仄中有所谓“一三五不论，二四六分明”的说法，并不完全正确，“平平仄仄平”第一字，“仄仄仄平平”第三字，都不可以活用。这就是戴着镣铐跳舞，在严格的格律规范中体现其艺术性特色。当出现很难符合格律要求时，也可以通过拗救的办法，有些诗家还故意写出拗体，追求特殊的声韵效果，比如杜甫。其实拗体就是变化了的格律，并非真正破坏格律。

律诗第三个要求，就是颔联、颈联必须对仗，其他两联可对可不对。最为常用的对仗方式有：

（一）“反对”，上下句意思相反，如“横眉冷对千夫指，俯首甘为孺子牛”“年年喜见山长在，日日悲看水独流”，“身无彩凤双飞翼，心有灵犀一点通”，这样可以形成强烈的对比，有很强的艺术效果。

（二）“正对”，“九月寒砧催木叶，十年征戍忆辽阳”之类，两句意思、情感相近或相同。

（三）流水对，上下句是递接顺承的关系，或连贯性动作。如“请看石上藤萝月，已映洲前芦荻花”之类。

三、结构、句法和炼字

“起承转合”是古代诗歌常用的结构方法，戏法人人会变，但是妙处各自不同，关键是多揣摩学习前人作品，有自己的心得。

杜甫《望岳》，起时点题，三四句写泰山之雄伟壮阔，接下来两句还是写泰山，但通过“荡胸”“决眦”转到写作者自己的感受，最后“会当凌绝顶，一览众山小”归结到题目“望岳”，表达诗人宏伟的理想和抱负，将全诗境界升华。中国传统诗学著作中，对诗歌结构技巧有很多细致分析，比如“起”，有开门见山的“明起”，有反面写起的“暗起”，有比兴这样的“陪起”，承、转、合也有很多讲究，这些诗评著作可以多读，多参悟。

诗歌要求语言精炼。“陌上花开，可缓缓归矣”这是散文句式，“陌上花开缓缓归”就是一句诗，而且是一个律句。诗句诵读时，比如五言用“二二一”，这不是语义的结构，句法上讲语义的结构可以分为“上一下四”，如“青——惜峰峦过，黄——知橘柚来”；上二下三，如“客路——青山下，行舟——绿水前”，上三下二，如“夜郎溪——日暖，白帝峡——风寒”；上四下一，如“山从人面——起，雾傍马头——生”，等等。诗人常常有意变化句式，以突出自己表达的重点，加强表达的丰富性、多样化。

诗歌的炼字，大家对“推敲”、“又绿江南岸”等故事都耳熟能详，有时一个字用得好，的确使得全诗境界全出，“日气含残雨，云阴送晚雷”之类佳句皆得益于炼字功夫做到家。杜甫“为人性僻耽佳句，语不惊人死不休”，在遣词造句上匠心独运，体现了高超的语言艺术，其实历史上著名诗人莫不如此，他们的诗是值得常常涵咏，仔细体会的。

四、功夫在诗外

这也是一句老生常谈。我觉得首先需要培育出自己的诗心诗情，生活要有些超然的态度，有些旁观者的视角，多些真诚自然的赤子之心。其次，还是要去多读古代各种体裁的作品。古人将这个作为诗歌取材问题来探讨，比如王士祯说：“为诗须博极群书，如十三经，廿一史，次及唐宋小说，皆不可不看。所谓取材于《选》，取法于唐者，未尽善也。”取材不丰富，写出来的东西就显得浅薄、单调，无论思想情感还是表达手法上，都会出现这样的弊病。当然，最重要的取材，是深入到生活中去思考和感悟。其实，哪一种文学体裁的创作不是如此呢。

文字整理：杨璐

校对：陈云升、杨万奇

昆曲写作（上）

罗 周

一、边写边学与汉语言文字的弹性

昆曲作为百戏之师，不但其表演艺术值得其他剧种借鉴学习，对其传世文本的分析剖解也可帮助大家在其他剧种剧本写作时更上层楼。昆曲音乐的结构体制为曲牌体，对昆曲写作者来说，“曲牌”既是个音乐概念，又是个文字格律概念，昆曲填词对平仄要求颇严。很多年轻人想尝试写昆曲又担心自己准备不够，尤其在曲牌的选择与运用上，往往感觉无法着手，因此再三犹豫、裹足不前。可写作少不了激情、少不了冲动。曲牌是“限制”，更是“助力”。一方面，你不能全然不了解它；另一方面，若想等到你完全了解、熟悉、掌握它之后再动笔，我却担心写作者最初的热情已被消磨。我想，昆曲应是作品之载体而不是创作的目的，曲牌平仄应帮助我们实现韵律节奏之美、题旨结构之清晰，而不应成为束缚创作者思考的锁链。因此，我的建议是：想写昆曲时，不妨先写起来，边写边学。先要有走出第一步写的勇气，再要有虚心学习的韧性与毅力。

初学初写时，曲牌选的不准怎么办？你要相信，当你以真情倾注入作品、使主创团队看到你的诚意与才华，作曲、演员都是能帮助、也一定会帮助你的人。你更要相信汉语言文字的弹性、变化与包容度。

记得我 2010 年写《春江花月夜》一剧时，对昆曲亦知之甚少，以至全剧用的都是北曲。数年后投排该剧，我把好几折戏的北套改成了南套。看上去似乎修改幅度很大，其实难度并不高。举个例子：【北仙吕·点绛唇】“明月迎人，流灯照影，芳春近。桥傍花林，欲醉还狂醒。”被改成【南仙吕·卜算子】后，是这样的：“明月逐归人，流灯迎春汛。一带柳桥傍花林，欲醉还狂醒。”后来我写昆曲《我，哈姆雷特》，在作曲顾兆林老师的建议下，几乎将整部作品的曲牌重选重填了一次，比如【北双调·新水令】“数幽狱几多骷髅任沉沦，万千声，诉不尽悲愁恨。休言分两界，来往俱归人。九五龙庭，到如今荒冢蹈烂狐兔径！”被改成了【南黄钟·画眉序】“幽狱任沉沦，问谁个玉堂金马占得稳。慢说分两界，来往皆归人。老猿啼万声千声，旧骷髅浪滚云滚。汉唐宫阙今安在，无非兔窟狐径！”在韵脚与某些词汇元素不变的情况下，十几支曲子的改头换面，费时也不过七八个小时。不但曲牌体中不同曲牌的文字便于调整，板腔体与曲牌体之间也可做修改。我曾经写过一部戏曲剧本《哀猿弓》，后由北方昆曲剧院演出，即昆曲《孔子之入卫铭》，就将全剧唱腔由板腔体改为了曲牌体。如主人公孔子上场的第一段唱，板腔体文字如下：“浩荡荡江风迎我行江上，迢迢归鲁终老乡。想当年周游列国风餐露宿相随子弟多零落，孔仲尼斑驳双鬓亦染霜。寂寞胸中伊吕志，不改身上一青裳。扶藜泽畔放眼望，忽闻吟啸随风扬。唤近渔子还相问，何处谣曲绕人肠？”重制为昆曲剧本后，这是一支【锦缠道】：“眺寒江，涌心潮频拍浊浪，近乡愈情怆。十四载楚游齐傍，行龙钟、齿摇将脱、鬓根已苍。嗟子弟多流离，笑寂寥形状，须臾敢相忘，伊吕志，空旧了青裳。扶藜闻歌漾，呀！又不是《武》歌《韶》唱，偏将俺冷肚肠捂到烫！”当你将这类调整视为在与汉语言文字做游戏时，不但不厌其烦，更觉乐趣无穷。

周德清《中原音韵》里，列举了诸宫调大概的音乐情绪指向，可作为我们写作时选择宫调的参考：“仙吕——清新绵邈；南吕——感慨伤悲；中吕——高下闪赚；黄钟——富贵缠绵；正宫——惆怅雄壮；大石调——风流蕴藉；小石调——旖旎妩媚；般涉调——拾掇坑堑；双调——健捷激袅；商调——凄怆怨慕；越调——陶写冷笑。”

至于填曲的工具书，《昆曲曲牌及套数范例集》很详尽、例子也很丰富，且有扫描的电子书版。另外我推荐两本入门级别的工具书，《元曲鉴赏词典》和《明清传奇鉴赏辞典》的附录部分。

这两本书的附录用特别简单的方式标志了常用曲牌的平仄格律与基本用法。美中不足的是没有标出字与字的组合切割，比如一句五个字，你无法一眼分辨该是三二结构还是一四结构。这时你需要再去看看前人的填曲，帮助你作判断。

二、以《春江花月夜·乘月》为例，分析昆曲折子戏结构

昆曲《春江花月夜》由张军昆曲工作室创作，于 2015 年在上海大剧院首演。石小梅老师看过后，赞叹之余，说她有个小小的想法。全本《春江》高潮部分：《春江花月夜》诗的诞生，唱的是张若虚 36 句完整的七言诗。虽然作曲、演员都才华横溢，可因原诗上下句格式过于工整，听上去总有点昆歌之感。石老师问我，能不能将《春江花月夜》诗写成曲牌体，我说试试吧，这便有了 2019 年初由石老师领衔首演的折子戏《春江花月夜·乘月》。

一般来说，一个新编昆曲折子戏包含有六到七个曲牌，以供表演半小时左右。第一支通常为【引子】，人物上场时或上场不久后唱；最后一支为【尾声】，人物下场前唱，类似于总结陈词。换言之，真正供编剧铺排剪裁、充分发挥创造力与想象力的曲子也就五支左右。既难也不难，不难在于数量体量有限，难度则在于要在有限的数量体量里展现丰富的层次与变化。

《乘月》演出时长为 48 分钟，较一般折子戏要更长，曲牌数量也稍多。其内容为：张若虚死而复生，重回明月桥头，虽寿止三日，仍心心念念，翘望佳人。怎奈往岁繁华，尽数凋零，当年红颜，无非白发。唯江流明月，灿然如故……高潮是《春江花月夜》诗之喷薄，也是我们审美的最高点，编剧一切努力，都是奔此而去。全折结构大致为：1. 回生——2. 回忆与辛

夷之初见——3. 邂逅辛夷，在当下的共祭里，回忆与辛夷的第二次相见——4. 三度相见，无限唏嘘，化为一诗——5. 各自别去。其中，（1）含【水红花】一曲；（2）含【红衲袄】一曲；（3）含【哭相思】【侥侥令】【红衲袄】三曲，需要说明的是，其中【哭相思】牌极短，仅只两句，【侥侥令】为女主角辛夷上场时所唱，即严格来说，张若虚与辛夷之共祭共忆，仍集中在【红衲袄】一曲里；（4）以诗入曲、是全折的重头戏，故含【小桃红】【下山虎】【五般宜】三曲及一支七言【琴曲】；（5）含【尾声】一曲。可以看到，曲子之轻重分布，其依据正是内容之轻重。不仅昆曲，在京剧与地方戏的写作中，也希望同学们能进行类似的理性铺设。我们写剧本，每一句都是有目的的，每一句都应是在有限演出时间里的有效积累，是向着最高价值、戏剧题旨的攀登。

三、关于行当

还有一点要提醒大家，写戏时一定要将“行当”铭记在心。昆曲在“生旦净末丑”的行当之下，还细分了众多家门。比如旦行，就分老旦、正旦、作旦、刺杀旦、闺门旦、贴旦，等等，生行又分巾生、小官生、大官生、穷生、雉尾生等等。对演员来说，家门区分了发声方法、表演幅度甚至具体穿戴；对乐队来说，家门能区分不同的音乐形象；对编剧来说呢，家门能帮助树立各不相同的人物形象与个性气质。编剧心中有了角色的清晰家门，笔力之收放也会随之更加自如，舞台也随之更加丰富多彩。我建议大家，在现代戏、现实题材剧目创作时，也能在人物表后标注角色的行当甚至家门。这样，写作时你就能超越二维的文字本身，而投射进立体的艺术、投射进演员的血肉之躯，以切实把握文字在舞台上的呈现效果。

尤其不要忘却丑行的设置，丑行的巧妙运用往往能为戏曲作品增色甚多。

剧本写作是理性与感性的平衡，一方面，澎湃激荡你的情感；另一方面，又始终有一只理性之手的把控驾驭。一层一层分解、一层一层切割，努力保证每个段落、每个字都不是在浪费宝贵的舞台时空。你若爱昆曲、想尝试写昆曲、渴望以昆曲为载体向世界发出你的心声，这一刻，哪怕你还没有完全掌握好昆曲曲牌文字格律，请先写了再说，先给世界看到你的热情与你独一无二的真挚表达。这时，整个世界都会帮助你——这是我，想再一次强调的。

文字整理：蔡晓英、邵诗惠

校对：李碧萱

昆曲写作（下）

罗　周

关于戏剧的组织与构思，我总结了八个字：素材——题旨——结构——剧情。这是个连贯的思考过程，就我看来，每个阶段都极为重要、不可脱漏。

一、素材

我们准备着手写某个题材时，第一步肯定要阅读相关素材。我因为在复旦做了十年学术，有个习惯是尽可能全面地掌握研究材料。根据题材不同，素材有时极多、有时极少。多有多的好处，少也有少的便利。芜杂处需要梳理，简陋处更需开掘。面对历史人物或历史事件时，我建议大家以人物年表或编年体史书为指引，研究者们写得好的评传也很可以一看。

二、题旨

掌握了足够的素材后，你不妨把最打动你之处列举出来。但一定不要急着写剧本，因为它们还不是戏剧情节，哪怕它跌宕曲折、张力十足。以“动情”为光照，我们在素材里找到该题材入戏的最高价值，即全剧“题旨”。若无题旨，戏剧就像一场没有目的地的旅程，单个情节再好看，却丧失了情节与情节之间的积累的力量，丧失了推进与攀登。

三、结构

明确题旨之后，我们要思考、决定全剧的结构方式。题旨往往决定着结构，换言之，好的结构必须有利于题旨之实现。有的作品看上去就像用剧本的形式写了一篇小说或散文，正是因为作者缺乏对戏曲结构的把握能力。我写过很多借鉴元杂剧四折一楔子体例的“新杂剧”。近年来，在此基础上，也不断尝试根据题旨不同、情节不同做出结构上的调整、变化、拓展。

四、剧情

剧情之裁选与结构之确定常常齐头并进。从纷繁素材到完整剧情之间，题旨与结构是非常关键的两个环节。明确了最高价值与实现最高价值的道路，才能有效选出可进入戏剧的素材原型，发挥想象力、创造力进行合理的虚构、挪移、放大、简省……直到这时，“素材”才真正成为“剧情”。配合结构方式，分场及分场梗概亦随之出现。就个人而言，分场梗概确定后，我才敢落笔。

以昆剧《浮生六记》为例，这是上海大剧院的约稿，由上海大剧院、江苏省演艺集团昆剧院联合出品，首演于今年7月。

第一步：素材，即《浮生六记》原著，主要写作者沈复与妻子芸娘的琐碎生活。纵观其生命历程，亦不失戏剧性。比如尽管夫妻爱得深切，却因芸娘不为沈父所喜，二人搬出别居，在贫贱中坚守爱情、享受生活。无奈命运多舛，芸娘夭亡，沈复痛不欲生……顺着情节梳理，我们大可将《浮生》写成一部爱的礼赞，写这对小儿女反对封建家长制作风、积极追求婚姻爱情之自主自由，可这却不是我最想写的。因我写过《宝剑记》《一盅缘》了，我不想只是换些人物、换些情节，来表现自己已用戏曲表现过的题旨。

那么，第二步，我写昆曲《浮生》，题旨何在？我反复阅读素材，思考原著最打动我的是什么？很奇怪的，并不是书中夫妻之爱与生活闲趣，而是沈复书写时的情感状态。他思念亡妻，故而落笔，以恐浮生若梦，散落无痕。他写一阵、哭一阵、哭一阵、又写一阵。最终呢，人们看到：芸娘死去了，沈复也死去了，可《浮生六记》留下来了。沈复与芸娘这两个形象，并没有随着物理生命的消亡而消亡，他们步入了永恒。因爱而悼亡、因悼亡而书写、因书写而永恒，我因之觅得也确定了创作题旨：艺术与爱对死亡的超越。

第三步：结构。"超越"的推进过程是我找到的基本结构方式。沈复不是为了追求永恒写的《浮生六记》，他是为思念而写、为排遣痛苦而写。他落笔之后，奇妙的事发生了……

详叙第四步"剧情"（分场剧情）能帮助大家更了解"结构"之实现。

《浮生》剧共六场戏。

第一折：《盼煞》。幕布拉开，芸娘已死，正值她回煞之日——这是我选择的切入点。不顾他人劝阻，沈复独坐房内，等芸娘魂魄归来。他等了整整一夜，从初更到五更，终于没能等到芸娘。刻骨的眷恋与疼痛，是落笔之缘起，也是走向超越的情感端点。

第二折：《回生》。沈复开始了书写，在翰墨之间回忆着他与芸娘的新婚夜……这时芸娘回来了，像没有死过一样，活生生出现在沈复面前。具体到这一折的写作，我用了"三猜"的结构，沈复惊见芸娘，猜她是鬼、是梦、是精怪？又一重重地否定了猜测：她"短短长长影随身"，不是鬼；她调笑着咬他生疼却未曾惊觉，不是梦；她对闺房私语了然在心，不是精怪……那她是什么呢？投排前导演与我商量，说要不要及时给观众提示，点明芸娘"是什么"，我建议不用。我希望以沈复的眼睛引领观众的眼睛，以沈复的迷惑牵动观众的迷惑。

第三折：《诧真》。这是最"魔幻"的一场。写芸娘欲去赶水仙庙庙会，沈复担心光天化日下"死而复生"的妻子有生变之虞，又拗她不过，便让芸娘女扮男装，相偕出门。不料亲朋好友见到并认出芸娘后，个个言笑自若、毫无惊异，仿佛芸娘从没死过。这是怎么回事？紧接着的第四折《还稿》揭了秘。《还稿》一开场，便是母亲为沈复强娶的续弦半夏在吟赏他"水仙庙会"

的文字，而后沈复上场，连唤“芸娘”，被母亲斥为癫狂。沈复这才恍然大悟，之前庙会上邂逅的母亲、朋友，都不是真实的人，而是他写出来的人。芸娘，也是他写出来的人、是他书中之人！从第二折到第三折，是沈复之笔，从创造一个“人物”到创造了一个“世界”！

第四折揭秘后，沈复再度投入痴迷的撰稿之中，我们紧接着迎来第五折：《纪殁》。这是男女主人公情感的最高点，也是《浮生六记》之完成。我在自身剧本创作中第一次尝试了“时间循环”的概念。因为沈复不肯、不忍写芸娘之死，所以芸娘永远被困在她死亡的那一天。沈复若想将所爱从不断死又不断生、不断生而不断死的苦痛里解救出来，就需要做出“永诀”的牺牲。在特定的戏剧情境下，两个相爱的人进行了他们最终的、最深情的表达：一个是为了爱你我要放手；一个是为了爱你我愿永被死亡羁绊。终于沈复写下最后一页，与此同时，芸娘在他怀中消失了。割舍是因为爱，而割舍成就了“完成”：《浮生六记》书成，也就在“完成”的这一刻，生命以另一种形式得以永存。

那么还有第六场呢？这是一折《余韵》，十年后，沈复也将走到生命尽头。开场是半夏在阅读书中沈复盼见芸娘回煞的文字，正与第一折呼应，构成首尾衔连的圆形结构。这时敲门声起，半夏开门一看，竟是沈复、芸娘！我用这种方式，写了沈复之死、写了二人“书中去也”的永恒，更重要的，是半夏“看见了”！在沈复梦幻般的著述之外，我用半夏贯穿起一条现实线。续弦半夏从未出现在书中、也从未与芸娘“同框”，直到此刻！我想表达的是，继文字创造了一个人、创造了一个世界、完成了这个世界后，这个世界，可以被别人“看见”了！半夏，是现实之于艺术的温柔包裹，也是我们每一个读者的代言。

这便是昆剧《浮生六记》从素材阅读到分场剧情确定的大致过程。

因为有同学表示想再听听《顾炎武》的创作，我就再做一点简单阐释。昆剧《顾炎武》同样是约稿之作，作为第七届中国昆剧节的开幕式演出，由昆山当代昆剧院首演于 2018 年 10 月。

素材：顾炎武的文史材料，极其浩繁。

题旨：最早引发我好奇的是顾炎武的画像，都是包头巾或戴纱帽的正面像。忍不住想，他若转过身去呢？我们则会看到他脑后的辫子。明末清初，家国板荡，读书人有的选择殉国，有的选择出家，顾炎武做了第三种选择。他剃发易服，离开家乡，走向中原大地，拓碑勘考，一步步把几被战火毁坏的、将被岁月湮灭的文明重新拾起。自觉的文化守护，是他打动我的第一处。我又注意到，顾炎武三个外甥：徐乾学、徐元文、徐秉义个个入仕并在御前讲经，后康熙南巡，还曾赐匾徐氏。顾炎武呢，不但没有与之绝交，还和外甥们保持书信往来。信中谆谆教诲，是否也会在经意不经意中被送入康熙之耳？顾炎武一生读万卷书、行万里路，为清学“开山始祖”。作为一个伟大的学问家，其思想、襟怀、人格，不被明朝、清朝所限，可作为一个人：儿子、丈夫、朋友……他承受了多少痛苦、又需要跨越多少痛苦！这是人物打动我的第二处。这两处打动，实是合二为一的，顾炎武之跨越、之成就的根本，正是他对文明文化决无退缩、决不放弃的担当精神。

结构：“三别”，在“初别母、次别友、三别妻，我今真个伶仃了”的人生旅程中，顾炎武越来越孤独，也越来越坚韧、恢弘、高卓，及至发出“天下兴亡，匹夫有责”之最强音。

剧情：楔子《思归》，点明全剧是顾炎武在坠马重伤、临终弥留之际的反顾。第一场《诀母》，明亡，顾炎武之母绝食殉国，遗命他“亲恩”“乡恩”“国恩”三不忘，这是他与母亲的死别。接下来是一折楔子《惊碑》，残碑历历，是他发愤之契机。第二场《对狱》，清初大兴文字狱，顾炎武活着走出牢狱，文友知己却都被凌迟处死，这是他与朋友的死别。第三场《论试》，一方面，远在故乡的妻子逝世了；另一方面，近在身旁的弟子也拜别了他，赴京应试。弟子担心顾炎武无人照料，顾炎武的回答是：“野客无忧老更单，班马文章为我伴”。第四场《问陵》是在之前“三别”基础上的推进，也是对“三别”的回馈，像一颗种子它破土而生、历经风雨，终于结做枝头的成熟。

《问陵》是一场对子戏，地点发生于明孝陵，人物分别是以外应工的顾炎武与以小官生应工的康熙。一个是岁月沉淀、人到暮年的大学问家，一个是意气风发的少年天子，其年龄、地位、个性间都存在巨大差异，力量上却又能形成奇妙平衡。有趣的是，见面之初，顾炎武自报家门，康熙一早便知其身份，而直至分别，顾炎武都不知身旁少年是谁，哪怕他轻轻吐出一句“我名玄烨”、扬长去后，顾炎武的反应也不过是“这个名儿，有些耳熟哩”。这样一来，二人言谈既无拘束，又会产生颇有意思的戏剧效果。

萍水相逢的一老一少，沿着明孝陵中轴线一路行来。起初，康熙看似谦逊、实则凌厉地问出三问，质疑顾炎武“进不进、退不退，明不明、清不清、空怀高才，尴尬一世”。到行经文武方门、孝殿、山陵三个地点，我们将这一路分为三个阶段、三个可积累可递进的层次，顾炎武引领少年行过了今古、行过了盛衰，面对“青山一座，旷廓四野”，康熙因人世繁华之脆弱而黯然神伤、不觉泪下时，顾炎武说出他心中的“千秋不废、万古长存”——“天下、天下也！”犹如黄钟大吕、震荡了少年，这才明白：“先生志节不在进退，襟怀岂止明清！”顾炎武“天下兴亡，匹夫有责”八字，随之喷薄。回想一下，康熙初发问时，顾炎武难道是被他问住了、无言以对？当然不。他早用一生的坚忍坚持得到了答案，可若直接回答，无论力度、信服度、戏剧性都极为缺乏，所以要用“编剧技巧”藏住这个答案，而用三个地点、三个阶段激荡人物之情感，有了从平地向上攀登的历程，才会有抵达山巅的高度。这是单折的写作方法之一。

文字整理：蔡晓英、邵诗惠

校对：杨万奇

西方视阈下的中国戏曲

都文伟

中国戏曲在西方的传播途径（以英语世界为主）

中国戏曲在西方的传播途径，大致可以分为五种方法：剧本翻译、舞台演出、文章书籍和专著论述、搬演中国戏曲故事、英语本土戏剧的中国戏曲元素，并就其中几种方法做了重点解读阐述。

一、剧本的翻译

叙述剧本离不开翻译，没有翻译便没有文本，翻译质量的好坏直接影响着戏曲传播的艺术性和丰富性。目前，剧本翻译主要涉及法语、德语和英语，而在中国戏曲方面，法语和英语所占比重相对更多一点，典型的例子如《赵氏孤儿》，第一本法文译本出现在 1735 年，从 1741 年到 1817 年八十年间，至少有四种由法文《赵氏孤儿》译成英文的文本。法国文学家、哲学家伏尔泰在翻译和传播《赵氏孤儿》的过程中做过很多努力和创新。他用启蒙时期的理念表述感情，将《赵氏孤儿》的场景全部替换，改编成为新剧本，名为《中国孤儿》，并在1755年将译成的剧本在上流社会沙龙里朗诵传阅。此后，西方世界改编演绎《赵氏孤儿》经历了三个里程碑式的阶段。一是1755年伏尔泰的《中国孤儿》和1759年的亚瑟·墨菲根据该版本改编的英文同名剧本；二是1912年美国哈利·本里默和乔治·黑兹尔顿根据赵氏孤儿的部分内容写的《黄马褂》；三是活跃在近期舞台上各个剧团的演出。改革开放以后，戏剧界人士广泛认识和了解伏尔泰，受到其西方思想的影响，《赵氏孤儿》不断被继承改编，呈现在各种戏剧戏曲形式之中，相对西方的主题处理方式，中国编剧独辟蹊径，呈现很多独到的见解和观点。

二、中国戏曲在英语世界的演出

与欧洲观众相比，美国观众更具优势。他们和中国戏剧的直接接触最早可追溯到1790年。那时中国戏剧已在纽约舞台上初现端倪，主要表现为烟火表演、皮影戏和以木偶戏、马戏形式出现的哑剧。19世纪中叶，美国淘金时代，很多中国人移居美国，聚集于东西两岸的纽约和旧金山。1852年，旧金山建成第一个中国剧院。八年后，即1860年，第一个中国戏班在旧金山表演结束后，去巴黎为当时的皇帝拿破仑三世演出，欧洲人首次得以目睹真正的中国戏剧。随着中国移民在美国的东进和扩散，更多中国戏班建立起来，演员及剧目主要来自中国。因此，中国戏曲在美国传播比欧洲早很多年。据《纽约时报》所述，美国的中国城里有正规的剧院，专业的团体表演中国戏曲，不仅向当地的华人提供娱乐观赏，更引起了当地白人包括游客、艺术家和评论家在内的美国观众的注意。中国戏剧以其原汁原味纯熟老练的艺术魅力吸引了越来越多的非华人观众，一些反对当时统治西方戏剧舞台形式的评论家甚至认为中国戏剧比美国本土戏剧更为优秀。1930年，梅兰芳大师在纽约和其他一些城市演出，引起轰动。到1978年改革开放，很多戏剧团体走出国门，通过不同形式在美国演出，传播范围越来越广。进入21世纪，昆曲《牡丹亭》的演出在美国又引起新一轮中国戏曲热。

三、英语世界有关论述中国戏曲的文章、书籍与专著

英语文本中对中国戏曲的介绍与研究始于1817年，距今已有200年。那一年约翰·法兰西斯·戴维斯出版元杂剧《老生儿》的英文译本。在西方翻译本里最早的是元杂剧，因为大家都认为元杂剧最有文学性，文学价值最高，所以元杂剧翻译得特别多。他们的翻译基本采取西方的诗剧与话剧形式，偶尔会唱，类似音乐剧，但主要是说话与吟诵。美国是英语国家，英语是大语种，影响到世界上最广大的地区，其他西方语种中的经典都已被译成英文，所以从这个意义上说，了解英语文本介绍中国戏曲的情况就大致了解了西方文本中对中国戏曲认识的情况，即英语译文是美国公众理性了解中国戏曲的主要方式。从戴维斯到现在为止，英文世界里专门研究中国戏曲的可以分三个阶段。第一阶段是19世纪，以介绍中国戏曲表演传统为主，是西方认识中国戏曲的初级阶段。第二阶段是20世纪上半叶，对中国戏曲的认识上升到理论阶段，如对1930年梅兰芳在曼哈顿的演出及其1935年在莫斯科便装演讲示范的理论总结，推动西方舞台进行大量学习中国戏曲表现手法的实践。第三阶段是20世纪五六十年代至今，这是一个学术研究阶段，涌现了大量研究著作、文章和译本。

中国戏曲剧本主题与结构的改编

英语世界搬演中国戏曲故事，对中国戏曲剧本主题与结构的改编，《灰栏记》《琵琶记》是两个典型例证。

《灰栏记》是一则关于包公断案的故事，在欧洲有法语、英语等多种译本，而影响最大的是德语的两个版本。一个是1925年克莱本（Klabund）的改编本，它是西方从20世纪20年代至70年代常演的蓝本，剧中增加了一个新人物——王子。在张海棠未嫁之前，王子为张海棠美妙歌声所倾倒，与海棠一见钟情。随着剧情的发展。海棠儿子的生父实为王子。最后以坐了王位的王子断灰栏案圆满结束，爱情至上的理念贯穿全剧。另一个是1948年首演、在美国的德国著名戏剧家贝尔托·布莱希特改编创作的《高加索灰栏记》。该剧讲的是格鲁吉亚总督在暴乱中被杀，总督夫人仓惶出逃时将亲生儿子小米歇尔遗

弃；善良的女佣冒着生命危险，历经艰辛将他抚养成人；叛乱平息后，总督夫人为了继承遗产索要孩子，法官阿兹达克采用灰（粉笔）栏断案：心贪性残的总督夫人不顾死活使劲往外拉扯孩子，而女佣则不忍心孩子被拉伤……故事结局是，小孩没有判给生母，而是判归养母女佣。显然，在布莱希特心中，真爱高于血缘关系，故事的逻辑合乎历史进程地得到了升华。

南戏《琵琶记》是由高明约于元末明初所作，一经问世，蜚声剧坛，被誉为“南曲之首”，在我国古典戏曲史上享有重要地位。自19世纪，《琵琶记》卓越的艺术成就也吸引了海外学者的关注，实现了文本和舞台共同传播之旅。1946年西方戏剧工作者将南戏代表作《琵琶记》改编成英语音乐剧《琵琶吟》，在百老汇舞台成功上演，一是为了向西方“自我”戏剧传统致敬；二是借助“他者”改良西方现实主义舞台。《琵琶吟》艺术性地使用了中国戏曲艺术中的空舞台、象征手法、虚拟动作、“歌”等元素。作为跨文化戏剧，对《琵琶吟》主题进行了西方人眼中的本土化改编，“爱情征服一切”高于原剧中的“孝”。

中国戏曲舞台表现手法的运用

西方如何运用中国戏曲的表现手法？其主要途径是：在英语世界本土戏剧中运用中国戏曲元素。每个民族都有自己的本土戏剧，尽管西方有些戏剧和中国没有关系，但也会应用中国戏曲的表现手法，甚至有些是西方人创造的中国故事，利用的是中国戏曲手法来表现。还有些是把中国元素加在里面，基本构成则是“西方戏曲”。

经典案例一《黄马褂》：在海外传播中国文化的过程中，英语中国剧与原汁原味的戏曲作品一样，发挥了十分重要的作用。历史上影响最大、制作次数最多、持续时间最长的剧作《黄马褂》，堪称中国剧的经典。这部剧作使西方人对中国文化产生了浓厚兴趣。它用舞台形式向西方人展示了中国戏曲的如下元素：道具员、空舞台、无限的时间与空间观、一桌二椅、叙述成分（自报家门、叙述故事情节）、虚拟动作、象征意义、疏离效果等。

经典案例二《蝴蝶君》：华裔美国剧作家黄哲伦的《蝴蝶君》，1988年在百老汇首演获得了极大成功，奠定了他在当代美国戏剧的地位。从《蝴蝶夫人》到《蝴蝶君》，一个东西方文化神话的解构。《蝴蝶君》体现了美国剧作家对西方主流文化的反思，这不仅反映中国戏曲文化"西渐"的重要过程，也反映中国文化"西渐"的重要过程，从侧面说明西方文化开始意识到、并开始以平等的心态去接纳中国戏剧文化。

文字整理：朱仁武、戴谨忆

校对：陈云升、杨万奇

由梨园戏《陈仲子》说开去

——兼谈戏曲的“返本开新”与戏曲人的“苦乐坚守”

王仁杰 曾静萍

一、梨园戏《陈仲子》在当代仍有价值

梨园戏《陈仲子》的创作可追溯到三十年前。1990 年福建梨园戏剧团要参加全省的戏剧会演，剧团缺剧，时任剧团副团长的王仁杰老师创作了该戏。没想到此戏参加会演之后，评价却是褒贬不一、毁誉参半。有专家说这个戏是世界性的，甚至有专家分析出有关这个戏的十二种主题，也有人表示看不懂。鉴于种种原因，《陈仲子》演出一场即宣布告停。近几年，对该剧怀有深厚感情的曾静萍团长在舞台呈现上有了新的创意，重新恢复该戏，并入选今年的全国基层院团会演，顺利进京演出。但就在京演出的两场效果来看，观众评判仍然呈两极化。

三十年来，对《陈仲子》的不同声音，并没有影响王仁杰老师对这个戏的创作价值和创作初衷的偏好。他表示，在春秋战国时代的乱世之中，陈仲

子这个人物能坚守自己的精神品格，甚至到了有点过分和不近情理的程度，恰恰反映了古代知识分子坚持理念、追求理想的可贵精神。陈仲子这种近似唐·吉诃德的精神，蕴含着“虽千万人吾往矣”的精神力量，是对当今浮躁的时代和知识分子的警醒和观照。

二、戏曲要“返本开新”

面对时下许多剧种不断创新的外部冲击，王仁杰老师说，梨园戏剧团没有迷失自己盲目跟风，而是坚守梨园戏这一古老剧种的戏曲本体，俯下身子向戏曲经典和戏曲传统学习，并将“返本开新”作为剧团的立团之本。

在“返本”方面，剧团多年来对梨园戏的传统旧篇进行了大规模的抢救，将已经失传的宋、元、明时代的剧本、音乐、表演等重新恢复了起来。梨园子弟深知，离开这些遗产，剧种将不名一钱。老戏《朱文太平钱》两次进京演出大获成功，就证明了“返本”工作的重大价值。

所谓“开新”，就是响应政府号召，通过政府支持来排演新戏，然而排新戏并不是无所顾忌没有章法，更不是排一些“见效快”的时髦戏，仍然是要坚持剧种本体化思维。所有新排剧目必须像戏曲，又要像梨园戏，要让观众感觉是传统戏或者是根据传统戏整理出来的，绝不能像别的剧种。这是梨园戏剧团几十年来坚持的一条不成文的创作原则。

三、戏曲编剧的两点经验

第一，对从事的编剧工作，对自己服务的剧种，要有一种宗教式的虔诚。为哪个剧团写戏，就要把哪个剧种的戏放在心里。王仁杰老师说他之所以从一个喜欢写诗的文学青年走向梨园戏的职业编剧之路，就归功于他经常走进梨园戏剧场，对剧种的文学、表演、曲牌、程式了然于胸。因此，他建议编剧从选材之初，就要考量题材是否适合写作的剧种，对剧种熟悉以后，创作会变成一件极其顺利的工作。

第二，向古典学习、向老祖宗学习，不断地积累，在古老的文化中生根，戏就会生发出来。王老师建议年轻编剧多在看戏中品味古典戏曲的妙处，要用心去感受。写戏时，思想当然要有，但是尽量不要为了思想性去结构一个故事。年轻作者更应该积极地、老老实实地向传统戏学习，不要为出新而出新，因为传统的东西在今天拿出来依然是非常新的。

四、剧场、传统戏与年轻演员的自觉

福建省梨园戏实验剧团是目前唯一的梨园戏剧团。自 1953 年建团至今，六任团长始终秉持把剧种传承好抢救好的“返本开新”理念。说起来容易，但真正实施起来“人”却是最关键的问题。尤其是改革开放以后，剧团的很多年轻人受到经济大潮的冲击，对传统戏的继承缺乏主动性。直到 2008 年，剧团建起了自己的剧场，积累了近千名的梨园戏会员，兴起了外地人到泉州看梨园戏的演出周、演出季热潮，年轻人对传统戏的认识慢慢地转化为一种自觉的行动。并且，名气打出去以后，年轻演员的艺术劳动得到了认可，也提升了外界对梨园戏的关注度，期待看到更多的原汁原味的传统戏，也反过来激励着年轻演员对传统戏进行恢复和抢救。如此一来，剧场、传统戏、年轻演员的自觉形成了一个良性的发展链条。梨园戏剧团曾有个计划，要恢复百出梨园戏、折子戏，现在已经远远超出预想计划。

五、在继承过程中肩负着完善的责任

在几十年的传统戏传承挖掘过程中，曾静萍团长发现一个现象，这也是很多剧种都存在的问题。传统戏整理恢复了不少，但传承的是否到位，对传统的理解是否恰当，都因人而异。她认为，很多老戏固然有需要继承发扬的优长，但也有许多当时无法解决的顽疾，加之时代的局限性，所以并不是所有的老戏都是尽善尽美的。因此，在传承老戏的过程中，一方面要加深对剧种精神和内涵的了解，将老艺人的气质和绝活学到手，也要根据时代的进步，根据现在表演、舞台、服装、音响等各种因素产生的质的变化而变化。

六、对老戏进行进一步的完善和提升

对传统戏的完善和提升、恢复和上演，是梨园戏剧团面临的一个危机问题，要依靠后备力量来破解。提到梨园戏招生难的问题，曾团长非常感慨，剧团十年招一批演员，一次比一次艰难，生源素养亦是一届比一届弱，着实令人堪忧。这项工作任重道远，有很长的路要走。不解决这个棘手的问题，继承与完善就无从谈起。

七、不要将“传统”和“创新”进行对立前置

梨园戏剧团每排剧目，必关注各界对戏的评价。谈及评论的话题，曾团长发现，评论的焦点一般有两种：一种主要阐述传统里面注入了强烈的创新意识，另一种论及创新里面具有强烈的传统观念。不难判断，评论者在潜意识里将剧目划分为或传统或创新的两个概念。曾团长拿镇团之作《朱文太平钱》举例，这个戏前两年进京演出反响非常热烈，大家一致的评价是此剧是回归传统的典范之作，实质上《朱文太平钱》没有留下传统的表演技艺。梨园老艺人50年代在废品摊上发现了道光年间的手抄本，跟《永乐大典》对照，基本相同。50年代，老艺人排过一个版本，女主一粒金是闺门旦。曾团说：“现在的演出版本是80年代苏彦硕和我、黄炳铜共同新创作出来的，是传统戏新排的成果，不是完全的恢复传统。这次重排，将一粒金行当定为二架旦，这让整个戏灵动起来。”文本在，音乐在，以及宝贵的梨园戏十八步科母，还有他们对这个科母以及传统程式的谙熟于心，借助这些，他们才“排旧如旧”，才叫这个戏重新焕发异彩。传统和现代之间没有什么太大的差异，今天所创造的好的，就是明天的传统。因此，千万不要将传统和创新的概念进行人为地对立前置和割裂。

八、戏曲演员不能走捷径

梨园戏之所以有如此旺盛的生命力，之所以有如此丰富的剧目宝库，归

功于梨园戏一代又一代功底扎实的老艺人。曾团长说，梨园戏有严谨的程式和多元的科目动作，演员的童子功尤为重要。假以时日到了形成自己的表演风格时，从小打下的坚实的功底会让演员非常受益。

戏曲没有演员，根本不可能在舞台上非常到位地去传达剧种的艺术精髓。戏曲对演员的要求极为严格，万不可忽视在戏校学习和毕业之后那两三年时间，这是戏曲人最黄金的时候。所谓黄金时间是腿上的功、底子功，唱功、整个身体的协调功，这个不可缺少。再天才的演员，如果浪费了这一段时间，等到心和思想全部成熟的时候，身体反而跟不上了，这是非常残酷和现实的问题。她提醒年轻演员，切勿抱有“大概”和“差不多”的想法，往往是“大概”“差不多”这种思想毁了他们上升的过程，走捷径要不得。

九、在多元文化的交流中观照自己

曾团长说，演员到了一定的阶段，会遇到坎，一个剧种和剧团也会遇到瓶颈。如何度过这个瓶颈期，得需要在与外界的交流中反观自己。她提到了著名戏剧理论家王评章老师，这位严苛、理性并深谙戏曲之道的评论家，给了曾团长和剧团很多中肯而犀利的建议与批评，正是因为有了这种交流，演员和剧团才在审视、挑剔的目光中更加冷静地思考。除了接触评论家，梨园戏剧团近十年来多次与日本的铃木，法国的索梅尔等数位外国戏剧家进行沟通与交流，并多次赴日本、法国、希腊演出。通过与外国同仁的合作，剧团的演职员对梨园戏的表演和舞台又产生了不一样的理解和认知，这对自己的创作大有裨益，成为滋养艺术进步的养分。她建议戏曲人不要固化在自己的圈子里，多与评论家、各种不同的地域文化进行交流，然后在多元文化的交流中观照自己、提升自己。

十、处理好改编与舍弃的关系

近十年梨园戏剧团最有观众缘的三部戏是《刘智远》《御碑亭》和《吕蒙正》。曾团长介绍，在这几部戏的排练过程中，融进了很多演员对于传统的认知。这种认知就是如何去理解老先生留下来的东西，并在传统里面融进自己的智慧。她以《吕蒙正》中的《辞窑》《过桥》《煮糜》三出折子戏的改编为例，剧团将文字留下来的传统的残本进行了恢复。在改编过程中，将没有戏剧节奏的、拖沓的台词捡回来，发现里头有一些是方言里非常珍贵的语言，并在这些语言中寻找到了表演的节奏。下场排练之后，原本啰嗦的俚语与动作产生了联系，之前认为残本里啰嗦的台词立马就产生了生机勃勃的戏剧性。所以，曾团长认为在改编传统戏的时候，寻找内容的缺口并用梨园戏的方式进行诠释，再把对剧目的情感修复好，效果会出人意料。从这个意义上讲，传统戏的继承和发展，用修复完善可能比发展和创新要更合适。

文字整理：高志娟、刘振峰

校对：陈云升、李碧萱

重视戏剧冲突的质量

陆 军

重视戏剧冲突的质量，是在思考“怎样写好一个剧本”这个问题时想得比较多的一个内容。在讨论这个话题之前，先要讲清楚与之相关的三个小问题。

一、什么是好剧本?

亚里士多德认为悲剧要符合六个元素：情节、性格、思想、言词、歌曲、形象。明代思想家李贽提出要做到四好：第一，关目好；第二，曲好；第三，白好；第四，事好。清代戏剧家李渔也有六点要求：结构第一，词采第二，音律第三，宾白第四，科诨第五，格局第六。曹禺先生说：我看戏，我读文艺作品，最注目的是人，人是最重要的。看文艺作品中的人。第二，要反映真实的生活，更要反映生活的真实。托尔斯泰则认为，任何文艺作品，都应该讲三个标准：第一，内容要好。这个内容越是关注到许许多多人的利益，并能打动许许多多人的心灵，特别是又能反映重大事情的，就越好。第二，形式要好。你是不是找到了所选择的艺术形式里最优长的东西去表达。第三，要真诚。你写的内容，你表达的思想与感情要真诚。不真诚，比造谣惑众还坏。先贤与名家的话都值得我们去深思。

凡具有较长久的艺术生命力的好剧本，都是剧作家依托“想法”与“想象”之双翼，以戏剧的方式去寻找真正生活着的人的灵魂，去复活已经远去的人的生命，以此表达一份属于自己的真实、生动、独特的社会感悟与人生发现，并用人性之光照亮生活的心血之作。以上这个标准的关键词是“想象”与“想法”。“想法”，即创作者的思想、观念、立场、态度或者创作者通过作品对社会、对人生发出的真正属于自己的声音；“想象”，即戏剧创作的想象力。一句话，“想象”创造作品生命；“想法”决定作品寿命。

二、我们有多少好剧本?

我国是剧本生产大国，每天要产生成千上万个剧本，那么，在这些剧本中，好剧本到底占多少?

好几年前，有一次在去江苏讲学的路上，跳出一个念头，尝试对我国剧本创作现状作一个试探性概括，分为 4 类 16 态。具体表述如下：

第一类：无“发现”，无戏剧性（或虚假的戏剧性）；无“发现”，少戏剧性（学生习作）；无“发现”，有戏剧性（演出剧目）；无“发现”，很有戏剧性（佳构剧、悬疑剧、闹剧、滑稽戏）。

第二类：少“发现”，无戏剧性；少“发现”，少戏剧性；少“发现”，有戏剧性；少“发现”，很有戏剧性。

第三类：有“发现”，无戏剧性；有“发现”，少戏剧性；有“发现”，有戏剧性；有“发现”，很有戏剧性。

第四类：有重要“发现”，无戏剧性；有重要“发现”，少戏剧性；有重要“发现”，有戏剧性；有重要“发现”，很有戏剧性。

以上这 4 类 16 态的剧本，好剧本能不能占到千分之一，估计谁也不敢下结论。但是如果年轻的戏剧工作者能用这个分类评价标准作一个自我检测，看看自己创作的剧本到底处在哪个位置上，离理想中的目标还有多远，那还是有一点参考价值的。

三、对写出一个好剧本有哪些话想要说？

怎样写出一个好剧本，我不敢回答。我只讨论怎样写好一个剧本。二十多年来，特别是近年来，我讲得最多的有三个内容：一是讲“三个维度”，即真实、生动、独特。二是讲“九个要点”，包括：追循艺术真实；重视冲突质量；揭示社会环境；精设人物图谱；构建生动剧情；探索叙事形式；着力戏剧解扣；创造独特人物；更新戏剧观念。三是讲“一个挽救”，即怎样挽救我们的艺术想象力。但是今天，我只想讲“九个要点”中的一个点，即：重视戏剧冲突的质量。为什么只讲这个点？有两个原因：

第一点我唠叨了二十多年，好像没有人能真的听进去。或者听进去了，真要动笔时，又忘了。包括我的近一百个研究生，也都没有做到。所以，有点不死心，毕竟这是自己的几十年摸索出来的一条比较重要的创作经验啊。另外，也在反思自己，是不是过去讲课的时候没有把这个话题强调够，淹没在众多观点中，人家就忽略了。所以，今天就讲这一条，一句话，九个字。如果在座的，或者叫在线的，哪怕其中只有一个人，以后在戏剧创作、戏剧研究、戏剧教学、戏剧推广上能想到这句话，并对你有所启示，那么，也就于愿足矣。

第二点在过去、现在，包括在我们这个班上，也没有老师讲过这个话题吧，所以，补这个缺，应该也是有些意义的。同学们，不要认为这仅仅是编剧技术上的小问题，不值得专门探讨，这实在是直接关乎到戏剧命根子的大问题。

（一）为什么要强调重视戏剧冲突的质量？

我的“三悟”：一是践习感悟戏剧冲突的质量决定剧本的质量，这一感悟得益于四十年前的一次创作实践。1981 年，农村联产承包责任制已在我国全面推开，可能是考虑到上海的改革还需要艺术工作者来摇旗呐喊的原因，市有关部门当时积极组织专业与业余剧作者创作反映这一农村大变革的戏剧作品。我有幸裹挟其中，在较短的时间内创作了一部万字戏曲剧本《定心丸》。剧作搬上舞台以后好评如潮，荣获首届上海戏剧节剧本奖，《解放日报》破例连载剧本。欣喜之余，进行反思，我发现，习作所以取得一定的成功，主要得益于我在构思中比较注意戏剧冲突的质量，将一个家长里短的夫妻矛盾置于广阔的社会背景之下，让男主人公面对的两对矛盾不局限于观念的冲突、意志的冲突，甚至也不仅仅是性格冲突，而是一个男人面对的是一个即将逝去的时代的冲突。有了这一心得以后，我在后来的剧作如《田园三部曲》等作品的构思与写作中都尽可能地注意到这个问题，可谓屡试不爽。这就更坚定了我的这一想法。

二是名作点悟。我发现，经典作品大多冲突质量比较高。莎士比亚四大悲剧，中国古典戏剧名作，当代名剧。甚至是，即使都是经典剧目，也因冲突质量高下而略分高下。比如同样写复仇，《哈姆雷特》《贵妇还乡》比《原野》高；同样写爱情，《牡丹亭》比《西厢记》高。你们分析过的《焦裕禄》《西京故事》《董生与李氏》也是。《焦》是写主人公与物质贫困、政策贫困、精神贫困的较量，或者说是一个人与一个时代的较量。《西》是写农耕文明与城市文明的较量，或者说是一个家庭与一个时代的较量。《董》是写一个书生与千年礼教的较量。所以，冲突的质量都比较高。还有，在我看来，许多起死回生的戏剧作品大多是改造冲突质量的结果。如莎士比亚的剧作与中国经典戏曲名剧作，等等。

三是教训省悟。我一开始提到的剧本创作 4 类 16 态的概括中，处在第一类中的作品，也即比较差的作品，大多是冲突质量不过关的原因所造成的。这些作品中的戏剧冲突设置，或虚假，或缺乏社会意义，或缺乏戏剧特征，或靠技术性误会，或虚张声势，或人为折腾，或缺乏足够的戏剧张力，等等，谈不上冲突的质量，当然也不可能取得成功了。

所以说，戏剧冲突质量，将直接决定剧本艺术质量。应当引起编剧朋友们的高度重视。

（二）我们许多剧本冲突质量不高的原因在哪里?

一是真实性弱。荷马曾经告诫诗人们："要把谎言编圆。"刘厚生老在 20

世纪 80 年代也有过类似的劝告。真实性问题，是我国剧本创作的一个软肋，问题较多，即使是一些闻名遐迩的剧作也难以避免。可能有两个原因：一是我们的想象力还比较贫乏，二是缺乏对生活的深刻理解，如我前面所说的，在“想象”与“想法”上可能还准备不足。如果要举具体例子，就会得罪一些人，成本太大，光靠我的真诚与善意，人家已不买账了。所以，我还是拿我的老乡，一位我十分敬仰的先贤的代表作来说事吧。这部戏剧作品，全国人民应该都知道，就是改编自沪剧《芦荡火种》的京剧样板戏《沙家浜》。

《沙家浜》说的是抗日战争时期，新四军某部指导员郭建光带领 18 名伤员来到沙家浜养伤，与当地群众结下了深厚的友谊。为找到这批伤员，日伪军对沙家浜地区展开了大扫荡。为避开敌人的搜捕，党组织联络员阿庆嫂在乡亲帮助下将伤员转移到阳澄湖的芦苇荡，敌人的扫荡一无所获，就命忠义救国军进驻沙家浜，设法找到这批伤员。参谋长刁德一非常狡猾，他要沙家浜每一条船锁起来，每一个人不许离开沙家浜。伤员困在芦荡里，如果没有粮食，没有药品，再要面临涨潮，生命就要受到威胁。刁德一想用这种办法困死 18 个伤病员，阿庆嫂该如何摆脱这个困境？这样的冲突比较有质量，很有戏剧性。剧中有一场非常重要的戏，开方。写的是危难时刻，县委书记程谦明打扮成江湖郎中到沙家浜看病，借此向阿庆嫂传递了一个指令：把伤病员送到红石村（沪剧《芦荡火种》是在为病人开药方时通过藏头诗来传递指令的，更巧妙）。这场戏极为精彩，但是，问题来了。你程谦明书记应该知道阿庆嫂所处的困境，在敌人眼皮底下，船不能动，人不能出，但你程书记是自由人，手下一定有很多共产党的力量吧，你为什么自己不去调动其他的革命力量把 18 个伤病员运到红石村？为什么把这几乎不可能完成的任务交给阿庆嫂？你不是在为难她吗？为什么要这样？一定要给出理由，否则就是不真实的。同样，程谦明冒着生命危险到这沙家浜，面对刁德一的部队，他随时有可能暴露。一暴露，损失的不仅仅是一个人，而是一个地方组织的主要领导人。这是第一个成本。第二，你抛给阿庆嫂这个难题，阿庆嫂铤而走险，她与她的乡亲们也有可能牺牲掉。第三，只要前面某一个环节出现问题，18 个伤员就有可能被困死在芦苇荡。但是，这么重要的情节，如果拿掉了，这部戏的冲突该怎么走下去？

二是典型性弱。关于戏剧冲突的典型性，马克思曾有一个论述，他认为，如果冲突只是建立在一个英雄人物的个人的错误上，它就不可能成为真正的冲突，因而也不可能成为艺术作品中的主要内容。只有当一个英雄人物的内心冲突能表现出斗争中的社会各阶级、各集团、各阶层之间的实际冲突，换句话说，只有当这种内心冲突同时也反映了社会矛盾的结果（它能使一定阶级的代表人物产生同样的内心冲突）时，它才能作为艺术作品的内容。只有这类冲突才是典型的，它使真正的艺术作品有了产生的可能。

再有，讲冲突的典型性，更不能忘记恩格斯的著名论断，即“现实主义的意思是除细节的真实外，还要真实地再现典型环境中的典型人物”。这是恩格斯在批评哈克奈斯小说《城市姑娘》时说的。那部小说写伦敦东头居住在贫民区的耐丽姑娘被富人玩弄后遭抛弃的一个老套的情感故事。恩格斯认为小说不真实。为什么？因为那个时代的工人阶级已经懂得反抗资产阶级，而小说里的工人依然愚昧麻木，愿意接受欺凌，这不符合历史真实。可以肯定地说，认真揣摩马克思、恩格斯的话，对我们的剧本创作有直接的指导意义。

三是戏剧性弱。有三种情况：一是非戏剧性冲突，即缺乏动作，缺乏戏剧特征；二是弱戏剧性冲突，即冲突的张力不能支撑一部戏到达高潮的顶点；三是伪戏剧性冲突，即表面上刀光剑影，实际上经不起推敲。

（三）怎样才能优化戏剧冲突的质量?

这个问题是这次讲课的重点。建议从以下四个方面着手：

一是要重视戏剧冲突中对手的质量。这是顶层设计，可谓是戏剧创作的生死之门。如黑格尔认为，戏剧冲突最高的境界为自由与必然性的冲突，即人类自由自觉的努力与社会和人性中的必然性发生冲突。在冲突中戏剧家表现出他对理想社会特别是对理想人格的无限追求。

在黑格尔之前，一直到亚里士多德，大多数研究者都把人与环境、命运（逆境、厄运）的冲突看作是戏剧最核心的问题。只有歌德出语惊人，他曾宣布发现了莎士比亚戏剧的全部秘密是“全部围绕着秘密的一个点旋转（这个点还没有哲学家看见和确定过），我们自我的特殊性，僭拟的自由意志，与整体的必然性的进程在这一个点上发生冲突。”哲学家谢林认为，“悲剧性的本质在于主体中的自由和客观必然性之间的实际斗争”，“全部悲剧艺术都是以隐蔽的必然性对人类自由的这种干预为基础的。”

黑格尔在《美学》中把最适宜用作剧艺的对象的充满冲突的情境分为三类。第一类，大自然的必然性；第二类，社会的必然性；第三类，人的内心自然的必然性。

为了使同学们能够清楚了解戏剧冲突的原理，这里举了多个例子。讲解了超越大自然的必然性、社会的必然性、人的内心自然的必然性的成功经验与失败教训。

二是要重视戏剧冲突中事件的质量。戏剧事件选择属艺术处理，很容易被忽略。在事件选择中，要记住弗莱塔克说的话，“戏剧艺术的任务并非表现一个事件本身，而是表现事件对人们心灵的影响”。包括焦菊隐说的：“找事件，要找人物在事件中思想发展的内在原因”。

三是要重视戏剧冲突中动作的质量。这是强化戏剧冲突质量的重中之重。陆军老师引用黑格尔一段话来阐明戏剧动作的意义。黑格尔说：冲突还不是动作，它只是包含着一种动作的开端和前提，所以它对于情境中的人物来说，只不过是动作的原因，尽管冲突所揭开的矛盾，可能是前一个动作的结果。换句话说，冲突只是情节的一种表现形式，而不是情节本身，更不是情节的全部。它只是情节的开端和前提。情节的全部展开，依赖于人物性格。

人物动作质量高可以改变剧作的质量层次，甚至可以弥补冲突真实性不够的缺陷。如前述《沙家浜》中的一场戏，还有《雷雨》“喝药”、《董生与李氏》“偷窥”等例子。强化戏剧动作的质量至少有两个要求：一是必须是符合“这一个”人物性格的，或者反过来说，因为这一个行动，让我们看到了“这一个”人物的性格特征。二是这个行动必须是在其他戏剧创作品中所看不到的，或者是较少看到的。

四是要重视戏剧冲突中结局的质量。常见的戏剧冲突结局大致有以下几种：矛盾上交，重症轻治，文不对题，偶然发现，意外事件，“赋子板”法，英雄形象，“阶级斗争，一抓就灵”。其实，“戏剧的真正结局，只有在剧中人物和全剧的关键即动作的目的和旨趣完全等同起来，紧密结合在一起的情况下才有达到的可能。”最好能写出剧作中的人物的“犟性”，突破预设的结局，很有可能会使你的剧作别开生面，有意外的收获。

强调重视戏剧冲突的质量，更要强调在戏剧中寻找真理之光、智慧之光、道德之光与人性之光，用戏剧之光照亮生活。

文字整理：谢天然

校对：陈云升、杨万奇

三“独”精神　二民“主义”

魏明伦

我不是演说家，我是作家，不善于演讲，没有讲课经历，其实连听课经历都没有。本来有点紧张，今天刘长瑜、刁志淦都来了，我更紧张了。今天我讲的题目是“三‘独’精神，二民‘主义’”。

什么是三“独”精神呢？我的表述是独立思考、独家发现、独特表述。它们三者互为关系，互为因果，没有前者就没有后者。没有独立思考，哪来独家发现？没有独家发现，哪有独特表述？

什么是二民“主义”呢？概而言之，就是民族风格和民主精神。

它们两者是形式与内容的关系。所谓的民族风格，就是中国戏曲的传统风格，我着重于写川剧，那么我的作品就是川剧的艺术形式和传统风格。

这些年我转向于写杂文，我喜欢鲁迅的杂文风格，杂文在外国叫随笔，就是随性所写的东西，后来我又被人评为什么当代最怎么怎么的杂文家之一。还有近年我开始重点写辞赋，写碑文，就是骈文的样式，这个外国没有，这是我们中华民族所独有的。所以说，我写东西都是具有民族风格的东西，追求的就是民族气派，继承中华民族的传统。相应的，我用以上文学样式写的东西，它们的内涵都是表达民主精神的，其本意就是争取民主，倡导民主，鼓呼民主的风骨。但是，以上二民之间其实是有些矛盾的，两者不那么好统一起来。我们中华民族优点多多，甚至是优点太多太多了，但有一个传统我们相当缺乏，那就是民主的传统。我们民族是一个非常缺乏民主的民族，这话是毛主席说的，有的只是根深蒂固的封建专制传统……我有着数十年的切身体验。

尽管近现代以来我们有响亮的口号，有偶尔的光芒闪现，但是我们的民族大树并没有枝繁叶茂的民主。

“二民”两者有矛盾，但我的创作要努力把两者统一起来。民主的内涵和民族的风格两者的统一，那就是，形式继承民族传统，内涵表达民主精神。

为什么我提倡民主呢？因为我们这个民族总是喜欢寄寓一些梦想。比如，读书人爱做科举梦，知识分子爱做当官梦，普罗民众沉迷武侠梦（希望有大侠行侠仗义），民众喜欢做清官梦，而百姓总做明君梦。由此而生，我们民族创造了世界少有的登峰造极的颂圣文化。

对于颂圣文化，我不说我深恶痛绝，但我绝对不买账。现代的清官戏，写到习志淦的《徐九经升官记》那就已经到顶点了，再写就没意思了。所以，我从来不写清官戏。

我不写清官戏，是因为我认为清官救不了中国，清官要是能救中国的话，那么后来就不会有革命了，如果清官能救中国，那么早在几千年前就把中国救了，因为以前不乏清官。关于清官，我写过的辞赋里有过论述，我念一下：

咏游子春晖寸草，评清官明镜甘霖。虽然七品令，何止百里才。下有地方循吏，上有家国栋梁。个人贤德，难治王朝腐败；帝制劣根，终归大厦崩坍。观一群德政牌坊，叹千年清官情结。对包大人，海大人深深拜倒；惜德先生，赛先生姗姗来迟。二公毕竟来矣，吾辈逐渐醒哉。历代清官，民之父母；当代公仆，父母是民。人治社会，替民作主；法治社会，民作主人。南关牌坊赋，北京法治铭。双文由一人秉笔，万众与百家品评。（魏明伦《牌坊赋》）

这是《牌坊赋》里的一段，再念《岳阳楼新景区记》中的一段：

> 新哉！今日公民，与子民殊不可比；历朝天下，与天子密不可分。天子独裁天下，天下尽归天子。范仲淹，臣民也。上有天子，下有子民。循吏楷模，满腔正气；贬官典型，满纸牢骚。毕竟是臣民心理，忠君情结。先天子之忧而忧，后天子之乐而乐也。当代人，新思维。不奉天子之旨意，而遵公民之意旨。不仅吸取范进士，滕进士之精萃；更须攀登德先生，赛先生之高峰！（魏明伦《岳阳楼新景区记》）

这篇《岳阳楼新景区记》，他们找遍中国作家都没有人接，我接了，崇敬范仲淹，贬官文化，从屈原开始，延宕至唐宋后世大诗人李白、杜甫、苏东坡，皆为要史。要肯定清官的历史作用，但不能寄梦于清官救国。体制不改，救国难成。此门不比开封府……历代清官，民之父母；当代大官，父母是民。

我推崇民主精神，不迷信清官救国，所以我自己不搞颂圣文化，不搞颂圣戏剧，人家写，我不干涉，但我不写。不管出于什么目的，我不参与颂圣文艺创作。尚长荣是我的好朋友，他演了很多好戏，但我喜欢他的《曹操与杨修》，不喜欢《贞观盛世》。

为什么清官不能救中国呢？我举我写《巴山秀才》的例子。我写的巴山秀才，他是一个梦一个梦的破碎到最终觉醒的，他开始“两耳不闻窗外事，一心只读圣贤书”，好好读书就是为了去考科举。但是当他看到巴山惨案百姓被屠之后，他就要去府台告状，他希望能有清官出来主持公道，这时他做的是清官梦。可是当他去了府台，他发现了官官相护蛇鼠一窝之后，他知道他的清官梦没有希望了，然后他就寄望于大清朝廷，于是他就开始做起朝廷梦。他非常聪明地借助考试的机会给朝廷上书，然后他寄予希望的朝廷终于派人来查案了，看到朝廷查处一些官员后，秀才感到他遇到明君了，于是他就认为他遇到了明君（沉醉在明君梦中），直到最后他被人毒害了，他才意识到原来中举就是中毒，所以他先后做着科举梦、清官梦、朝廷梦和明君梦，结果都一一破灭了。

我写的《夕照祁山》，也是反思颂圣文化，是对人为造神的反思和批判，它是巴山秀才的姐妹篇。

我写《潘金莲》，引起当代思想界和文学界的强烈反响，影响力波及海内外。据我所知，这个戏当时全国有一百多个剧团搬演了，只有一个省份那就是西藏没演，其他的省份都演了，可惜没有人给稿费，要不我就发财了。

现在还有哪个戏能触动社会的神经，能引起人们的街谈巷议？各大媒体争相报道，各地掀起阵阵争论，现在还有哪个戏曲作品能达到这样的效果？

可惜的是，我写《夕照祁山》时，时代环境变了，思想大解放光景过去了，演出受到很多障碍，它不像潘金莲在八十年代出现得那么幸运。这两部戏，写两个最有代表性的人。一、潘金莲，千古最坏的女人；二、诸葛亮，历史最好的男人。

写作《潘金莲》是因为我对施耐庵的女人观表示质疑，在《水浒传》里，女人是清一色的坏。那些梁山好汉都是给女人所害，才落草上山。宋江是因为阎婆惜，卢俊义是因为他老婆贾氏，武松是因为潘金莲，还有石秀等人……你看施耐庵对女人有多大的深仇大恨呀。你们看莎士比亚、曹雪芹，都是大文豪，人家的女人观多好。

说起穿越剧，那我是穿越剧的鼻祖啊，在《潘金莲》里，人物古今中外纵横交错，我 1985 年的时候就写穿越了。你们看看，这些都是我创作的内涵，是我争取的二民。

下面我重点讲技巧，可概括为“三人为轴”，何为“三人”？

第一，引人入胜。有没有戏，好不好看，没戏其他的都白说，这是戏剧最基本的前提和基因，戏曲和小说都是叙事文学，如果你写的作品没戏，谁还会看？

第二，动人心弦。写戏要打动人的感情，要诉诸人的情商，要有真情实感，要牵动人的情感神经，是悲剧那就得使人的情感被彻底打动。

第三，发人深省。看完一个戏不是简单的娱乐，不是凑凑热闹，纯娱乐和玩深沉都是没价值的，一个好戏让人看后能想到很多东西，能有所体悟，有回味感，能让人久久不能释怀。这点也是我个人创作追求的最高境界。

另外我写戏有四个不休。

我这个四个不休，跟别人所说的追求“声、乐、光、图”搞不死人死不休不同。我是什么四个不休呢？一是语不惊人死不休，戏曲文学不能糊弄和将就，不能信手瞎写；二是戏不抓人死不休，我写戏就是要死死抓住观众，让观众生怕漏掉情节而不敢走开，不敢上厕所；三是情不动人死不休，艺术就要讲感情的，情感不能牵动观众，观众就不会为人物喜怒哀乐所牵动；四是理不服人死不休，戏剧是要讲情理的，情理不通，观众就不信你，你的理不但不能是牵强的理，而且最好要上升为人生的哲理，使之具有不可辩驳的说服力。

我出书，是版税出书，百分之十，不是公款出书，赞助出书，自费出书。我认为，唐诗宋词元曲（含杂剧），都是中国文学的正统文脉，因此我写剧本就讲究有“两可”。一是可看性和可思性，在舞台上可以观看，看后观众有所体会和思考；二是可看性和可读性，就是我的剧本既是场上之曲，也是案头可读之作，我是追求这两者的统一的。我是剧作家中的另类，我的写作有我的个性。

那么我写戏很慢，我是苦吟成戏。我是个苦吟派，不是即兴派，苦吟呢就是那个“郊寒岛瘦”的那个苦吟。俗话说，十年磨一戏，我的戏总数不多，总共也就十个左右。但我不追求数量，我追求质量，质量不高我不写，可以说，我的每一部作品都能经得起历史的检阅。现在听说有些导演一年能排十个八个戏，请问哪个编剧能这样做？当年我和郭启宏、郑怀兴被人称为“三驾马车”，后来我不写，启宏和怀兴还在写，我们“三驾马车”里，这几年怀兴的产量比较高。

我写戏，大家知道，我是一戏一招，我不重复别人，也不重复我自己，每写一戏都有新的想法和手法。余秋雨对我有个评价，他说他面对我不是面对一个可以度量的池塘，而是一个不知道走向的河流……

是呀，我自己写戏都不知道我会怎么走向，有时写着写着就有神来之笔，比如我写的《变脸》被收入人民教育出版社教科书里那一场戏，我就写得比较得意。

川剧《变脸》被编进人民教育出版社的教科书，长达 12 页。书里也收了舒婷、余光中的诗，我问他们要不要问问出版社稿费呀？他们说别问，问了以后他们就不用我们的稿子，让他印吧，作家是传播知识的，印得越多越好。教材里，他们的诗歌只有一两页，我的文字收入书里可是12页啊，其实这是中国戏曲编剧的荣誉啊。

后来我写杂文，后来我写骈文、韵文，网文不会。招招不离人家烟火，不离百姓苍生。作为作家，我自己不喜欢与时俱进，不是时代的副产品。

作家都是预言家，超时而行，能给人启示，比时代还要走得更前一点。神来之笔，我是鬼来之笔，我自己都不知道怎么写出来的，人家叫我鬼才，鬼头鬼脑。

举例子，比如《巴山秀才》里，秀才从死人堆里爬起来，夫妻抱头痛哭时的一段帮腔：

> 夫莫悲，妻莫哭，
> 带上娘子上成都。
> 公不离婆，秤不离砣。
> 俩口子一起走，
> 告别死者再登途。

大家都赞叹，这段腔帮得好呀！可谓悲剧有喜剧色彩，喜剧不失悲剧风格。

再说《变脸》，剧中九岁女孩伪装成男孩，后来被发现了，戏要注重细节，老艺人发觉后，这个语言我能阳春白雪，也能下里巴人，根据人物的身份来。戏曲的唱词就是剧诗，要把儿童的语言写成诗，这个女孩感动于这个老头对她太好了，她很感动，但又害怕被老头发现自己是女孩。她看到月亮，她怎么想，我的舞台提示都是很有文学性的，对于导演来说他也拿不掉。我熟悉舞台啊，调度都规定好了，对读者也有很强的可读性。女孩唱：

> 月亮走，我也走，
> 我与月亮交朋友。
> 给你说句悄悄话——

我是黄毛小丫头！
又是喜，又是忧，
小丫头遇上好老头。
心事不敢说出口，
害怕爷爷把我丢！
月亮走，我不走，
我和月亮分分手，
月亮躲进乌云后，
我愿留在小船舟。

我把女童的唱词写成诗歌，人物身份，戏曲味道，女孩被蛇追，老头被蛇咬，来来来，布灰，快撒尿，让人物非露馅不可，传儿不传女，传里不传外。再有，女孩所唱：

千不该万不该，
不该生为女儿胎。
不该生在穷乡里，
不该遇上大水灾！
被人拐，被人卖，
被人骑，被人踩，
只见人人良心坏！
鞭打牲口爬悬崖，
没想到世上还有好人在，
爷爷出现笑颜开，
把我当作人看待，
亲亲热热贴胸怀。

都是人讲的话，没有半点造作，不失本色当行的语言。还有后面的：

舍不得这份情啊，
割不断这般爱！
天上雁鹅排对排，
扯烂衣裳不分开。
好雁鹅，快飞来，
给狗娃帮腔说情补补台。

接着又添鬼来之笔，帮腔人唱着唱着出场来了：

啊……
帮腔帮她说句话，
幕后走到台前来。
满场观众也悲哀，
要求老汉留女孩。

帮腔人与剧情的贴合，自然与观众进行互动，这是鬼来之笔。

我认为写戏是与观众斗智的艺术。戏要重视开局，开局不好就是败笔，收尾也是，比如巴山秀才，钦差大臣传达西太后口谕，从古至今，见过文状元、武状元，文武双魁状元，却没见过告状的状元。西太后旨意：多几个这样的秀才状元，我大清朝可就要完了！这也注定了秀才的悲惨结局——三杯御赐毒酒。

一杯御酒，皇恩浩荡；
二杯御酒，地道遐昌；
三杯御酒，快见阎王！
三杯酒，三杯酒，杯杯催命；
大清朝，大清朝，大大不清。
孟登科，柯登梦，南柯梦醒；
醒时死，死时醒，苦笑几声。

有人说,《巴山秀才》的痛点就在于——中举就是中毒！这样的评论是深刻的！这个结尾，整个作品的境界都上去了！当时有一段小插曲，在排演时，“我早知朝廷不可信，我早知万岁不信万民……”我说把这段删去，导演谢平安说你别删啊，我舍不得！不说谎话官难保，不昧良心官不高。要是当官的在下面看了会怎么办？太抢戏了，后来我就坚决不要了！写戏的人与笔下的主角人物应人格一致。我写过《易胆大》，人家叫我魏胆大，因为我们有很多相同的地方,《巴山秀才》更是！在全国政协，他们都叫我巴山秀才。福楼拜说他是包法利夫人，郭沫若说他是托尔斯泰的安娜·卡列尼娜，那我就是戏外那个记者。

我的格言不迷信一切格言！大家不要被我的话所迷惑，不要偏信，仅供参考。

文字记录/整理：陈云升

校对：陈云升、杨万奇

一个剧本的诞生

盛和煜

我今天讲的题目叫《一个剧本的诞生》，主要贯彻我创作的三个基本观点，第一，主题的提炼；第二，人物陌生化；第三，独特的叙述框架。这三点讲得多了，我称之为“老三篇”。《小乔初嫁》就是我自己践行“老三篇”的过程。

《小乔初嫁》是个黄梅戏，因为大家都是从事编剧实践的，我把创作这个戏的缘起、选材、视角、“老三篇”、唱词的全过程，和大家分享。我想，这对于大家舞台剧，特别是戏曲剧本的创作，会有着不同于课堂与教科书的实际的意义。

一、缘起

2008 年，当时安徽省文化厅主管业务的张居淮厅长到北京找我，希望我能为安徽写个戏，写一个安徽的黄梅戏。黄梅戏的特点，人们总结了很多，我觉得就是两个字，亲和。这个剧种有极强的亲和力，听得懂，亲切，唱起来舒服。当时我问张厅多大年纪，他说 53 岁，我说那你还等得？果不其然，这一等就等了 6 年。我是 2013 年 7 月份给他们写完的。在这等待的过程中，我们这种小知识分子，本事不大文人的脾气蛮大，你对我尊敬，我对你越尊敬，你摆架子，那么对不起，那就没得事了。他每年过年过节给我发信息，不是群发，是单独发的。特别是有一年到苏州去开会，我在屋里休息，他在门外一直等了好久，我感动得要命。中国传统文化中，这种游戏已玩了千百年，可还是逃脱不了“士为知己者死”的宿命。安徽宣传部部长到中宣部汇报工作，汇报两个钟头的工作谈了一个小时的黄梅戏，回来就要抓个黄梅戏。这时候张厅长已经变为演艺集团的董事长了，张总打电话告诉我这个情况。

我就想到当时给湖南省湘剧院写《李贞回乡》的情况，《李贞回乡》对于湘剧，当不得大家那么多的溢美之词，但至少是盘活了湘剧。于是我想对于安徽也当如此，就答应去了。到安徽，又认识了蒋建国院长他们，蒋院温和而坚韧，我们很投缘。还有剧院其他朋友，怎么说呢？缘分，我与黄梅戏有着前世今生的缘分。

二、选材

到安徽去之前，他们宣传部长说想搞一个现代戏。我在去安徽的路上就想，现代戏呢，我有一个，知青题材的。我当了 7 年知青，插队落户，真正靠工分吃饭，在农村实打实的干了 7 年。我看现在这些写知青作品的，包括写影视剧的，和真正的农民群众实质上是隔开的。比如说梁晓声，他以知青作家著称，是一个非常有艺术良知的作家，但是他到的是兵团，所以他们的这些知青体会只能是兵团的体会，而不能代表我们这种插队落户的知青体会。我后来当了剧作家以后，上面经常讲深入基层，我说我就是基层！经过这几十年，我对知青问题有些反思，有些想法。我最早准备写个话剧，那会非常震撼。后来别人要求我写电影，我也蛮想写个电影。安徽这一让我去，我就准备把知青题材给他们。慎重考虑后，我打消了这个念头。知青题材写出来会有争议，我的东西基本上有争议：《山鬼》全国戏剧界大争论，甚至争议到国外去了；《夜宴》遭遇“台词门”；《走向共和》最后被封杀。我想我不怕争议，不怕怎么样，但是我现在是抱着一个成人之美目的去，怎么能够给他们惹麻烦呢？这个题材就暂时放下来了。（不过我写完《小乔初嫁》以后，他们蛮喜欢。现在又天天催我签约，要我把知青题材写出来。他们心里想盛老师搞的东西蛮好嘛，分寸感把握得很到位嘛，他不晓得艺术这个东西不是精密仪器，艺术是浪漫，是激情，我一惹麻烦就捅上天去了）当然，这是后话了。知青题材搞不成，安徽方面就提供了两个题材。一个是《合肥四姐妹》，就是张兆和四姐妹，张兆和何许人也？就是沈从文的夫人。我一听，蛮好！我为什么觉得《合肥四姐妹》这个题材蛮好呢？一个原因是黄梅戏本身特别适合于演时装戏；第二个原因，我觉得我可以写出中西文化交融的过程中，如何诞生了这样一批极其知性、极其优雅的民国新女性；第三，黄梅戏不是有五朵金花么？如果用这个戏，把这五朵金花重新聚集起来，那将会成为一个文化事件，会产生非常好的影响。但是，五朵金花重新聚集，谈何容易？再就是可能我什么中西文化交融，知性、优雅女性的一番阐述，把领导吓着了，没有人再提这个题材了。最后，就是《小乔》了。小乔是安徽潜山人，曹操是安徽亳州人，周瑜是安徽庐江人，三个人都是安徽的。对小乔的记载，史料上没有多少，民间的成分倒是更多些。但是小乔名气很大。还有一个历史渊源，当年吴宇森导演要我写电影《赤壁》，对小乔我有一点感觉。本来《三国》对我来讲，烂熟于心，我写的时候，根本没有去翻《三国》。但是严格意义上来说小乔是一个传说中的人物，史料上没有这个人物，她在《三国》里的分量极其轻，是个花瓶式的人物。“小乔初嫁”得力于苏东坡的《赤壁怀古》，但是也仅仅是“小乔初嫁了”这五个字而已，可这五个字可以引起我们多少的遐想啊……

最后定下来，写《小乔》。

三、视角

题材定下来，接着就是寻找表现角度了。蒋院让王成他们几个哥们姐们陪着我，到黄山一带到处转悠，虽然风景怡人，但是我内心焦虑。因为写一部大戏，仅有一点感觉不够啊！剧院做得漂亮，合同未签，他们就不声不响把定金打过来了。我讲你打了也是空的，视角没找到，我只能回去。那一段时间，是我创作过程中最犹豫不决的时候。我们知道，关于小乔，有无数的文艺作品，我看过的也不知道有多少，可你要有自己的视角啊！否则的话，前面布满陷阱，掉进去了，那就没搞头了。有一天，我们在一户水上农家乐，享用着美味鱼汤（蛮便宜，没超标）的时候，突然间，我福至心灵！我想，我为什么不从小乔的视角，从一个女人的视角，来表现赤壁之战呢？当时，我就对王成说，可以签约了！今天来看，这个发现没什么了不起的。是的，没什么了不起，可是你看看这么多三国戏，袍带戏，哪一部又是这样做的呢？

选定题材，找到视角，这都是一个剧本下笔的前奏。下面，进入正式创作。

四、“老三篇”

在座的绝大部分朋友都听过我的“老三篇”，有的还听过好几次。现在，该我自己来践行我的“老三篇”了。

（一）主题的提炼

《小乔初嫁》提炼出一个什么样的主题，对于这个戏的品质，这个戏的高度，是生死攸关的！

那么，《小乔初嫁》的主题是什么——“帝王伟业与老百姓世俗幸福的冲突”。

这就和以往的三国戏有了根本的区别。以往的三国戏，大多宣扬仁智勇信之类，我不是说仁智勇信不好，鲁迅讲过一句话，“刘备之德近乎伪，诸葛亮之智近乎妖”。从来没有人在三国戏里，在小乔身上，在赤壁之战中提炼出这么一个主题，帝王伟业与世俗幸福之间的冲突。别小看这个主题，有了这个主题，我以后的故事框架，人物的设置（比如说叶儿与王小六的设置），特别是矛盾冲突的取舍，都奔着它而去了啊！

当年，我们中国殿堂级的导演（这个形容词是我从他们宣传词上学来的）薪伊大姐他们搞了一个京剧《梅兰芳》，要我去参加讨论。我一去呢发现剧本不错，但是主题有问题。在这个戏中，把梅先生塑造成一个爱国的、政治化的，而且是二十世纪三四十年代左联的那种政治的爱国者，这就是思维惯性，没有提炼主题所致。梅先生是什么样的人？他代表的文化是什么？不错，梅先生是个爱国主义者，可他更是个艺术家；他代表着优秀的中华传统文化，他更是整个人类文化的优秀代表。先生是可以和上天对话的人啊！先生的抗战，是一个艺术家的抗战，是他一个人对整个日本军国主义的一场战争，而且他取得了这场战争的胜利。那么就奇怪，梅先生这么一个软弱的人，不争的人，为什么他能够取得胜利？这完全是我们民族性格决定的。我们民族性格是什么？其实有时候看起来中国人是蛮窝囊的。我感受最深的是，有一段时间听到很多华工故事，到美国西部修泛太平洋铁路的，每一米枕木下面埋藏着一具中国人的尸体。他们到异国他乡，又勤勉，又怕事，但是美国人、拉丁美洲人、黑人，反正各色人等都欺负他们，那欺负得已经是说打就打、说杀就杀的地步。可华工们总是忍声吞气，没有看到一个反抗的。可后来，他们是在那样恶劣的环境中站稳了脚，生生不息。

前面说了，梅先生那样一个软弱的人，不争的人，为什么能够一个人取得对整个日本军国主义的胜利？这是由于我们民族性格决定的，是我们民族性格的胜利。那么，什么是我们的民族性格？“上善若水！”这句话是老子讲的。什么意思呢？你看水，打一拳它就往后缩，不争。人都是争上进的，可水往低处流。低处是些什么呢？洼地，一些脏东西。水呢？藏污纳垢，但是最后澄明一切，你看万物都被水澄明了，老子就不由得感叹，上善若水！中华民族的行为就是水的行为。另外，中国从来就有“女人似水”这句话，女人似水，清澈。梅生演了那么多女人，演了忠贞的女人，也演了放浪的女人，演了很多优秀的女人，又加上我们民族的性格激活在梅先生身上，激活在这个戏本身。你看这个主题提炼，我拐了好多弯，想了好多事，才提炼出“上善若水”。陈凯歌、黎明都看了两次我那个京剧《梅兰芳》。电影《梅兰芳》前半段不错，后半段实在是不敢恭维，特别是日本人拿着军刀架到梅先生脖子上，这个动作太丢人了！日本人对梅先生是很尊重的，1924 年东京大地震，梅先生率团到日本去慰问，整个日本为之倾倒，很多粉丝对他很尊重，这历史是真实的。在上海，他们也是非常客气地请梅先生去，先生胸怀民族大义，不去！历史是这样一个情况。你把敌人写得那么猥琐，梅先生也高大不到哪里去。日本这个民族真的不得了啊，勇猛、忠君、无常，所谓无常就是把人生看得无常。他们为什么会视死如归，就像樱花一样，辉煌那么一瞬间，就在那一瞬间求得美呢？为什么他们的代表是刀与菊花呢？为什么他们那么推崇死亡呢？了解日本人后，你会感到这个民族太可怕了。今天我们不能光凭一种情绪去看待日本人，要真的了解对手才能战胜他们，这是题外话。我在京剧《梅兰芳》的创作中，提炼出“上善若水”这个主题，后来陈薪伊导演也好，陈凯歌导演也好，他们都多次讲到这个“上善若水”。对不起，这不是导演提出来的，是编剧在实践创作中提炼出来后，后来得到了他们的认可而已。在中国，编剧的劳动与贡献得到肯定之日，也就是作品质量腾飞之时。

再一个，就是关于《十二月等郎》的主题提炼，这个我已经说过很多次了，但联系到今天我们在座诸位的有些剧本，我觉得有必要再次提一下。现代戏怎么去提炼主题？大家知道，《人民日报》曾对《十二月等郎》做了一个很大篇幅的剧评，说这个戏关注了农民工问题，非常好，把我也夸上天。但是，说良心话，我的初衷并不是农民工问题，我的主题是：中国女人千百年来的等待究竟是为什么？我们为什么要在我们自己的创作中来回答现实生活中的问题呢？诸位，我们是思想者，不是政治家，我们回答不了。最好的作品是提出问题，给大家以启迪，让大家思考，而不是回答一个现实生活中的问题。看《十二月等郎》，很多人惆怅，很多人感伤，同时又被温暖与感动，行，这就是我要的效果。所以一个剧作有一个好的主题，让人看了以后有所启迪、有些思考，这就了不起了，这也就是我们苦心孤诣提炼主题的意义所在了。

《小乔初嫁》提炼出“帝王伟业与老百姓世俗幸福的冲突”这个主题以后，我就进入了创作的第二步，设定人物。

（二）人物陌生化

关于人物陌生化，原来我讲课时举过李鸿章、毛泽东等人的例子，大家应该都有印象。而现在，我自己要在《小乔初嫁》这个戏里边，确切地去完成人物陌生化这个任务了。

曹操、周瑜、小乔，都是我们熟悉的历史人物。如果说小乔还有一些传说中的东西，那么曹操和周瑜都是我们熟得不能再熟的历史人物。在《小乔初嫁》这部黄梅戏中，如何让这些人物在观众熟悉的基础上，在艺术的创造上，给他们以新的信息，新的面貌，新的惊喜呢？

先讲周瑜。《三国》中的周瑜大家都知道，非常有才华但是气量狭小。这是《三国》小说作者的成功，他把周瑜这个形象歪曲了。事实上，赤壁之战，诸葛亮只是个助手，主要还是周瑜打的，他是孙刘盟军的统帅。周瑜是个什么样的人呢？他是孙权哥哥孙策最好的朋友，帮孙策打下了东吴的江山，死的时候 36 岁。当时有一句话，“与周公瑾交，若饮醇醪，不觉自醉。”什么意思呢？就是和周瑜打交道，好像喝那种非常醇厚的美酒，不知不觉你就醉了，多么有魅力的一个人！还有一句话大家也都知道，“曲有误，周郎顾”，你弹琴哪怕一个音出了问题，也一定瞒不过他。他会与演奏者相顾，微微一笑，提醒抚琴者，错音了。这还是指这个人在艺术上的修养，更不用说他的军事指挥才能了。赤壁之战流传千古，这是他的杰作。孙策娶的大乔，他娶的小乔，他与小乔夫妻感情非常好。在这个戏中，我既要保留一个大家对他最基本的看法，又要让大家对这个人物有新的认识。这次在北京演出之后开座谈会，都非常肯定周瑜这个人物。有《三国》中周瑜的影子，但是又重新塑造了这么一个深情的英雄。

曹操，就更不用说了。曹操是安徽亳州人，历史上，这个人一直被丑化。新中国成立以后，毛泽东对曹操是非常赞赏的。后来郭沫若专门写了一些替曹操翻案的文章，当然这有政治上的需要，但事实上曹操也的确是一个非常有作为的政治家、军事家和诗人。不过真实的人和我们艺术创作舞台上的人是要有区别的，舞台上所有的三国戏，白脸奸雄，专门形成一个脸谱，就是曹操。在我这个剧本里，因为曹操是小乔的对立面，所以你不能把他搞成一个雄姿英发，非常出色的人物。但是根据人物陌生化的要求也好，艺术真实的要求也好，作为我们剧作家本身对自己的要求也好，你又不能把他当成一个白脸奸雄，写低写坏，但又不能拔高，并且还要让观众感觉到这个曹操给他们带来的艺术魅力。这真的很难，让我费尽了心思。等会在讲唱词的时候，我再具体讲，这是曹操。

讲了周瑜，讲了曹操，现在应该讲小乔了。我在电影《赤壁》里，小乔是怎样出场的呢？小乔是在采莲。“莲叶何田田”我好喜欢那个汉乐府，我就重现了汉乐府那情景。《小乔初嫁》里面有一句唱词我很得意，“江风吹衣玉佩响”，我觉得有一点汉乐府的味道。在电影《赤壁》里面，小乔在采莲时，侍女告诉她，小马生小马驹子了，小乔就回来。但她是个村姑的打扮，她不知道诸葛亮已经在那里了，而一见到诸葛亮，因为她打着赤脚，就把脚往后缩，请诸葛先生吃她采的莲子，然后就进去换衣，换衣出来，环佩叮当。清纯的村姑，高雅的贵妇，两个都是绝美的形象。我让小乔以一个村姑的形象首先出现在所有的电影观众面前，这个我想是从来没有的。但最后没有用，这一点办法都没有。所以《三联周刊》采访我的时候，我哀叹在吴宇森们面前，我们是没有多大话语权的，后来《三联周刊》好像把我这句话做了标题。那么，在黄梅戏中，我要怎样将小乔陌生化呢？小乔大家都知道，是一个贵妇人的身份，大都督的夫人，野史中她父亲乔公也是名门望族，都这样说的。但是，在“帝王伟业和老百姓世俗幸福冲突”这一主题的引导下，我给小乔的定位是：贵妇身份，草根情怀。这也成了小乔这一人物陌生化的重要方向。然后，我就设计她来自民间，她的闺蜜叶儿是邻家豆腐店的老板娘，由叶儿又引出叶儿的老公王小六……满盘皆活。

我到安徽去，他们那里的黄梅戏，我看了很多，我还去了安庆，就是韩再芬他们那个地方。安庆是黄梅戏的发源地，我看了他们街头的演出。黄梅戏有一个小戏叫《打豆腐》，很有名，类似我们的《打铜锣》《补锅》。当然，《打豆腐》是传统小戏，《打铜锣》《补锅》是现代作家创作的。这里我又顺便说一下，我们湖南的前辈作家，写农村生活现代戏的前辈作家真的了不起。我建议大家再去看一下《打铜锣》和《补锅》。《打铜锣》是我读初中的时候，学校组织去看的。我一个初中生，看得从座位上跳起来，笑得那个爽啊，真写得好！我们有这样好的东西摆在面前，先不讲它什么观念、主题，就讲那个唱词，就讲那个创作技巧，就讲它对人物的把握，真的写得好！《打豆腐》讲的是一家豆腐店两口子，男人叫王小六，女人没有名字（我叫她叶儿），就是王小六的老婆。王小六拿着钱去买黄豆，接着喝酒赌博把钱输掉了，然后就回来背了一袋河沙，冒充是黄豆，当然就一下就被识破了，夫妻俩打闹争执一番，最后重归于好，两人重新开始磨豆腐，过日子。就这么一个小戏，充满着生活情趣和老百姓普通的情感纠纷，那个唱腔都是一个牌子，老是那样唱，蛮好玩。

在戏中，王小六和叶儿所追求的世俗幸福生活和周瑜、曹操、孙权们是完全不同的。他们的追求，他们对战争的看法，完全不同。那么小乔就成了中间的一个，她既是贵妇的身份，又有草根的情怀，她就成了这么一个矛盾冲突的焦点，人物的戏也就有了。

《小乔初嫁》是在 2014 年 5 月 29 日到北京演出的，演出后，《中国文化报》以两个整版的篇幅，在“黄梅戏《小乔初嫁》：一场别开生面的赤壁之战，一出领异标新的黄梅盛宴”的套红标题之下，刊登了好几篇评论文章。其中龚和德老师的“盛和煜深情塑小乔”，就讲了我对小乔这个人物的理解，深情二字，知我肺腑。一个编剧，对自己的人物，怎么能没有感情呢？感情是春雨，滋润着作品的生命。我希望在座诸位，都有情怀。悲天悯人的情怀，古典的情怀。古典情怀的定义我也下不好，“醉里挑灯看剑”“曲水流觞”都算吧。拥有情怀的剧作家，他的作品会体现出一种优雅与善意。

完成了对小乔、周瑜、曹操几个主要人物陌生化塑造的任务，我开始架构这个戏的框架。

（三）独特的叙述框架

我经常说，剧作家第一个任务，把故事讲好，那就已经不简单了。现在很多编剧导演，特别是电影导演，忽视或缺乏讲故事的能力；第二个任务，能够塑造一个或几个人物，那就了不起了；第三个任务，讲好故事，塑造人物，还有自己的思想，独特的闪光的思想。如果一个戏能完成这三个任务，那已达到一种境界，夫复何求？

我所讲的叙述框架，除了必不可少的故事结构以外，还包括着作家本身的文体、语言风格。这种特质，叠合起来，作家文体加上故事结构，就形成了独特的叙述框架。

《走向共和》的叙述框架是什么？——高来高往。这就是独特，这就是我这个作家写的东西。比如按照常规写法，作家在一个戏里面，经常会塑造那种老百姓的代表，小人物的代表，我们这里没有，《走向共和》里面没有一个小人物，这就是我们定的原则。高来高往，全是英雄豪杰，全是大人物，本来历史应该也是这样；还有，没有虚构人物。开始我写大纲的时候，定下的宗旨就是这样。后来他们无力结构这种没有虚构人物的大戏，戏拧不起来了，于是就弄了两个虚构人物。结果后面这个戏的戏剧张力、真实感、冲击力什么都不够了。靠虚构人物联系起来的历史，难道还有冲击力，还有力量吗？没有。所以《走向共和》定的原则就是高来高往，没有虚构人物，没有小人物。这是《走向共和》的独特叙述框架。

《十二月等郎》的叙述框架是什么？——以心理情感线索为动作贯穿线。

平常我们写戏，第一场什么事件，第二场什么事件，那都是要写明白的。我不这么走，你们仔细看，《十二月等郎》一月、二月、三月、五月、七月、九月、十二月一共七场戏，全是以苗子的心理情感依据为线索而贯穿的。我不管外界的事情，只讲她心理情感的发展变化，没人会这样啊！而这都是我一贯的主张——逆向思维。写历史大戏，高来高往，不要虚构人物，不要小人物，这是违背戏剧创作原则的，一般的戏都不这样；还有，哪有一个戏是以心理情感依据为线索而贯穿的？所以这两个戏，如果说有些成功，是逆向思维的成功，更是独特叙述框架的成功。举完这两个例子，才好讲《小乔初嫁》。

那么，《小乔初嫁》的叙述框架是什么呢？——对比。

前面我讲了主题，帝王伟业和世俗幸福生活的冲突。主题本身就是对比的。所以，我整个叙述框架都是围绕着对比而展开。《小乔初嫁》一个序幕六场戏，第一场“打豆腐”，第二场“劝和”，第三场“送郎”，第四场“作赋”，第五场“过江”，第六场“破曹”，还有个尾声。

序幕是曹操打败了刘备，集合了八十三万大军，剑指江东，是这么一个大形势。

短短的序幕后，马上移到第一场，移到东吴。市井的叫卖声，和豆腐店叶儿唱的那些喂猪啊，打酱油啊，极其家长里短、极其琐碎的事，与大形势形成对比。然后小乔来看叶儿，她们两个身份发生变化的对比。

第二场“劝和”是一种什么情况呢？王小六夫妇闹了矛盾，到小乔那里去求她主持公道，一些家长里短的事，极其琐碎的事，同时闹到了小乔那里。隔壁大堂呢，东吴君臣在议事，在商量曹操来了，是战还是和。这边在商量军国大事，那边是豆腐店的两个小百姓的家务事，放在一场表现，这是对比。

第三场“送郎”，东吴决定出征，小乔送周瑜，叶儿送王小六，两个场景同时出现。小乔送周瑜是夫妻两个在弹琴奏瑟，周瑜弹琴，小乔说“琴声邈邈乎？周郎忧国”，小乔奏瑟，周瑜说“瑟音切切乎？夫人忧民”，然后他们琴瑟和鸣，这是他们送行时的场景。那种汉代的文风，他们的状态，人物的身份，都出来了。然后就是豆腐店的送，他们是怎么送呢？王小六要叶儿再骂他几声，否则上战场了，想听她骂都听不到了，叶儿就说了他一顿，然后王小六唱：“上了战场都不想，舍不得一副磨子两间房，舍不得还未出世的小宝宝，舍不得我的老婆孩子他娘，舍不得一日三餐白米饭，舍不得青菜萝卜豆腐汤……”唱完满场彩声，大家都鼓掌、欢呼，观众感受到了对比的魅力。

第四场“作赋”，曹操作铜雀台赋，表明了要得到小乔的意愿，但是他这里面更隐藏了反间计，我不详细讲了。

谈一下华佗这个人物，华佗的形象，在《小乔初嫁》里，得到了很高的评价。我把他写成一个医术精湛、有情有义、直指人性弱点、又有幽默感的名医，既做到了人物陌生化，又符合人们对他的期待。

最后一场“破曹”，也就是小乔和曹操这两个人物之间的对比，人物性格的对比，戏剧情势的对比，甚至唱词的语言风格的对比，来形成整个的叙述框架。其实从第一场下来，我心里就非常有底了。

说完“老三篇”，下面说唱词。

五、唱词

我为什么愿意写《小乔初嫁》：还有一个原因，技痒。因为这几年，我写的都是现代戏，文采得不到表现的机会。其实这句话是不对的，现代戏的唱词更要功夫。你们去看《打铜锣》的唱词，比华丽的文采要费一千倍的功夫。《李贞回乡》《十二月等郎》的唱词，看似生活语言的随意流淌，那种简洁、内敛、节制的力量，要比我弄个三三四的句式，平平仄仄平平仄要难多了。但是没办法，人家不认。我呢，这个年纪，还是少年心性，遇见《小乔》，我终于能显摆显摆我的文采了，这也是一个动力。小乔过江，我让她唱了几十句，酣畅淋漓啊！

所以，今天讲舞台剧，讲一个戏曲剧本的诞生，我要特别讲一下唱词。

在《小乔初嫁》中，我写唱词运用了四种手法：陡峭、层次感、强调与推进、辩驳。

第一：陡峭

《小乔初嫁》大幕一拉开，第一句唱就是，“峡谷风吹送着血腥阵阵”，没有任何铺垫，直达中心。最早我的序幕写得跟话剧一样，这样才好作一些铺垫，介绍一下背景。后来一想，不行。序幕最怕从遥远的过去扯到现在。你说介绍当时的情势要多少笔墨才能介绍得出来，曹操战胜袁绍、袁术，北征乌丸，大败刘备，然后再来讨伐孙权，这要多少字才讲得清楚，越解释越解释不清。干脆，“峡谷风吹送着血腥阵阵”，句势陡峭！再来个倒装句，“这一仗直杀得日月不明”。然后才开始叙说，“刘玄德率残部狼狈逃命，从此后荆、襄地云淡风轻”……六句唱词，起得很陡。你们去看，很多的大戏，开场唱总要作一些铺垫，介绍形势啊，环境啊，人物啊，等等，几乎没有我这种搞法。什么叫先声夺人？陡峭就是先声夺人！

第二：层次

我最怕看那种没有层次，一大段唱词一块板，眉目不清的唱词。叙事性的唱词，歌剧叫宣叙调，没有层次，条理不清楚，事情也讲不清楚。哪怕写咏叹调，也要把心理层次、情感的层次分清楚。《小乔初嫁》第一场，小乔来看叶儿，经过一些交流以后，两人就边推磨边开始唱，这一大段唱词是典型叙事，要唱些什么，层次如何安排，我必须精心设计。起首一段，“一副磨子圆又圆，姐妹推磨心喜欢……”起得很平实、很家常、很草根，然后叶儿就开始问了：“我与小六常叨念，妹妹出嫁有几多天？妹夫待你好不好？婆家规矩严不严？”小乔唱：“好不好刚才你看得见，公婆慈爱小姑贤。小乔初嫁为人妇，上天赐我美姻缘。”点明初嫁的小乔，幸福、满足、感恩。然后……然后我们通常写到这里就没辙了，不知道接下来唱什么；或者，掉进一个创作中的陷阱，写一些华丽空洞的唱词，而自己浑然不知。

我的人物当然不会这样做，她们姐妹要说的私房话太多了。叶儿问，“娶亲那天我没赶上，只听满大街在疯传。车如流水马如龙，鼓乐排场闹翻了天”，这是叶儿听来的，大家都是这样传说的。小乔连忙解释，“周郎白马相随伴，一乘花轿四人颠，鼓乐奏的是《小桃红》，春风习习润心田”，不是那样，不是“车如流水马如龙，鼓乐排场闹翻了天”，而是周郎白马伴随着一乘花轿，一曲《小桃红》，很温馨、很简朴、很诗意地把她娶回去了。叶儿不相信，怎么会是这样呢？“人说都督开喜筵，流水席一眼望不到边。金盘子装来银盘子盛，桌桌凤胆与龙肝”，小乔告诉她，“毛豆腐，臭鳜鱼。刀板香，炒豆干。桌桌徽州八大碗，哪来的凤胆与龙肝”。安徽的徽州八大碗是很有特点的，我把这写进去，体现出安徽的民情民俗，体现出小乔的草根情怀，安徽人也会蛮高兴。这里，实际上是把小乔和周瑜的婚礼重新演绎了一遍。好，叶儿再问，“一根绸带红艳艳，夫妻两个把手牵。牵入洞房蛮好玩，妹妹给我讲一遍？”闺蜜嘛，燕尔新婚，鱼水之谐怎么可以不讲呢？观众也有期待啊。但小乔不好意思，娇嗔地叫一声姐姐。可叶儿继续追问“哪个为你揭盖头？哪个为你摘凤冠？绣鞋可是你自己脱？哪个轻轻解衣衫？”并催促小乔，“讲吵！”抵不住叶儿的追问，小乔：“一根绸带红艳艳，周郎与我把手牵。洞房花烛光闪闪，羞答答低头不敢言……周郎为我揭盖头，周郎为我摘凤冠。轻轻为我脱绣鞋，轻轻为我解衣衫……”我们营造这幸福的温馨的恩爱的场景，一切都是为了烘托小乔初嫁，观众谁看了都会觉得温馨。但是小乔说到“轻轻为我脱绣鞋，轻轻为我解衣衫……”时，我的舞台提示叫作“羞得说不下去了”，小乔她也的确羞得说不下去了，总不能叫她自己往下说啊，这时候，诸位，我们的伴唱就来了，“忽见枝头桃花绽，春风已度玉门关……”在座诸位都是成年人，这也不涉及“扫黄”，又文雅，又美好。

从小乔与叶儿两人推磨起唱——谈及初嫁感受——娶亲情景——喜宴场面——进洞房——揭盖头，摘凤冠，脱绣鞋，解衣衫——一步一步直到“春风已度玉门关……”这就是层次感啊！有这种层次感，你说演员她唱得过不过瘾？观众他看得喜不喜欢？

第三：强调与推进

第三场《送郎》，小乔送周瑜，叶儿送王小六，在“对比”一节，我已经讲了当时情景了。跟着，出征钟声响了，都要走了。周瑜要走了，小乔怎么反应？王小六要走了，叶儿怎么反应？她们送郎，又要对比，又要送得不同。周瑜起身，小乔一边给他披挂，一边问他，“还记得在叶儿姐姐家，那首‘送郎调’吗？”周瑜说记得。小乔说，其实我也会唱，然后开始唱“送郎调”。

这么多年以来，我对各地的民歌、情歌一直情有独钟，在自己的作品里也喜欢借鉴、运用它们。但各地的民歌、情歌，有相当大一部分从形式到内容都大同小异，尤其是一些所谓经过新文艺工作者“整理”过的作品，“整”掉了民间的原始生命张力，让人看着无语。

“送郎调”也是一样，各地都有，我查阅了七八个省份，竟找不到现成可用的，只好将它们综合改造重写。

“送郎调”一共五段唱词，五段唱词其实是表达一个意思，女人们的依恋不舍之情，这也是类型民歌特色之一。怎样写这五段唱？怎样处理这五段唱？此时此刻，我的考虑不仅是编剧的考虑，而且有导演的考虑，作曲的考虑，在写唱词的同时，我还在想象、设计、营造着舞台的情境与氛围。当然，术业有专攻，我不可能取代他们。但我们今天的剧本不仅是案头文学，更要适合演出。一个没有舞台感觉的编剧，是写不出好的舞台剧来的，特别是戏曲舞台剧。

小乔说，其实我也会唱，便轻轻唱起来，“送郎送到墙拐角，留郎不住跺跺脚。郎问我跺脚为什么？我说蚂蚁咬我脚……”我给作曲家说，这几句让小乔清唱，没有音乐伴奏，轻轻地，轻轻地唱。

小乔唱了，这边叶儿唱：“送郎送到巷子口，巷子口上栽杨柳。杨柳年年发新芽，我郎一去不回头……”音乐进入，小乔进入，形成了女声二重唱。

这时，第三段，送郎的女人们，从石拱桥上陆续走过：“送郎送到石拱桥，石拱桥上脚打飘。我郎走了无依靠，一脚低来一脚高……”设计这段唱的时候，我想起了女声组合“黑鸭子”，虽然是戏曲，但我希望能达到“黑鸭子”那种音乐效果，用心灵去诉说……

大家一定注意到了，正如我前面所说，这几段唱词其实是表达的一个意思，女人们的不舍。内容是重复的，动作是平行的。但是不断重复，就成了强调；再加上场景、音乐上的处理，不断将戏剧情势推着往前走。

这时，第四段，田塍上、河汊里，出现了更多送别的女人："送郎送到荷叶湾，风吹荷叶往上翻。上一翻，下一翻，好像刀刀割心肝……"所有的女人都在唱，很震撼了！

最后，第五段，"送郎送到十里亭，十里亭外人挤人。一声号令郎走哒，只见尘埃不见人……"女人们都在唱，苍凉浑厚的男声烘托，那是何等的气势！我激动了，情不自禁在舞台提示中，来了一点文学青年的笔调，"送别的人们从四面八方汇聚，'送郎调'如潺潺溪流，从女人们心底流淌出来，汇入江河似雪浪奔涌；化为白云在蓝天飞翔……"

这就叫强调，这就叫推进，诸位有疑义吗？

第四：辩驳

小乔过江后，我设计了一个戏剧情景，曹操请她在楼船上饮酒赏月，就他们两个人。明月当空，大江东去。伴唱声传来："对酒当歌，人生几何？譬如朝露，去日苦多……山不厌高，水不厌深。周公吐哺，天下归心"。这是曹操代表作"短歌行"中的歌词，苍凉的歌声在空旷的江面上传来，小乔不是叶儿，她是有高度文学艺术修养的，听着这样的歌声，不禁动容。曹操看在眼里，很得意，问她：

曹操　怎么样？

小乔　什么怎么样？

曹操　我的诗？

小乔　很好，真的很好。

曹操　比周瑜如何？

小乔　不好比，他从不以周公，以及任何先贤自居。

曹操　你是说我不配，既不配和周瑜比，更不配和先贤比？

小乔　是的。

曹操不怒反笑："且不说先贤怎么样，只与你论一论这眼前的短与长。三分天下我有其二，哪一点比不上你的周郎？”小乔怎么回答？“我不比人品和模样，那会让你把心伤。我不比六艺与修养，见仁见智不好论短长。”诸位，就剧中人物而言，小乔是知道曹操的水平的。就编剧而言，更应该懂得曹操。且不说他的文治武功，单就建安文学奠基者之一的历史地位，就足以傲视千古了。所以，我们不能因为剧中的他是小乔的对立面而贬低他。周瑜当然也是才华横溢，但论六艺与修养，严格地说，周瑜还真不好和他相比，所以小乔才“不比六艺与修养”。然后话锋一转，“小乔本是民间女，羡的是并蒂莲花刎颈鸳鸯。我只说温柔体贴情专一，天底下谁比得过我的周郎？”那种深情，那种恩爱，那种幸福感，发自肺腑。

曹操听了哈哈大笑：“几句话笑得我前俯后仰，周公瑾原来是一个脂粉儿郎。大丈夫建功立业在疆场，岂能够沉溺在温柔乡？”我们中国男人，有用的和没用的，都会这样说，大言炎炎啊！“我只道他高远志向，却一味的儿女情长。可怜东吴无男儿，尽是些花儿鸟儿与鸳鸯。”曹操这个挖苦，好厉害。小乔怎么说？“小乔请教曹丞相……”这个“请教”我用得很得意，她是个很温柔的女人，不事张扬，但不会退缩：“小乔请教曹丞相，哪一个坚决不向你投降？哪一个据天险统雄兵与你对抗？哪一个不惜马革裹尸回家乡？说什么花儿鸟儿与脂粉？你内心畏他如虎狼。说什么东吴无男儿，你睁眼看一看江对岸，呼啦啦‘周’字帅旗迎风扬。”小乔这一段唱，我写得血脉贲张！

最后，谈一下尾声。我原来是这样设计的，破曹之后，王小六夫妇提着一串鲫鱼，去看小乔（小乔也生了孩子），小乔正哼着“摇篮曲”（没有词），哄宝宝睡觉……但在第六场，我写到曹操向小乔逼过来，小乔后退，撞落了华佗的医药箱，里边东西都掉出来。小乔捡起手术刀准备自尽，但这时曹操的偏头疼发作了，曹操倒地（前面有交代曹操把华佗投到监狱里去了），这时候小乔扔掉手术刀，拿起银针（原来也有交代，小乔是华佗的学生），给他扎针，曹操虚弱地叫了一声“小乔夫人”……这就是说他已经认输了，被小乔彻底地征服了。这种悲天悯人，这种高尚，这种善良，这种柔性的力量。写到这里的时候，突然，我觉得可以不写了，全剧就收在这里，就收在曹操虚弱地叫了一声“小乔夫人”，戛然而止……

这时我要求音乐，什么打击乐、管乐，全给我停住，只要弦乐。音乐像水一样地漫过来，我的舞台提示是：“火光映红了江水、夜空……也映红了小乔脸庞……”多好！

我知道中国戏曲舞台上没有这种结尾，唯其没有，才更应该有啊。但朋友认为还是不要这样结尾，以免引起争议；又说我原来设计的尾声有生活气息，很温馨，应该保留。我呢，是个很容易妥协的人，就不再坚持了，虽然我认为戛然而止是最好的。

文字整理：陈云升

校对：陈云升

我与戏曲创作

郑怀兴

我一辈子都在仙游县生活，工作呢也是在仙游县县剧团里面，什么省文联副主席等头衔都是虚职，我也没在哪里上过班。我写戏主要是跟地方戏曲氛围有关系，我们那里出了一个很大的剧作家，就是《团圆之后》和《春草闯堂》的作者陈仁鉴先生。

这两个戏对我的影响很大。陈仁鉴先生戏写得很好，但是他的命运不是很好。当时他被打成“历史反革命”，被管制劳动，很孤独，没什么人跟他来往，我呢就去看他，从中跟他请教，慢慢地他就教会我很多东西。

我向他请教怎么写戏，他跟说就一句话：“捡起一块石头扔在池塘里”。我琢磨着觉得很有道理。粉碎“四人帮”后，我才有机会看了他写的《团圆之后》《春草闯堂》等戏的剧本和演出，也受到了很大的启发。

陈仁鉴先生还有一个东西对我影响很大，他说过人呀不要太过追求戏外的名声啊地位啊什么的，他说一个编剧你只要老老实实把戏写好，该有你的都会有，不该有的呢你也强求不来。他说过他最痛苦的事情就是不能看书不能写戏，别的他都能忍受。他这个话对我影响很大，我一辈子都生活在小地方，但是跟他比起来，我是幸运多了。别的不说，光说可以自由读书、自由写戏这一点，我就很知足。这也是我一直以来秉持的理念：好好写戏。

总之，在我写戏的道路上，陈仁鉴先生和陈贻亮先生很是帮助和提携我，我很感谢他们。

到了 20 世纪 80 年代初的时候，我写出了《新亭泪》这个剧本。写完了之后，我拿给陈仁鉴先生看，他很赞赏，不过当时大家都说没有见过这样的戏，这样的写法，所以没有被采用。

后来我们剧团的一个打鼓的刘师傅他积极向剧团推荐，后来建议由排重点剧目剩下来的演员来排《新亭泪》，这个戏就终于排出来了。

演出之后呢，观众的反响很不错。于是市里就来人看了，评价也很高。再接着就是省里的专家也下来了，这下就传开了。再之后大家都知道，不久就在全国打响了，也奠定了我在戏曲界的地位。写《王昭君》是第一次给外地剧种预约写戏，当时的压力很大，因为之前没给外地的剧种写过戏。这个戏完成之后，慢慢局面就打开了，至今给外省的剧团写了十几部戏了。

我给外地的剧种写戏有个原则，必须要有兴趣才写，要是没有兴趣，我不会为了稿费而写。对于约稿的态度，我首先要说服我自己，要把约稿的题材变成我的兴趣，也就是说要在对方的提供的题材里面找出自己的兴趣点。

比方说给当时山西省太原市晋剧院写《傅山进京》时，他们的团长第一次打电话，约我为女老生写山西的历史人物。跟我谈了，然后又把资料寄给我。我看了几天就回话说，要写傅山。但团长劝我说，不要写傅山，我说为什么？他说傅山反清复明，当地的作者曾经写了，但都失败了，您就别费力了。我却对傅山这个人物特别感兴趣，实在放不下来，就对团长说，我先写出来，你们人要是满意呢再付稿费，要是看不上呢就算我自己的，不用你们花费一分一毫的钱。他们听了说，好，这样好。于是就写了。

我写出来之后，他们上上下下都觉得不错，宣传部也很重视，就开了座谈会，然后这个戏就投排演出了，然后就在全国获得了很高的评价。

我再说《北魏孝文帝》这个戏。以前写别的戏，都是对题材和人物很熟悉我才接，但是《北魏孝文帝》这个题材我不太熟悉。但这是朋友马也约我写的，我不好意思推辞，于是我看了寄来的一些资料。看了之后就觉得北魏孝文帝这个人物很了不起，他是鲜卑族人，但是在当皇帝时，他积极地推进汉化。北魏孝文帝对推动中华民族的大融合起了重要的作用，他的重要作用是为隋唐盛世做了很好的历史铺垫。这个剧本我写了好几稿，与艺术顾问马也与导演查明哲反复讨论。到后来，他们都觉得不错了，剧团也觉得不错，于是就准备投排了。但是我总感觉有很多不足，又改出一稿来。这个剧本我反复推敲，花了两年。

在这里我想说个什么意思呢，写戏一定急躁不得，一定要彻底想通想透，就像打井，一定要打穿岩层，底下的活水才能喷涌而出。这样出来的作品才是好作品。

当然，现在生活压力大，你们年轻人为了养家糊口写没兴趣的戏我可以理解，到了我这个年龄了，我是必须要有兴趣才写。

下面说这个戏是张家口约稿的“詹天佑”题材。过去，我在第四届中国艺术节上看过赣剧的《詹天佑》，看了之后我不大满意，尤其对违背史实的部分，感觉很难受，于是就留下了一个情结。

这次张家口这边约我写詹天佑，我很快就应允了。戏与社会生活是有一定的联系的，这个题材是反映詹天佑修铁路的，我也想了一个比较有感触的主题，那就是当时的工业化文明与农耕社会旧思想的冲突。我看到其中的一则资料，说的是当时铁路要经过一个地方修不下去了。为什么呢？因为要经过一个满清朝廷贵族镇国公亲戚的祖坟，这个亲戚利用镇国公的权势，纠缠不休。他纠集一批人甚至说是修铁路会毁了大清的龙脉，如果继续修的话大清的江山将不保。詹天佑顶住了巨大的压力，为了说服镇国公，不惜冒险进国公府，说服镇国公。

这个戏的主题：救大清靠的不是风水，而是要靠新政。这个思路也得到约稿方的认可，合作比较顺利。

下面我谈这个山西第二次约稿，这次约的是《于成龙》。这个题材本来我是不想写的，人家京剧《廉吏于成龙》已经演得很成功了，想突破也不是很容易，所以开始我是拒绝的。但是他们那边没死心，太原前宣传部长说要来拜访我，我说不用来了，反正这个题材我不写。人家又说了，我是来看看老朋友的，看看朋友总可以吧。既然来看朋友，那我当然不好拒绝了。那就来看吧。

于是人家就来了。来了我就请他们喝酒吃螃蟹，聊得高兴就又聊到了于成龙，而且他们把资料都带来了。既然这样，我说那你就把资料留下我看看吧。

他们回去了，我开始看资料。当我看到有一段关于于成龙被罢官的记载，我找到了写作的角度。那个记载是这样的，吴三桂叛乱时，于成龙负责为官军建造浮桥渡河，没想到第二天因突发大水浮桥被冲垮了，因此被一位将军抓到了把柄，因此于成龙被人家弹劾就被罢了官。这时布衣身份的于成龙本来要回乡去了，湖广巡抚却因黄州民变，而慰留于成龙。于成龙到了黄州一查，遇到了“官逼民反”的难题，他发现当地的官府以“通逆”的名义剥削和敲诈百姓，激起极大的民愤，把好好的老百姓逼上“梁山”。我这个戏重点就是写于成龙这段历史，不写为官清廉那段，而是写于成龙“为民请命”这一段。

构思出来后，我跟剧团沟通可不可以这样写，他们说可以。我说，你们要跟你们的领导汇报，领导他要是同意了我就写，领导要是不同意，那么于成龙这个题材我就不写了。最后他们领导同意这样写，然后我就把它写出来了。下面说的戏是《失子记》。

前些年兴起一阵“赵氏孤儿”热，为了宣传“义”的思想，现在我们的思考还停留在过去的理解上。我倒是有点不同的角度，就拿“程婴救孤”这个事情来说，为了“义”而牺牲自己的儿子是不是那么值得歌颂，但公主儿子是人，那么百姓的儿子就不是人？程婴的儿子多么无辜呀！我们都到了现代了，难道还得重复“舍子取义”这个层面吗？

正好有个女演员，是某个省文艺组织领导，她托了季国平书记来找我约稿，说能不能程婴夫人的戏给她演？于是我很快就答应了，不久就写了《失子记》，原名叫《程婴夫人》这个戏，主要表现一个女人在面对自己的儿子无辜替人去死的挣扎和痛苦。之前这个女人的感受是被人忽略的，我想好好写写她。

没想到，这个戏写出来之后，这个女演员反悔了，不想要这个剧本了。后来这个剧本被另外一个剧团看中了，由年轻的演员来主演，演出效果非常好。我想要是当时让原来约稿的那个旦角来演的话，肯定不如后来这个演员，谢谢她的不演之恩。

现在我来谈谈京剧《赵武灵王》。赵武灵王这个人物是一个伟大的悲剧人物，一个文治武功都很好的人，在47岁的时候被自己的儿子困在沙丘宫中活活饿死。为什么呢？他由于过度喜欢吴娃，他把大老婆生的太子废了，然后册封他和吴娃生的儿子为太子。最可笑的是，他在壮年退位，然后让小太子当皇帝。不久，失去权力的他又不甘寂寞，然后又想收回权力，于是他又想给废太子封王，希望能制衡两个王。就这样，他挑起了残酷的宫斗，最后在他大儿子挑起的叛乱中被自己小儿子困在沙丘宫内活活饿死了。

这个里面非常值得思考的是，这个悲剧故事里面没有坏人，大家的所作所为都是很合理的，初衷也都是好的，但是就是这样，偏偏发生了令人扼腕的悲剧。

还有一个东西我想跟大家分享，这个戏里面我设置了一匹马，它是赵武灵王的坐骑。开场时表现赵武灵王对这个马的喜欢，这是一匹非常威武的宝马。后来，当赵武灵王被困时，这个马想救它的主人，拼命用自己的身体去撞墙，而赵武灵王的儿子却在看，他儿子心里那种见死不救的复杂心态和思想斗争，最后表现出“马比人有情”的那种悲壮和无奈，相当有艺术力量。

这个戏演出后，还有一个趣事。我们那边有个剧院退休的老院长看了戏后找我聊天，说这个戏给她很多的感受和启发，她发现自己退休后的不甘寂寞与赵武灵王有些相似。后来她去找现任院长谈心，她说以后再也不干涉院里的事情了，退休了就做退休的事，退而不休于人于己都没有什么好处。

再一个我想谈谈我们写戏要有“闲笔”，就是写戏要有紧有松，要有留白，要是从头到底都是紧的，那也就没有紧了。当然，这个“闲笔”不是随意的东西，它是精心构思过的东西。比方我在《于成龙》里面设计了一个人物——眇道士，他的出场有时就是一种“闲笔”，但是他的出现能把于成龙的某些心理活动给外化出来，对人物塑造和内心揭示很有帮助。

这些戏我个人是比较满意的，但是有个研究现当代文学的汤晨光教授却说我最好的戏不是《新亭泪》《傅山进京》这些新编历史剧，他说我最好的戏是《青蛙记》《神马赋》《青藤狂士》，可能他认为这些戏更有现代性，按他的说法，当时写出的这些戏领先国内剧坛 20 年。

最后一个呢，我想谈谈我们写戏得有自己的原则。

一是要按照自己的兴趣写戏，不要为了稿费而写戏。

二是剧本的修改必须经过自己的甄别才修改，不能因为某个人让你改你就改。比如说我在《傅山进京》里面有句台词，傅山说“明亡于奴非亡于满”，这个台词是非常符合傅山的人物性格和思想的，奴性太重会导致亡国，这符合人物的认识，也表达出人物的精气神，但有某个专家看了让我删掉，我坚决不删，我觉得要是删了这句话，傅山的形象就会大大减分。

三是剧本写完后如果我自己比较满意，我不会随便改动。说个例子，有个剧团请我写戏，同意我的构思后我就写了，我自己认为完成得还不错，但交稿之后他们吃不准，投排前非得要组织专家再讨论讨论，几番来回，我有点不耐烦了。我说你们要是非得要讨论的话，那我就不干了，我说你凭什么非要找些可能只有空随便翻翻剧本的专家来讨论我的剧本？告诉你，不是我操刀写戏，我出去外面也是顶级的专家，要是他们来了随便看看、随便提提意见我改是不改？如果一定要开座谈会讨论，那我就不干了。看见说不动我了，后来剧团不讨论就排戏了，所以编剧也要有自己的原则，不能人家说怎么样就怎么样。

总之，这么多年我写了不少戏，有的戏当时不被看好，后来演出了却获得好评，就像我的《青蛙记》(又名《荷塘蛙声》)。还有些戏写出后一直没有机会搬上舞台，直到几十年后才被剧团演出跟观众见面。我相信任何剧本一旦完成之后，它就像人一样也有它自己的命运。它的命运有它自己的历程和归宿，不由人力来安排。

但是，我相信只要是好戏就总会出来的，我们编剧只需用心把戏写好！

谢谢大家！

文字记录／整理：陈云升

校对：陈云升、杨万奇

艺术创作的意向表达和审美追求

姜朝皋

一、艺术情感：去伪求真

去伪存真就是因为真实是作品的生命。真实包括了两层含义，第一个是作品描写的对象客体的真实，第二个是主观心意的真诚。我们讲作品的真实性主要是作品感情的真实。

艺术作品是一种心灵的交流，一种心音的对接。我们不妨说艺术创作是人类童心最高程度上的复活。就戏曲创作而言，就是要用一种童心去对待戏曲的创作，去塑造戏曲的人物，塑造出有真实灵性的人物。

以婺剧《血路芳华》为例，尽管还存在不足和缺陷，但是创作的初衷就是要以当年红军战士郝秀英的人生轨迹为经，以不同时代的历史风云故事为纬，用现代和历史时空交错的手法来展现悲壮惨烈的内心和女战士们的执着、忠贞。所以当本人创作这部戏时，因为动了真情，所以每每被戏中人物命运感动不已。

二、艺术思维：开掘新意

思维就是想象。高尔基说艺术靠想象而存在。中国古代文艺理论家陆机在《文赋》一书中也说：要观古今之须臾，抚四海于一瞬，指的都是艺术想象。什么是艺术想象呢？艺术想象最关键的是要有新意。清代著名文艺评论家刘熙载在《艺概》中再三强调立意的重要性。

我创作的现代戏《基石》，是一个扶贫题材的剧目。各地的扶贫题材戏像雨后春笋一样勃发，尽管是花样翻新，仍然是似曾相识，戏写出来又有多少价值呢？于是我就换一个思路去写，因为扶贫也好、精准也罢，这都是手段。艺术不能只关注扶贫事件，必须跳出当下写扶贫题材的套路，不仅仅着眼于物质层面的具体扶贫，而且要将其提升到精神层面，从扶贫进入到党群关系，进入党的宗旨和共产党员的初心这个更高的境界。沿着这个思路去开启，以真实的内心情感去体悟老区人民生命的本质和生存的状态，以深情的艺术去书写他们的正义、善良、坚韧和顽强，从中传递出“人民才是奠定我们中华人民共和国大厦”的基石这一深刻内涵。

艺术作品要有超越惯常思路，有逆向伸拓才能算得上新。不能浅显辄止，不能与人雷同。一般是要避的，但是不能光是消极的避，前人写过的题材，写过的人物、事件都不能写，那创作的空间就越来越小了。相反，积极的做法不怕题材、人物、事件撞车，真正高明的作者是要先犯再避。

评剧《胡风汉月》，是写蔡文姬的故事。但蔡文姬的同类作品太多，如何做到不落窠臼？首先需要超越前人的立意，一定要找一个全新的视角去切入。蔡文姬从一个汉家女子嫁给匈奴左贤王当王妃十二年，仅一句话留着史书，“文姬没入匈奴十二年，产一儿一女，后被曹操用重金赎回”。这句话留下的空白正好是艺术家可以展开想象的翅膀。我想如果把这个挖掘出来，就是一部崭新的好戏。凭蔡文姬刚烈的性格和人格的自尊，绝不会苟且偷生给左贤王侍寝。因此我一扫过去舞台上笼罩在蔡文姬身上的那种屈辱的阴霾，同时摒弃了过去写少数民族的左贤王粗野、蛮横、暴虐的人物形象，把两个人定位在一个是草原才俊、一个是汉家烈女。两个人结合的过程就是胡汉两个民族不同文化的碰撞和交融的过程，形象地展示了民族团结和谐的主旨，这样这个古老的题材就焕发出了全新的光彩。

在文华大奖颁奖词中，称该剧在主题思想的新开掘，民族团结的新视角，主人物形象的新定位，戏剧冲突的新设置以及舞台呈现的新面貌等方面都有新的突破，取得了突出的成绩。这就是我说的开掘要新。

三、艺术眼光：洞隐发微

艺术眼光就是特殊眼光，艺术眼光的高低在于发现生活中的感性生命体的敏感性，简单的说艺术的眼光就是为主体寻找客观对应物的眼光。在艺术创作中，艺术家会用多种眼光发现生活，把这些发现融入到作品中。事迹不能成为戏剧的情境，要事件才行。

几年前创作了《梦断婺江》，是写一个太平天国侍王李世贤的故事。到侍王府参观多次，一点创作欲望都没有。最终创作灵感来自看到那时侍王府的一纸勒令对方投降书，对方却不是清兵和团练，而是两个乡的农民。两个乡的农民自发组织起来去造了太平天国的反。天平天国是以造反起家，太平天国造反的队伍被人民起来又造他的反，这不是很值得深思的事情吗？这个戏在入围国家舞台精品工程的时候有这么一段评语：“该剧透过历史文化的背影，折射出太平天国败亡的车鉴，以跌宕多姿的戏剧场面，展现多灾多难的社会人生。在戏曲领域中，率先以独特的视角对农民起义这一历史现象进行了新的解读，具有一定的学术品位和审美价值。”深入生活关键是要有独特的眼光来发现生活和有价值的东西。

艺术的眼光除了特殊发现之外，更要有穿透力。要穿透事物的表层看透其本质，要深入到人的隐秘灵魂中去探寻。一旦用人性的刻刀刻入人的内心深处，就会发现每个人都有一个复杂的精神世界。题材并不决定戏的高下，关键看你怎么写。以我创作的京剧《贵人遗香》为例，就写了杨贵妃一只袜子。这部戏的主旨是对我国几千年封建专制下产生的畸形社会现象予以抨击，对封建社会本质的虚伪性进行批判，对真诚正义善良的人性给予深情的赞美，从而说明建设文明进步健康和谐社会的重要意义。

四、艺术境界：表意传神

艺术创作要经历一个生活真实转化为艺术真实的过程。不少生活中非常感人的事一写到作品中、舞台上、荧幕上反而不感人了，尤其是表现真人真事的作品几乎什么都写到了，而且堆积了大量的生活细节，还是使人感觉不真实不感人。鲁迅曾经说过：真实不等于事实，指的事实是艺术的事实。

只有把无限丰富的生活凝练成极其有限的精神，把实境升华为意境，这才是艺术创作的灵魂。有道是实貌不真，真在意中。写得真来反不真，不如略略写风神。这就是要求作品能传神。

戏剧创作就是写出真灵性的人，这就写出人的不同性格。以我创作的越剧《马寅初》为例，《马寅初》我曾抓住他的人生理念，可以概括起来就是六个字：求真理，做真人。找准了这点就掌握了全剧的灵魂。

要使作品传神，我们不能不谈情境交融的问题，王国维曾说：一切景语皆情语。人是否在境中是艺术作品成败的关键之一，有境无情有情无境都不是艺术的最佳境界。以苏联电影《这里的黎明静悄悄》和冯骥才的小说《高女人和他的矮丈夫》为例，都有因特殊的情境表现反差之大，成为作品最为传神之处。

另外，写戏唱词一定要跳出俗套，比方说“门前喜鹊叫喳喳，丰收捷报飞到家”。这样的唱词，没有个性，尽量少用。

五、艺术品位：人生哲理

艺术作品要直取人生。人生是人的历史性展开，是人动态发展的流程，人生是人的生命的具体体现。不关乎人生，泛泛地写人没有多大价值，真正有价值的文艺作品应包容着对人生况味的品味和思索。以赣剧《青山作证》，和反腐题材戏《在路上》为例，解释此观点。

艺术就是把人性这些复杂的难题通过戏剧人物形象地体现在人们面前，让观众一起去思索。曹禺先生有一句话：一出好戏不在于它的剧场内有多热，而是你走出剧场以后人们还在思索，还沉浸在这个戏的情境，那么这个戏才是最有价值的。

艺术的天地广阔无垠，深邃无底，我们只有不停地探索，不懈地追求，宏观俯瞰生活的海洋，微观捕捉生活的浪花，我们就一定能在艺术的天地里自由翱翔，艺术创造无限，艺术家的心灵无限，艺术的未来无限。

文字整理：曾浩月、章静

校对：陈云升、李碧萱

现实题材创作的实践与反思

姚金成

一、关于编剧的两点心得

（一）编剧的苦与乐：搞编剧这一行，开始的路很难走，但是生命的创作周期却很长。因为编剧的技巧和经验的含量更大。一个好的戏曲编剧不但要有小说家那样深厚的生活积累、深刻的人生感悟、编故事的高超本领，还要有诗人那样奔放的激情和铸句炼字的功夫，更要有小说家、诗人不一定具备的戏剧结构技巧和丰富的舞台经验。但走过初期的艰难、真正迈过门槛之后，慢慢的就可能渐入佳境。

（二）自恋与审视：写剧本和听意见是两个不同的心理过程。写剧本是和你自己的故事谈恋爱，剧本写出来当然自我感觉良好，可以说没有自恋就没有创作。但是大家讨论剧本，都是客观冷静甚至挑剔地拿着精品和经典名著的标准来要求你，看着你的剧本难免浑身都是毛病。这个时候要冷静，要把你原来创作时的那种热劲冷下来，要硬着头皮听，仔细听。这时需要的是自审，冷静面对周围无情的挑剔和批评，找出因果关系，取其有益的成分，这样就能获得提高的动力。

二、深刻认识我们的时代

在戏剧界通常的语境中，“现实题材的现代戏”可以说是“主旋律戏剧”最重要、最核心的组成部分。这一直是我们戏剧创作的一个重点，也是一个难点。如何衡量现实题材戏剧的品位和成色？我列了三个观察的维度：思想亮点，人性深度，戏剧张力。

（一）思想亮点

作为体制内的编剧，我们都可能会面对创作主旋律戏的任务。这是个机遇，但同时也是一个挑战。机遇是什么？因为各地的领导都想抓主旋律题材，它会在资源上给你很多支持，这对于剧团和编剧都是很渴求的条件。但是如果没有清醒的认识，主旋律创作也可能是个陷阱。为什么主旋律戏剧成功的不多？有一个重要原因，是受以往僵化模式的负面影响太深，有意无意间陷入了某种窠臼，写的人物高大全、概念化，不真实、不可信。这是我们许多主旋律戏的通病。

（二）诚恳地面对人性的真实

为什么我们很多主旋律戏剧中的英雄形象不受人认可？就是不真实、不可信、不可爱，这是最要命的问题。我们不能从人性的基点出发来感受人物、刻画人物，而是从一些政治正确的概念出发，英雄人物不说人话，开口就是脱离普通人性的激情和高调。为什么习近平总书记在文艺座谈会上特别讲到人物要“有筋骨，有温度”？“有温度”说的就是人性的温度，就是人性的真实，人物不能脱离普通人性的基点。所以，在英雄人物的塑造上，我提出一个特别需要注意的问题，就是要诚恳地面对人性的真实。具体说就是英雄人物的起点一定要低，要回归普通人性的起点。英雄都是从凡夫俗子的起点上在某种机缘、某种机遇中挺立起来的，一步步攀登上去的。面对命运困境的一次次选择，构成了他的戏剧行为，才最终形成了我们笔下具体人物的艺术形象。这就是我们戏剧艺术塑造人物形象的途径。

（三）诚恳地面对时代生活的真实

戏剧张力来自于主要人物的命运困境，这可以视为一个戏剧构思的诀窍。心灵的伟大随痛苦而增长，行动的伟大被困境所激发。施勒格尔说：“人性中的精神力量只有在困苦和斗争中才能充分证明自己的存在。”这个困境可能是外在的对立力量，也可能是感情上的、道德选择上的、心理上的困境。没有命运困境，就没有戏剧张力，就无法吸引人，也激发不出来人物内心的矛盾和挣扎，以及为走出困境的顽强意志和奋力一搏的戏剧动作。

（四）谈谈《焦裕禄》和《全家福》

关于《焦裕禄》：我没有想到，豫剧《焦裕禄》不但首演顺利过关，而且无论普通观众，还是戏剧界专家，反响都是那么强烈，后来竟然在第十一届中国艺术节上荣获文华大奖榜首。有评论家说：豫剧《焦裕禄》重新定义了共产党好干部的形象，重新定义了主旋律戏剧的品格，体现了戏剧文学对当代史一种应有的担当。我想，是焦裕禄身上亲民、爱民的炽热情怀和为了百姓敢于担当的优秀品格，尤其是其身上体现出来的几乎可以触摸的“人性温度”，对当今社会精神生态沙化的针砭和观照，契合、呼应了时代的需求和群众的强烈愿望。这些恰恰是当前我们某些干部身上最缺乏的东西。中宣部部长刘奇葆看过戏后对戏高度肯定，说：“这个戏就是教育领导干部的，要去中央党校演，到各地演，让领导干部多看。”《焦裕禄》在外省巡演，经常是当地最高领导看后要求加演，希望让更多的党员干部看到这个戏。他们的心情就是教育党员干部，要像焦裕禄那样把老百姓当成自己的父母、亲人。如果老百姓都吃不上饭了，你的颜面何存？良心何在？我觉得这就是党心、民心，也是天道、人性、良心。

关于《全家福》：总结《全家福》的创作心得，我觉得也要归结于两点：诚恳地面对时代生活的复杂与真实，诚恳地面对人性的复杂与真实。在创作观念上要突破习以为常的窠臼，才能把司空见惯的题材写出新意、创出新境。

作为一个剧作者，既要是一个有思想有见识的“智者”，又要是一个具有悲悯情怀的“仁者”。你的思想认识，你的人道情怀，还有更重要的，你对生活的真诚，你对生活和艺术的独立思考与发现，这是一部剧作能否成功、能否出新、能否突破的关键。越是任务戏，越需要你的独立思考与发现，这样才可能在创作中不迷失方向，坚守艺术的维度，超越“任务”之上，实现艺术上的突破和攀登，搞出吸引人、感动人、启迪人的好戏来。希望不久的未来，能在舞台上看到你们精彩的力作！

文字整理：邹德旺、仁婷婷、侯建江

校对：李代鹏

戏曲创作规律之戏曲创作思考

颜全毅

一、结构第一

戏曲曲词虽然作为戏曲编剧的一大门面，但是真正考验一个戏曲编剧高明与否，主要看重的是剧作结构。剧作结构要重点把握“两难设置与全剧结构”和主人公的“中心行动线”。

（一）两难设置与全剧结构

农耕文明时代的戏曲演出都充满了自由而缓慢的特色，然而进入现代社会，快节奏的生活呼唤富有张力的戏剧。随着观演关系的变化，今天的戏曲演出多控制在 2 个小时左右，5—6 场为宜，剧本以 1.2 万—1.3 万字为佳，太长则会让表演空间有所丧失。通常我们在剧目第 1 场交代背景，第 3—4 场设置情节高潮（小高潮），第 5—6 场设置情感高潮。一个戏精彩与否看戏剧高潮的设置，高潮靠两难情境来支撑。两难情境为戏曲的抒情提供空间，主人公身处两难的漩涡之中也能更好地促成情感爆发，从而打动观众。值得注意的是两难情境必须发生在第一主角身上。

（二）中心行动线

戏曲剧本要求中心行动线清晰，动机明确，不枝不蔓。戏曲中的意外、巧合、惊喜都与中心行动线有关，否则就不能形成闭环结构。戏曲最核心的特色是“一人一事”，仅仅围绕一个人的动机来展开，这个就是中心行动线。在他实现他动机过程中，有前进的正作用力，有阻止他的反作用力。

《四郎探母》动机明确，杨四郎听闻老母来到了附近的宋营之中，他离开了母亲十五载想去见见母亲。铁镜公主送他金钺箭，于是他去探营，结果被两个国舅给碰见，这是反作用力，但国舅又放了他，又出现正作用力。在宋营之中，母亲和原配夫人拉着他，他能否及时的交回令箭，又变成一个阻力，就在这个拉扯之中戏剧完成了它的基本结构。

中心行动线需紧紧围绕“3W”原则，即：who（围绕主角写戏）、why（写清人物动机）、how（如何制造悬念并解决问题）。

二、选题与切入

编剧在结构能力之外，能从有限的选题中寻找恰当的切入点也非常重要。戏无奇不传，一个好的作品拥有完整的起承转合，有矛盾、冲突、悬念，故事让人想象，有兴味，有隽永的回味，极富戏剧张力。

戏曲作为闭环艺术，开放式的人物群像不适合戏曲表现，在有限的时空里，场上人物尽量集中，尽量减少过场人物和一次性人物，每一个人物最好都能反复出现在戏里，有始有终，做到少而有用，用到极致。

编剧需要明确区分“事”与“戏”的区别。很多故事非常感人，但它构不成戏，比如我们常见的英雄、劳模的故事，他们虽然在工作岗位上长久坚守，但缺乏戏曲无奇不传的特点，构不成戏剧性。另一种走向内心的戏，它不追求外部的矛盾，不追求激烈的冲突，表达人物内心深刻、复杂的情感波澜，这是一招险棋。因为人物故事持续时间久，缺乏“一人一事”的起承转合，容易写成人物生平事迹的浏览。这样的戏可能因为别致而成功，也可能因戏散而引起争议。

三、人物塑造思考

很多戏成功不成功，还要看人物塑造成不成功、有没有给人留下深刻的印象。过去对传统戏曲扁平化人物塑造引发了很多讨论，但时过境迁，戏曲塑造人物的单纯化也蕴含了相当的合理性。作为一门抒情艺术，复杂的事件简单化更便于抒情化地表达。

当然，今天的戏创作也需要有所变化，主要有三点追求：一，新，认识角度新，表现方法新。二，奇，塑造手段奇，表现方法奇。三，深，价值判断独特，呈现方式深刻。

四、戏曲本质的认识和运用

作为编剧一定要深刻认识到戏曲的舞台本质和它的美学特色。戏曲一定要戏曲化，现代的舞台大变化，影视手法深入人心，各种技术手段的介入使得很多戏曲越来越不像戏曲。

编剧在创作之时，对“上下场问题”“表演空间的拓展和深化”以及“程式的发展”要了然于胸。戏曲宜动不宜静，虽然技术手段可以解决一些问题，但编剧要有舞台感，要想办法为表演铺设空间，重视传统戏曲中的排场设置，为程式表演留有余地。戏曲擅长抒情，不擅长讲理和议论，尽量避免出现一些“开会戏”，思想性的表达要与戏曲表演美学结合在一起。

戏曲讲究悲喜交错，讲究冷热调剂，讲究节奏感与趣味性。红花需绿叶衬托，编剧要多看丑角戏，多学习配角的写作方法。要注意场上节奏的变化，室内与室外、动与静、人物多与少、色彩浓与淡，等等。戏曲有自己的排场和套路，要善用唱念安排，结合多种手段把戏放到擅长关目中去推动情节的发展变化。写戏贵在能放能收。放，要淋漓尽致，委曲尽情。收，是一种智慧，让人隽永而回味无穷。

五、尾声

价值观的取向也值得注意，不能忤逆时代发展的主流形态，不能再去宣扬一些陈腐落后的东西，需提防“思想性”下的新式的说教和概念化。

编剧是一个煎熬的过程也是一个成长的过程，坚持什么、放弃什么，都让人纠结。总之，坚持戏曲的本性，学会一些编剧的基本技巧，才能让未来充满希冀。

文字整理：刘才华、周密
校对：陈云升、李碧萱

戏曲创作之散谈

李　莉

题目既然是散谈，我们就不妨随意谈、随兴聊吧。

近些年来，由于党和政府给力，传统文化被高度重视，也使得戏曲呈现出一派欣欣向荣的景象。不过，业内众所周知的现象是：戏曲院团创作剧目很多，优秀作品不多；凑热闹的戏很多，可传承的精品不多；演出场次很多，经济效益不多。原因比较复杂，其中最重要的一环是缺少优秀剧本。比较完整的表述应该是：缺少能写优秀剧本的优秀编剧。于是，全国各地纷纷举办编剧培训班，应该说也取得了不俗的成绩。那么，通过短期集训能否培养出优秀编剧？若以我个人看来，一棵树扎根在哪片土地中，需经历怎样的风霜雨雪，才能够长成有用之才？那只有倚仗它自己的生命力，培训只是浇浇水、修修枝而已。真正的优秀编剧之路，在经过必要的培训后，还是要靠自己的赤诚热爱并付诸艰辛努力才可能有所收获。我们试着来分析一下：

一、编剧基础

创作的技巧技法、相关的史学、哲学、古典文学、心理学、社会学、法学等等，都可以通过学习培训得到提高。对于编剧来讲，如果不多看一些社会学、心理学、法学、文学作品，单靠编剧技巧是写不出好作品来的，编剧一定要有比较广泛的知识面才行。

二、创作实践

一个编剧如果仅仅只有理论基础知识，没有创作实践，几无可能获得真正的突破和提高。这靠编剧的自我努力是远远不够的，还需要有人赏识并提供实践平台。在目前的现实境况下，机会难得，埋怨也无用，唯有自己加倍努力。

三、生活阅历

这对于编剧来说非常重要。阅历的积累，可来自于个人经历、社会观察、生活体验等。同样一件事，在寻常人眼中和在编剧眼中，感悟应该是不一样的，这需要综合学养的培植与积淀，也是学校或者老师无法教会你的。

我们看上述三条中，只有一条可以通过培训获得，因此说，编剧的自我努力非常重要，所以无捷径可达。建议大家做到下面三点：

第一，勤于创作

一个好编剧，在自己的脑库中至少应该储备三个以上题材，并借此关注相关资料、关注周边生活、关注其他文艺类作品的不同呈现与探索。若有了克制不住的冲动，不管是否被采用，自己都要记录下来或写成故事大纲，空闲时想想，不断滚动补充，逐渐完善到位。

第二，勤于自学

一个好剧本，应该是广采博取、择题深入、加深领悟、厚积薄发的结果。

不管编剧自己有意识还是无意识，知识积淀与文化素养都会在你的作品中反映出来，所谓文如其人也。你的积淀与素养，在人物塑造、命运刻画、情感表达、世事开掘等的角度和定位中，将起着重要作用。如果编剧对这些问题不能有自己的独到见解，人云亦云，创作便会流于一般化而难以突破。

第三，勤于观摩

寻找一切机会观摩各种舞台演出，看影视录像也可以，网上能找到不少。你觉得特别棒或特别差的地方，都应该如实记录下来，想想如果自己来写，能否再行提升或再行弥补？如能有同道经常切磋交流最好。这是年轻编剧在目前少有实践平台的窘况下，开阔眼界和提高创作实力的最佳途径之一。

我们再来聊聊现代戏吧。

（一）关于现代戏之现代意义

所谓现代戏之现代意义其实是个伪命题。按说：既然是现代戏就该具有现代意义才名副其实，只是在我们的惯常概念中：仅指时间段的划分，也就是我们通常说的，进入现代以来的题材为现代戏，若是反映当今题材，也有直接称之为当代戏的。我所理解的现代戏之现代意义，准确地说，是指剧作中所含纳的现代文学意义。若要成为优秀编剧，除了应该具备戏剧理论、诗词功底、写作技巧以及对剧种特性的了解等基础知识以外，还必须扩展学识和积累对世界、对社会、对人生的独到认知与解读。如果我们仅凭着单纯的戏曲知识进行创作，很可能会落入因循的窠臼，更无法提升作品的现代艺术品位。

（二）关于现代戏创作之现象

当前，由于政府提倡并大力扶持现代戏创作，全国各剧种、各院团争相排演，非常热闹。就这次在上海举办的第十六届文华大奖的评选结果看，十部大奖作品全部属于现代戏范畴，其中优秀干部、先进人物的戏就占了七部。近年来，我们不难发现，同类题材的重复创作率很高，譬如红色革命题材、先进人物题材以及关于改革开放、精准扶贫和母亲等题材。好处很明显：不涉禁忌，容易把握，高频率地宣传英雄人物与先进事迹，使他们在民众心里深深扎根；但相对于我们这个泱泱大国十多亿人口的文化需求来说，却显得单薄了些。如果站在世界多元文化格局上来看，更大的问题是：我们的现当代戏，往往因为存在着讲述故事常态化、人物描述单一化、情感心理类同化、舞台呈现繁复化、主旨理念口号化等现象，既难感召吸纳我们的观众、更难融入当今的世界文化语境。英国导演柯文思曾说过一段话：中国的作品，很多故事都浮于表面。很多问题提得都不够有深度，都存在着某种程度的说教意味。这种东西很难打动人心。我们老是听到，中国建了多少基础设施，高速铁路里程世界第一。这很棒！很了不起，很有意义！但与高铁本身相比，开高铁的人更有意思。因为开高铁的司机，可能二十多年前还生活在华中的某个小村庄。如今因为教育、因为机会、因为技术革新，他获得了开着高铁，驰骋九州的机会。这才是讲故事的正确方式。我们不应囿于技术，而应该关注人性。如果你能讲好人物故事，你所传达的信息将影响深远，为更多人所接受。

我们不妨归纳下当今现代戏创作中的一些现象。

1. 趋同化：主要是在题材选择上，说要庆祝建国建党，便一窝蜂地写红色题材或改革题材；说要精准扶贫，短时间就能出一大批扶贫剧目。如某省出了 20 台扶贫戏，其内容大同小异；某省 18 台扶贫戏，《一个都不能少》的剧名就有好几个，于是只能协调摆平。如果从文艺工作者的责任来说，这是应该担当的，但艺术质量呢？假如在一大批类似的戏曲剧目中，缺少可以让观众由衷喜爱的戏，缺少可以被市场接纳的戏，久而久之，戏曲自身的造血循环功能就可能逐步消退衰亡。老话曾说：皮之不存毛将焉附，戏曲如果不兴，编剧的命运也可想而知。所以，从某种意义上来说，创作出优秀剧本，是编剧们的一种自我拯救。

2. 扁平化：近来看了不少戏，先进人物、革命英雄、哪怕是平凡好人，其形象性格、情感心理等都差不多，大多是忍辱负重、善良包容、英勇担当、不畏牺牲，偶尔有些许性格特征，但很快就被他的好所淹没。就舞台呈现和表演风格看，有进步有发展；就开掘深度和文化意义看，基本还停留在五六十年代的格局。

3. 相似化：不少现当代戏，切入角度，开掘深度、人物性格的独特性等，皆乏善可陈。在戏中，优秀干部们最能感动人之点，常常是不顾家庭、不顾身体、不顾生活，清廉到几乎不食人间烟火。借此造成家人的不理解而引发矛盾冲突，从而激发夫妻情、父女情、父子情的交流而使矛盾化解了。其实，清廉正直、敢于为大众利益牺牲自我的好干部现实中不是没有，关键是如何切入，怎样开掘，才能接通并得到现实生活中普通人的普遍认同与共鸣。换句话说，只有将生活中具有独特性的个例，开掘出它的普遍意义，才能形成艺术感染力。接通人心并不意味着俯就人心，而是要在平凡中汲取提升，在提升中凸显感动、在感动中生发感召。好人也罢，英雄也罢，人们最想关注也最想了解的是：他们能够成为好人、成为英雄的心理轨迹与情感过程。写人，是艺术创作的永恒规律。

（三）关于指令性任务之化解

近些年来，不管是青年编剧还是著名编剧，都遇到了“指令性创作任务”这样一道难题。如果拒绝，就可能失去创作的实践平台；如果接纳，往往又因为没有创作冲动、创作感悟、创作兴趣而文笔凝滞，无法进入到最佳写作状态。这也是难出好剧本的原因之一。但我们都很清楚，戏曲是一门综合艺术，仅靠编剧是无法完成一部戏的创排与演出的。因此，只能知难而上了。

近几年我创作（包括带教学生的作品）上演了10部大戏，还有6部大戏准备投排。在这16部戏中，8部是历史剧及古代戏，8部是现代戏。现代戏中，2部是指令性创作，6部是非指令性创作。这里说的指令性是指一定要写这个题材，非指令性是指限定范围，比如写一个红色题材，至于写什么你自己去选。

两部指令性作品：京剧《党的女儿》是2017年10部精品工程奖剧目之一；苏剧《国鼎魂》获这届中国艺术节文华大奖。其他已演出的剧目也多多少少获得了一些省市级奖项。这至少说明：指令性任务并不是写不出好剧本的绝对理由。关键是，我们对所接手的作品是否有不一样的认知度？不一样的开掘面？不一样的前瞻性？试举例：

京剧《浴火黎明》，在同类选材中转换视角……（略）

上党梆子《连翘花开》从拒绝接受到主动创作……（略）

从以上例子看，我们大致可以归纳出一些规律：

1. 当你接到指令性任务或曰“命题作文”时，一是不要马上答应接手，二是不要立即拒绝接受。虽然“命题作文”的主题常常是命题方先行框定好的，但既然要做编剧，就必须学会融合化解，把命题方的主题和自己的追求契合起来。具体点说：A. 命题方的主题，一般都比较空洞，貌似宏大但不会深入，他不会比你编剧考虑得更深刻，因为他不用去写，他只会说我要追求什么，我想体现什么；B. 我个人认为，这时候的主题并不重要，重要的是以什么样的故事和角度去演绎去开掘。假如主题是意，那么故事就是思，只要思高、思妙、思深刻，主题便会随之意高、意妙、意深刻；C. 如果你接到的命题作文，主题指定非常明确，你必须向着那个方向努力的话，那就千万不要直奔主题，直奔主题肯定失败。以曲折的故事、动人的情感、鲜活的人物去丰富主题，演绎主题，由别人品出的主题才是真正的主题。

2. 当你接受“命题作文”后，一要看、二要想、三要下。所谓看，是指除了看相关资料外，还必须寻找同类型的作品看，能找到多少看多少。只有这样，你才能了解目前这类题材的优劣以及最高水平线在哪里，并且可以避免情节设置的重复与落套；所谓想，就是调动你自己的所有积累和阅历，设身处地的去想象、去体验剧中人物的情感与心理；所谓下，就是下生活，当你看过想过以后，就可以减少下生活的盲目性。

3. 当你实在不能拒绝别人的盛情与信任时，那就认认真真地去体悟、去求索；当你面对潮头无法特立独行，那就做个弄潮儿，溅起几朵别致的浪花也是好的。

（四）关于剧本架构之浅谈

我们再来讨论下剧本的“故事结构”问题。曾接触过不少青年编剧，他们常常会觉得“编织剧本故事”是创作的第一道难题。确实，故事是剧本的“骨架”，有了骨架血肉才有依附，才能“长成”一个完整漂亮的人。如果这副骨架缺胳膊少腿，就会形成我们通常说的剧本“硬伤”。其实，每个编剧都有自己的独到结构法，以下所谈只是个人的创作体会，仅供参考。

1. 散点聚焦型：京剧《浴火黎明》，通过群像描述，聚焦于重点人物的塑

造……（略）

2. 事件推进型：上党梆子《太行娘亲》，通过环环相扣的事件架构，以紧凑的矛盾冲突，推进人物的变化与发展……（略）

3. 命运勾连型：苏剧《国鼎魂》，通过块状情节穿插，迅速交代过渡，腾跳有序地勾连起情感与心理的深入刻画，展示跨年代人物的命运过程……（略）

（五）关于剧本大纲

在写剧本之前，要不要先写剧本大纲？编剧们的认知和选择都是不一样的。我个人认为：在写剧本之前一定要写故事大纲。只要大纲成了，剧本也就成功了一半。就我自己来说，写大纲与写剧本的时间基本上是对半开的。在写大纲的过程中，你是当事人，可以与你的人物一起走上舞台，纠结矛盾，体验情感。你又是旁观者，可以跳出来审看，看故事顺不顺？结构行不行？人物活不活？主旨是否清晰准确？矛盾冲突是否合情合理？当你一旦投入剧本写作，最好不要再跳进跳出，以免造成剧本气场的不顺畅。当然，以我的写作经验，完成后的剧本与大纲完全一致的很少，甚至无法写出完整的大纲。比如当年写《成败萧何》，最后一场就写了一句话：两个男人终于在历史的某个高点处相会了，然后就是一段省略号。上京的院长们说："李莉你很坏，你是怕别人偷你的构思，所以最后一场不写出来。"我跟他们解释说：我实在想不出来，这两个男人在这个点上碰到后，他们会说些什么？他们的情感与心理究竟在哪个维度上？我必须顺着人物写下去以后才会知道。然后我就写，一直写到最后这场戏。《成败萧何》前后改了十数稿，就最后这场戏改得最少，韩信的唱段更是一字未改。有时候非常奇特，因为你想象不出你笔下的人物，在最终结局的时刻，到底怎样才是准确的。但随着情节之推进、矛盾之交汇、情感之变化、性格之使然，便可水到渠成、瓜熟蒂落。所以说，大纲一定要写，那是大方向大目标，但不要让大纲束缚了自己，因为方向目标既定，一定会有多种途径可以到达。

由于时间关系，今天讲得很匆忙。最后说几句结语我们共勉吧：

作为戏曲编剧，一要勇敢"守旧"，二要大胆"创新"。守旧是谓守民族文化中的真善美，守本体艺术特有的风格特色，守传统表演程式中的独到技艺。创新是谓艺术理念的创新，人物塑造的创新，舞台呈现的创新（包括二度创作）。

文字整理：张慕瑶

校对：陈云升、李代鹏

剧本品格浅谈

韩　枫

品格，指的是质量和风格。就剧本谈“品格”，指的是我们在剧本创作中，如何掌控和提升质量和风格。

一、作品品格的迷失，源于眼界的迷失

近些年来，编剧的努力没有得到相应的回报，还收获了不少困惑与苦恼，出现了编剧的危机，“量”与“质”不成正比。外部的因素可能我们无力改变，但自身的原因不能不去正视。

（一）消极的思维定势——制约艺术想像力

思维定势也称“惯性思维”。惯性思维不好不坏。说它好，它能帮助我们利用已经掌握的方法解决问题；说它不好，它可能成为束缚创造性的枷锁。

而我们的工作偏偏叫“创作”，创作是对任何题材的全新的阐释，重复和模仿不属于创作。每一次创作，都是做编剧的一次全新的人生体验。创作方

法，只是每一位编剧理当具备的最基本的资格，至于剧本写成什么样子，还得依靠“创造力”这个内功并且正确地起作用才行。

作者的想像力被囚禁，原因是——

1. 传统继承得浅薄，创作捉襟见肘

没有传统就没有现代，继承传统是必须的，我们有限的经验，不可能超越戏剧前辈已经总结出来的规律和技能。遗憾的是有某些编剧，看了一两本剧作法的书，以为什么都懂了，其实懂得似是而非。很多自以为已经洞晓的规律，一辈子都未必真正领悟。如“戏剧冲突”重要，那么我让剧本里的人物吵架、打架就是戏剧冲突吗？又如“典型环境中的典型人物”，但很难描绘出来的环境和人物，并不具备典型意义，而是类型化的。再如戏曲是“无奇不传”的，可是有人编出的故事平淡无奇，人物命运也是常态化的，观众连看戏都没有兴趣。

以我创作的现代戏《山东汉子》为例：这部戏有真人原型，故事很单薄，舞台呈现有困难。这是只有两个人的戏，一个离不开三轮车，另一个无腿不能走路，戏怎么演？还有，这个戏主要事件是送人，怎么送？报纸写文章容易，舞台表演可就难了。幸好我还算熟悉舞台，琢磨了不到十分钟我就决定了：解放两人的手脚，三轮车虚实结合，让车夫老孟和无腿女田云，完全自由行动。这个束缚表演的问题从脑子里一解决，下面的问题就非常好办。在这个物欲横流的世界里，老孟送人的行动是现实中的很多人无法理解的，我要联系这个现实。于是很快在电脑上敲出了开场的几句伴唱：“这故事很冷，雪寒风刻薄；这故事很热，能把血燃着。这故事很近，就在咱山东。这故事很远，千里路坎坷。天地小，人心阔，你说这是为什么？”我把一个十分单薄的题材写成了，这得益于自己当过演员、干过乐队，还曾经做过导演，比较熟悉舞台与传统程式，总之得益于继承传统。

消极的思维定势，导致想像力贫乏的另一个原因（与前一个有相承关系）是——

2. 眼界狭窄，闭门造车

眼界决定视野，视野决定成就。做编剧是需要眼界的，眼界高低与追求的目标高低成正比。对我们编剧来说，没有多余的知识，生活的、艺术的，掌握得越多越好。我们写戏，塑造人物要千人千面；要写官怎么当、民怎么做；要多看书多学习多观察人；要多观摩优秀剧目；要多写；要对一切新事物不排斥，等等。

（二）急功近利——欲速则不达

当前戏曲界有些浮躁，编剧界也有些浮躁，主要表现是“急功近利”，这种情绪是成功的敌人。

“一炮走红”者很侥幸，但轮不上这种侥幸者更多，于是有人就着急了，就寻找捷径，跟风赶时髦，克隆与模仿获奖作品的题材，很快就会出现一大批类似的作品。但创作者应该具备对生活的真知灼见，应该有与众不同的新见解、新角度、新手段、新发现作支撑才行。

再具体些说，“急功近利”在剧本创作中，有两个不好的呈现。

1. 贪大求重，迎合热门

有些作者选题材，认为题材重大，价值必高，获奖也势在必行，但不顾戏曲的自身规律，闭门造车。

2. 作品缺乏戏剧特征

任何东西，违背规律是要受到惩罚的。对于编剧来说，所受到的惩罚就是作品主题直白浅薄，故事雷同无味，观赏性很差，艺术性谈不上。

艺术的对象是人，艺术的目的还是人。以人的自身为目的，通过独特的审美发现，向观众传递真善美的信息，这是编剧的最高使命。

那么，一些应时性的题材要不要写呢？当然要写。但是不管什么题材摆在眼前，不可忘记，遵循戏剧规律来写，起码尽可能地遵循。以我创作的茂腔现代戏《失却的银婚》为例，写法不是一般的线性结构，将直叙、倒叙、插叙交叉着写；回避口号，仅以事实说话，让观众自己领悟；写法上，我专注于写人，专注于写情感，专注于写浓郁的乡土风情，在蕴含廉政主旨的前提下，尽力不在艺术上失分，所以戏就比较好看。

第三个原因——

（三）底蕴不足——风格难以铸就

风格是艺术家的个性特征，对编剧来说，由剧本来体现。有的人风格很鲜明很独特。有的人连成熟都达不到，就形不成风格。

我们做编剧的，生活经历、艺术素养、审美倾向各有不同，所以每个人要对自己的发展途径与目标有个清醒的认识，明确自己的优势与劣势，扬长避短，逐步树立自己的创作风格。

编剧的本钱，是具备厚实的文化底蕴、熟练掌握创作方法、有一般人不具备的眼界和洞察力，这样才能证明我们是有学识和精神修养的，这个证明就是优秀的剧本。

我们唯一的使命，是把每个人对人生的独特感悟和发现，用戏曲的形式奉献给观众，让看戏的人和我们一起分享，再一起寻觅生活中的美好。我们还有一个重大的职责：给观众奉送一些好玩儿的情趣、快乐的感受，帮助他们片刻消除生活中的疲惫。

为了完成这个使命，我们必须真诚，感动不了自己的作品，感动不了观众。

文化底蕴的深浅、对戏曲创作规律掌握的深浅，决定了剧本品格的高低。

立意：视角要新、开掘要深、戏核要好。（戏核：它是剧情发展中的矛盾核心、关键所在，没有它，不可能出现高潮。它支撑着一部戏剧作品最重要的情节，没有它，就构不成一出戏。比如《窦娥冤》：感天动地下雪；《红灯记》：密电码的藏与搜。）

剧情：故事要奇、冲突要真、细节要妙、人物要活、对手要强、变化要快、情趣要足。

结构：入戏要快、编排要巧、脉络要清、场景要当、道具要精、转变要顺、高潮要高、结尾要绝。

语言：唱念皆美，富于音乐性。安排的地方要适当。尽量动作化、性格化、形象化统一的语句。还要通俗化，不管作品风格雅或俗，都要让观众能听懂。

塑造人物：个性独特，语言独特、行动独特，主要人物具有典型化的意义切忌类型化。

编剧是一项创造艺术人物的工作，人有多复杂，我们的工作就有多复杂。

所以积淀文化和生活底蕴，是我们的基本功。今天的很多编剧，起点比前辈们高多了，既幸运又有明显的缺憾，受苦太少，磨难太轻，很多只能在苦难中才能激发出来的人生感悟，仅凭聪明和想像是不行的，深刻不了、真实不了。作家从来不是从大学门里培养出来的，曹雪芹、关汉卿就没上过大学。剧本只有多写多练才可能写好，只有在实践中，才能磨练出经验和智慧，“天道酬勤，思者常新”。

二、文如其人——编剧自身的品格决定剧本的品格

编剧是要有艺术底线的，不媚名、不媚上。好的意见、能理解的意见，必须听。怀疑的，不管面对的是谁，要淡定，要保持心中艺术的底线。

（一）创作规律必须坚守，没有例外

现在排演新创剧目，给编剧圈定了一个很奇特的创作模式：创作之先题材已经选定，立意基本敲定。我们编剧怎么完成这个“命题作文”呢？

我想提及早已经被否定的“主题先行”这个词汇。

所谓“主题先行”，即根据某种需要，先设定好主题，然后再编故事展示该主题，因而违背了创作必须以“人”为中心的创作规律。

其实我们开始构思剧本，主题立意与人物、故事、结构、语言等方面，它们之间的关系是无法割裂开的。实践证明，这种创作前的考虑，其实是创作过程中最正常不过的状态，并且随着剧情渐渐清晰，人物逐步完整，我们的思考也会越来越清醒，对作品立意的感知也会越来越敏锐。所以，我们不要机械地看待这个问题。

戏曲表演是“有声即歌、无动不舞”。有声即歌：演员只要出声音，不管是唱词还是念白，都是具有旋律的、具有诗性韵致的。无动不舞：是说演员在舞台上任何一个“动作”，全部带有程式化的美感，举手投足、一颦一笑全是这样。因此，我们编剧必须按照戏曲的表演形态写剧本，我们写下的一切文字都是为表演服务，要顺从它，不能制约它。

先说场次设计：“动静结合。”什么意思？前一场人少、冷清，下一场人

要多些，热闹一些；前一场剧情的气氛很冷，下一场想办法温暖一些。有人规定这样做吗？没有。但是戏曲要赋予观众美感，戏曲的美感从起伏跌宕中而来。

再说人物设计。要尽量设置为有利于营造戏剧矛盾的人物关系。试想：我们写一个女人和很多人外出旅游，假如这位女人，一踏进旅游队伍，就发现了以前抛弃自己的恋人，或者仇人，这种人物关系本身就有戏。还有，设计人物注意把生旦净末丑各种行当设置全了，行当全戏会比较好看，各种行当的唱腔音色是不同的，唱出来也好听。

再说剧情设计：要尽量编撰一个出奇不意的故事主线。像古装戏《花木兰》《窦娥冤》，未婚女孩子男扮女装替父充军，而且屡建功勋，退伍之后，贺元帅要给她说媒招亲。这是多么有意思的故事啊！窦娥无端丧命，竟然感天动地，六月降雪，这是多么令人意外和震撼的情节呀！

怎么编戏才能达到这种效果呢？我们要动用一下“求异思维”。

“求异思维”与刚才讲到的“思维定势”是对立的。求异，是戏曲创作中最具有鲜明个性的精神劳动。求异排斥雷同，它突破常规思维的束缚，让思维沿着不同的方向、朝着不同的角度扩散。

在第十届中国艺术节上，我创作的《古城女人》《圣水河的月亮》，双双获得文华编剧奖，可能就得益于思维的求异。

先说《古城女人》：剧中一号人物，跟共产党员没有关系，而是一个不属于贫苦阶层的富宅里的女主人，还是店铺账房的情妇。我编这出戏，用了这么个方法：让不属于这件事的人做这件事。照正常思维，这种遭遇，应该发生在像江姐这样的女共产党员身上，可是我让这么一个女人做了。

再说说《圣水河的月亮》：这个戏最大的争议，就是指责我把“小三”写得非常可爱，把负情的忠义写成了富而无骄眷顾乡亲、看不出哪儿坏的男人。但我想真实地反映这种在现实社会中存在的社会问题，然后让观众去反思、去寻找答案。

再以《春秋商圣》为例。根据定陶当地领导的意图，想让我写范蠡经商诚信和“三掷千金”，但我想主要写他的经商之智，非同小可的大智慧，诚信经商都有但不是主线。所以观众看了觉得很新鲜，没见过这样做生意的，能够承认范蠡不愧为财神爷，其智慧既了不得又在情理之中。

（二）剧本创作首屈一指的任务是塑造人

身为编剧，我们应该明白自己最重要的职责：贴着人写戏。把人物塑造好，是戏曲剧本创作首屈一指的任务。其他一切编剧方法和技巧，统统是为写好人服务，绝不可以主次颠倒。

我们接受一个题材，开始搞构思，于是有人先编故事，有人先确定主题。或许他们认为，没有理念怎么组织故事？没有故事哪来的人？错！没有人哪来的故事？没有人表现出来的故事，理念依附于何处？

我写戏有个习惯：写任何戏，在有了一个朦朦胧胧的轮廓以后，就要边构思边为人物作“小传”。从一号主角开始琢磨，琢磨他的同时，与其有关联的其他角色，一般就能自然地连带出来。然后再对其他人物，一个接一个地想。从主角到配角，逐一思索他的身世、阅历、文化水准、脾气、说话方式、行为动作、与其他剧中人的个性区别？他可能做出什么事情？他会怎样与其他人相处并产生冲突？他的喜怒哀乐是什么样子？他可能有哪些可展现个性的语言……于是越想越多，想这个牵涉那个，所有人物分析完，人物之间的行动、性格、情节、细节、语言方式等内容，会自然地组成一个链条，情节会由模糊到清晰，立意也随之由初始的或先入为主的模式提炼、升华为较准确的状态。

这是我的方法，想给大家一个启发：写剧本所利用的一切手段，统统是由剧中人物决定的。不要试图先把故事编圆满，然后才想到怎样丰满人物。那样做，会不自觉地用故事淹没人物。先琢磨人物还有个好处，经常会有灵感出现，甚至是很精彩的情节、细节、场面或者某几句富有个性的语言。提前编故事，类似的灵感也会有，但远远不及先设计人物。所以我要说——人物塑造的成败决定作品的品格高低，没有例外。

戏曲艺术，其本质是塑造人物形象的一门艺术。戏曲编剧，就是塑造舞台人物形象的一项工作。

前两年，山东汶上约我写戏，说是一部“农村戏”，回到家一看资料，“土地托管”！政策非常好，解决了农民的难题。可是戏怎么写呀？我思考了好半天，在电脑上先打出这么几个字“避开托管写托管”。风格也定了，这种戏稍不慎就没法看，照喜剧写。剧名得跟土地有点关系，叫《黄土黄》。然后设计人物，剧团最好的演员是女的，设计空巢村里有一个当妇女主任的留守女人，然后引出来与她有瓜葛的几个人，淘气的女儿、寡妇好姐妹、老人、孩子，等等。这整出戏，我就写了两对男女啼笑皆非的爱情故事。土地托管的事怎么办呢？背景处理，让爱情在实施托管的过程中进行，爱情圆满时，那个事也圆满了。结果很意外，省里的专家对我这种写法评价好极了。最可爱的，当地领导在场，表示完全尊重专家们的意见。不久戏上演了，观众看得特别开心。其实命题作文也是可以做好的，起码也能够做得好看一些，只要你心里想的是人物。

“人”，在戏中是第一位重要的，我们的一切编剧手段，都是为塑造人物服务的。我们写作的对象是人，写作的目的还是人。只有写好了人物，才会获得审美的社会功效，这是戏曲编剧的最高使命。

（三）回归与革新中的剧本创作

近几年，戏曲界有个很时髦的词汇：“回归”，有人说：“当前的潮流是回归。”还由此产生了一些争论。执着的回归论者，甚至想把戏曲拉回到原汁原味的一桌两椅状态。勇于前行的革新者呢，则坚持戏曲应与时俱进的主张。有争论是很好的事情，但也容易把我们的心思喊乱。

我认为：“回归”与“革新”不是对立的关系，不宜极端化仅强调各自一方之重。

戏曲回归本体，其正确性毋庸置疑。

革新的正确性也毋庸置疑。否则，戏曲将没有未来。

对于编剧来说，我们需要回归什么呢？在本质上，要回到剧本的本体“人”上面来。形式上，不能写成话剧加唱，要灵动，要诗化，要能够很好地为演员的表演服务。一句话，按照戏曲规律创作，不要另搞一套。不另搞一套，并非墨守成规，绝不能排斥革新，而且要永不停顿地革新。戏曲回归“本体”，与改革、创新没有矛盾，也不应该有矛盾。

戏曲欲生存和发展，依赖于其审美主体，这个审美主体就是观众。观众的欣赏口味有变化，戏曲就必须适应该变化。不管你情愿不情愿，被迫着也得适应。

但是，革新和创新不是胡来，不是让已经被证明是错误的探索，再卷土重来。梅兰芳先生说戏曲改革应是“移步不换形”，我觉得永远不过时。以具像替代戏曲的虚拟表演，路子不可取，不值得提倡。但是，新手段运用得当，换场灵活，缩短了叙事过程，增加了信息量，有什么不好呢？对编剧来说，新的舞台科技手段，也为我们提供了新创作方式的可能。

所以我认为：谈革新和创新，古老戏曲的精髓不能丢，丢了就不是戏了。它的空灵感和诗化的意韵不能丢，我们提供给演员的文字，一定要做到“有声即歌”，有利于演员“无动不舞”。

祝福各位同行朋友，既做编剧，享受编剧，为感恩观众多出佳作。

文字整理：马丽丽、孟璇

校对：郭泽莹

第三部分

剧作家的素养、修炼和担当

周传家

一、剧作家人才难得

古往今来，戏剧艺术曾吸引无数人为之痴迷、为之奋斗，贡献出青春，奉献出毕生才华和智慧。真正的戏剧艺术是彻底为人生的艺术，即便是为艺术而艺术，也一定要有浓厚的兴趣，一定要成“癖”，特别是对于戏剧、戏曲这样高度综合的艺术来说更是如此。

我从年轻时起就有过作家梦，也曾经尝试着写过剧本。但是由于种种原因，没当成剧作家，一度感到非常失望和遗憾。我深深地体会到做剧作家谈何容易？！剧作家需要多种综合素养，方方面面的知识，要像小说家那样具有开阔的视野，善于编写故事、设置冲突、制造悬念、刻画人物，描摹时代的风云；要懂得格律，会写唱词，唱词不仅要有动作性，还要有个性，有趣味，适合舞台表现，易听易懂；要懂得音乐，知道唱腔怎么安排？还要懂得舞美，擅长和导演做朋友……

二、戏剧与人

戏剧是人类最古老的艺术之一，她伴随人类的出现而产生，伴随社会不断的进步和时代日新月异的发展而从简单到复杂，由粗糙到精致。“戏剧是人生的投影”，与人生关系密切。有戏就有人，有人才有戏，戏和人不可分割。如果说诗歌重在个人咏叹，小说可以个人阅读；那么，戏剧必须要有足够的观众当场积极地参与、反馈才能充分体现其价值。戏剧可以看，可以听，可以沉思，可以共鸣，可以陶醉，满足受众的各方面欲求，反映出人类的模仿要求、游戏精神，是人类本质力量对象化的生动体现。

戏剧发展的趋向是日益满足人类多层次需求的全面满足，恐怕只有戏剧艺术才能达到这么全面，所以戏剧是非常高级的艺术，非常难的艺术，绝对不是不管是谁、随随便便地都能成为戏剧家的。

三、剧作家的修炼、使命和担当

长期以来，我们的戏剧艺术缺乏经典性作品。做文学艺术的，如果太舒服太轻佻太容易，只能是自己糊弄自己、自己欺骗自己、自己陶醉自己。文艺作品不是码字，只求能够发表；艺术是激情的燃烧，灵魂的自救，思想的升华。要做个好的文学家、戏剧家，必须要有思想，能够震撼人心、指点迷津，张扬放之四海而皆准的真理，振奋民族精神，实现中华民族复兴梦。

大家既然选定了戏剧作家这个职业，又赶上历史上最好的时候，政府这么重视，每年花几百个亿扶持戏剧创作。大家能够百里挑一来参加这个研修班，一定要努把劲，通过这个班发现汇聚人才，激发创作热潮，不辜负大好时光，不辜负这个时代。

艺术的共同规律，就是马克思著作中所说的：人将通过宗教、实践、科学、哲学、艺术去把握世界，去认识世界，去改造世界。马克思认为人类社会分为五个层次，文学艺术是第五个层次，文学艺术是上层建筑，浮在经济基础之上。马克思关于经济基础和上层建筑的关系理论，使我们的艺术呈现出很强烈的时代感、地域感和民族性，艺术是人类认识、把握、改造这个世界的一种有力的工具。

我们搞创作的人要学点理论。首先是马克思理论。中国历代的文论从诸子百家一直到汉魏六朝唐宋元明清，有很多的古代文学理论，传统文论对我们都是有帮助的。同时也不排斥西方的理论，包括戏剧理论、表演理论、传播理论。

戏剧人要了解更多的人，不光是戏剧圈子的人，包括圈子外的，方方面面的人都要接触，这样才能理解更多的人，才能有更多的渠道、手段和语汇，这个也很重要。

我们必须抓住戏曲的根，有了根就有了特色，有了特色才有存在价值，有了质量才有生命力，所以特色和质量是根本。有特色还有质量，像老字号一样，出的东西就是不一样，就是让人信得过，绝对没有苏丹红、三鹿奶粉，所以这个很重要。

目前，莎士比亚已经世界化，他的剧作不仅活跃在舞台，而且搬上银幕、荧屏、网络、动漫，据说已有 600 多部影视，300 多部歌剧，光《哈姆雷特》就有近 30 种版本。

去年世界范围内庆祝莎士比亚、汤显祖、塞万提斯三大文豪诞辰 400 周年，汤显祖的纪念规模、广度和深度都不够理想。我们不能浮夸、夜郎自大，但也不必妄自菲薄，要有文化自信，我们要有志气做当代的汤显祖。因为中华文化的沃土非常丰厚，大的传统有博大精深的经史子集、主流文化；还有浩如烟海的小传统，包括民间的，非物质口头文化遗产，可以说取之不尽用之不竭。这当中也掺杂有一些杂质，甚至毒素，应该抱着一种实事求是的态度去接纳、梳理和扬弃。同时以宽阔的胸怀去拥抱世界，把东西方文化的精华结合起来，让人类变得更可爱，物质产品越来越丰富，精神产品越来越有营养，使人类迈向更加理性的未来……

四、五剧点评

（一）《白壁关》

尉迟恭是历史著名人物。此剧着重写他从刘（武周）归唐的过程，这个人物最光彩、最有力的“御果园救驾”和“玄武门之变”没写，可能有避重逐轻的考量。

现在再写这个故事有重温英雄梦的味道，因为前几年我们民族英雄情结已经淡薄，没有英雄的民族就没有希望。崇尚英雄，传播正能量，主题立意好。叙事明白，交代清楚，行文规范。母子情比较生动，人物、情节比传统剧目细致了，人物性格复杂了，整个故事清晰。

寻常路径，常见桥段，常见风光，遗憾的是缺乏了一点新意，无论故事叙述还是立意都可以“再发现”，油然而生历史和现在的联想与共鸣。

尉迟恭归唐的是非标准、价值判断还可再推敲，更合理。如果最后让尉迟恭割股救郑母会更好，更见真情。

（二）《女人慈禧》

中国历史上涌现出两个女强人，武媚娘在前，慈禧女在后，二人有惊人的相似，也有各自特点。在“红颜祸水”的传统观念下，二人都是野心家，充满权术，手段狠毒，残暴残忍。

慈禧历来众说纷纭，是“谜”一样的人物，“谜”一样的性格。她是怎样的女人？该如何评价？对清廷有什么影响？

这部戏受女权主义影响，从人类学角度出发，力图塑造一个全面、多样、复杂但没有“谜”色彩的慈禧。她平民化、生活化、女人化。将她性格多面性、残忍性进行了稀释和理解，写她是一个女人和母亲，政治上守旧，但也有创新；外交上妥协，但也有抗争；性格残忍，但也有宽厚。淡化了政治，加强女性的人性，这是时代的潮流，还是作者的创新？不太清楚。

有些地方，慈禧和恭亲王的关系，未交待清；咸丰对后事交待过于简单；慈禧和安德海的关系有点回避；慈禧爱看戏，剧中没写，有些遗失。后面两大段独白，有点脱离慈禧这个人物。

（三）《一座塔》

这是一部富有些许禅味的寓言剧，是一出略具悖论风格的风俗剧，是一个封建官场的生态图。一个沉寂的村庄，因为皇帝的私访打破了寂静，将一干人的欲望撩拨起来裹挟进去。皇帝是皇权至上，金口玉言，官场如戏场，官场如牌场，皇权利益、皇权权威高于一切，一切人等都要借皇权发展自己，一个主子万千奴才。圣旨下要修塔，人们顺杆往上爬，顺势谋私，顺势谋利，顺势寻找空间，这就是中国封建政治的图景。

任无为有老庄式的禅意，自我调侃自我嘲弄的喜剧性格，内心深处善良、公正、亲民，是说不太清楚的人物，不是儒家，道家多一些。几个副线人物也很生动。最后一宗买卖大家都成了赢家，这是一种虚假的卖拐理论。

（四）《郑喇叭外传》

这部戏塑造一个新时期党的基层干部形象，有信仰、有理想，为人民不忘初心、砥砺前行，与群众鱼水情深，官民一家亲，比较生动，诙谐幽默、巧妙有趣。主人公善于讲道理，经常用比较机智、旁敲侧击或拐弯抹角的办法来缓和矛盾，化干戈为玉帛，以退为进，以守为攻。是多才多艺、平易近人，具有亲和力的基层干部，现在需要这种人。欣赏这部戏的一个亮点，“你想我就拨我”，共同拨打的手机会变成立体的画面，是对这样的共产党员的呼唤，这个情节反复用，使老百姓感觉到他就是亲人。

五个片段、五个单元有些仓促成章，这样在故事之间主人公就变成一个随遇而安顺应剧情发展的带有自我调笑个性和风采的喜剧人物，消解了他所担负的任务。需要把这五个单元内部有机联系梳理好，使创意更完整，对主人公内心世界挖掘更充分，写出他干这些事时的思考和感情上的波澜，并用一个东西统贯。

（五）《粟裕传奇》

第一代共产党员的主体，是民族精英，民族豪杰，具有崇高的信仰，无私忠贞，其中粟裕就被誉为战神，神机妙算乃当代孔明。为英雄树碑，为粟裕立传，值得肯定。

这部戏以澎湃的激情描写了历时十年，从长征到坚守苏区到攻打济南城，运用新的技术方式、舞台呈现的手段，再现战火纷飞的年代、光辉壮丽的历程，或国共分头叙述，或交叉纠缠，或单方面思考，或意识流隔空对话，隔空对唱，充满情趣。

通过国共两党的对比对垒，共产党人的纯洁坦荡胸怀与敌人猥琐自私渺小形成鲜明对比，共产党人的果敢赴死与国民党人的求财求富对照，引出信仰与三观问题。

王耀武的塑造基本成功，没有脸谱化、丑化、简单化，在质感效果上甚至超过了粟裕。要研究一下粟裕的性格特征，他的价值和光彩，具有特殊性格特点的细节，找到这个细节，粟裕可以是一个非常鲜明的形象。

怀玉山之战是一个具体战役，壮志冲云天是描绘一种精神状态，两场可以合并。戏还需要做减法，需要更凝练。

文字整理：杨蓉
校对：陈云升、李代鹏

戏曲编剧问题谈

刘彦君

一、“概念化”倾向

20 世纪中叶中国戏剧的“概念化”，表现为政治话语的简单演绎，而当下戏剧创作中的“新概念化”倾向，表现为“社会问题”的附庸和注脚。本质上，这两者都放弃了从生活出发这一创作根本起点、重要原则。对前者，我们已经有清醒的认识和反省。但对后者，我们往往不仅习焉不察，有时候甚至还认定其更为深刻、更有内蕴，正因为这样，其危害也更大，更需要警惕。

戏剧来源于生活，高于生活。这是对戏剧生产一般规律的描述，也是对戏剧生产的根本要求。戏剧是社会实践土壤里的花朵，是现实生活的反映。即使那种充分个人化、个性化的写作，也跳不出这个范畴，只不过呈现方式有远近曲直。戏剧来源于生活，是说戏剧要观察现实生活形态，表达现实真实，而戏剧高于生活，是指作家充分调动情感，通过审美创造，使戏剧成为表达情感世界和精神理想的载体，成为表达生活本质真实的艺术形式。有生活之源，才有戏剧之流。

戏剧表达的是什么？每一个观众观看戏剧作品时，都会有理性的追索，会得出一个主题、归纳出概念。但这绝不意味着作家可以从概念出发，按图索骥，到生活中去寻找和概念契合的素材。这样做，必然丢失整体把握生活的可能，扭曲现实生活的本来面目。不能反映现实真实的戏剧注定无法反映生活本质，最终会断送戏剧的生命。

20 世纪 80 年代开始的新时期戏剧，可以说是对戏剧概念化的反拨，在打破禁锢，解放思想的语境下，黄佐临等戏剧大家提出了“写意戏剧观”“传神史剧论”等新的创作方向，使戏剧获得新生，并重新建构戏剧本体。这是戏剧创作观念的一次重大解放。没有了“三突出”“高大全”之类的束缚，中国戏剧生机重现，迎来了 30 年的持续发展。但是，对概念化的反拨并没有使戏剧全面、健康地走上本体建构的道路反而堕入了新的概念化窠臼。

可以说，当下戏剧创作的概念化倾向仍然普遍存在，并且越来越严重制约中国当代戏剧的良性生长。这一类概念化主要表现为，一些剧作家以我国现代化过程中形成的社会问题为参照系统，来观察社会生活，使诸多现代化语境下的概念成为戏剧叙事的预设性主题，这些概念在其中起到了统摄性作用。例如从社会转型的角度看，一个农业大国的现代化——工业化、城市化、信息化，等等，必然发生相对应的社会现象和精神状况的种种变化，而这些则成为作家进入生活的路线图。以乡村题材戏剧而论，这些概念已经被充分书写。大量的农民工进城现象，打工族的政治、经济诉求（讨薪难的题材），等等，这样的社会问题剧已经为观众熟悉。

不是说不能触碰这些问题，而是说开掘的角度不应是理性层面、概念层面，甚至是道德层面的，而应是心灵、情感和精神层面的。从整体上说，类似的问题，被当下的戏剧一一演绎，并正在演绎着。

其具体表现：

首先，人物符号化倾向在戏剧文本中广为存在，一个时期以来，鲜有在观众中产生深远影响、代表时代本质真实的戏剧人物的出现，这不能不说是当下戏剧创作的一个巨大遗憾。当人物作为概念的化身进入戏剧叙事，就要服从概念逻辑的演进过程，而不是遵从人物自身心理和精神轨迹。不遵从人物的心理和精神轨迹，就体验不到生命正常的思想情感和人性温度，这个人物就不是活的，不是亲切可感的，更谈不上感染力。虚假、单一、苍白、生硬、无趣，这样的戏剧人物比比皆是，远远偏离了观众对社会生活的真切体验和审美期许。大量的英模戏，名人戏都是昙花一现的作品。如《百姓书记》《李保国》《郭明义》《好人》等。

其次，故事情节公式化现象普遍存在。戏剧人物和动人的故事情节，互为表里，经典的故事是成就戏剧人物的载体。一般说来，故事情节，在意料之外，又在情理之中。这就意味着，故事情节的特殊性，是戏剧典型性必要前提。观看当下的戏剧作品，一些甚至已经在市场上产生广泛影响、为一些专家首肯的戏剧，都具有故事情节平庸化、重复化的现象，最鲜明的特点是一览无余，看到开头就知道过程和结局。故事情节服从于概念，整个戏剧写作过程是公式推导。这就是为什么广大观众总是感觉生活如此丰富，而戏剧如此呆板，戏剧经验远远落后于现实生活体验的重要原因之一。如有关母亲的戏剧，评剧、淮剧、话剧等，写的都是母亲送儿参军的故事。

再次，概念化倾向造成戏剧性匮乏。可以说，戏剧越来越远离戏剧性，戏剧的戏剧性一方面为生活素材所固有；另一方面来自于作家主观世界中的情愫，这是主体和客体之间的吸引、互动、生发的戏剧创造过程，在这一过程里，作家想象力的充分发挥，是创造的翅膀，是引擎，是熔铸戏剧性的途径。而戏剧性的产生是戏剧超越生活真实抵达本质真实的必由之路。无疑，概念化的写作，排斥了这一创造过程，造成了戏剧性的极度匮乏和戏剧想象力的萎缩。大量的主旋律戏剧。如《董存瑞》《刘胡兰》，以及大量写抗洪救灾的戏等，都是“好人好事”模式，没有一部是运用逆向思维的方式，反过来写的。西方《伽利略传》，写的不是他对真理和正义的坚持，而是他在重压下的屈服，是人性的弱点，但丝毫没有影响人物作为英雄的高度。

最后，概念化倾向抑制了当下戏剧所能达到的思想高度。如创作战争题材的作品，还是停留在正义和非正义层面，还是请战书像雪片一样飞到指导员手里。这种观念早已脱离了时代的思想高度，但我们的主创人员还在沿用这种思维模式，因而限制了作品所能达到的深度。这种概念化的思维模式，使戏剧创作形同按图索骥、刻舟求剑，其必然结果肯定是千篇一律，在此就不用做更多说明了。

由于戏剧艺术本身的独特性，使其与社会政治之间产生了一种难以割离的天然联系，“文以载道”“抗战戏剧”等都是我们的传统，对此，无论是欧洲戏剧史还是中国戏曲史，都提供了有力的解释。但是，作为一种艺术样式，戏剧在发挥政治参与和社会批判功能之时，如何将政治移情与审美转换合理调配，既发挥其社会功用，承载一定的政治符码、社会担当，又不至于触碰艺术底线，呈现出文化意味和审美品格，是摆在我们面前的一个重要命题。戏剧是一项伟大的创造活动，需要的是创造力和想象力，若不经过剧作家的精心创造，仅仅遵循着某些概念的戏剧作品，不管花费多少心思，注定低于生活。这一点，需要中国戏剧编剧反思。

二、题材决定论

很长一段时期以来，艺术创作领域存在这样一种现象：无论是影视剧、舞台剧，乃至戏剧、舞蹈、美术等艺术领域，名人题材、热点事件、帝王将相，成为争相选择的“宠儿”。某一段时间里，抗战故事充斥荧屏，谍战新片塞满银幕，某历史名人的题材，就有电影、电视剧、话剧、戏曲、舞蹈、美术、小说、报告戏剧等各种艺术形式呈现。

在舞台剧创作领域流行的，也是这种题材主导的“剧目生产方式”——先议定某个所谓有“价值意义”的题材，然后像工程建设选择建筑队那样，选择编、导、演进行剧目生产，编、导、演在“题材工程”雄厚财力的支持和吸引下，充当着工匠的作用，完成“定制题材”作品的制作编演。这种对某一类题材的崇拜，容易获得相关的投资和资助，令某些艺术创作放弃了独创的艺术精神，过分专注于作品社会功利的追逐和依附。

艺术作品作为一种精神产品，它归根结底是艺术家个人的人生体验、生命感悟、哲理思考的一种美妙表达。因此，艺术创作题材的选择，应是创作者生活积累与艺术灵感火花碰撞契合的结果，是创作者在审美意识笼罩下的一种个性化抉择。艺术作品的价值，在于通过“有意味的形式”，反映人类个体生命运动的真实状态，在于所塑造艺术形象的个性魅力和张力，及其意蕴的丰富性。因此，圈定题材，追逐热点，趋时附势，一窝蜂地创作、编演某种题材的作品，先行认定某类题材方有特色、意义和价值，其实是“题材决定论”的新版演绎，是一种非艺术创作的思维。

从审美角度来看，艺术创作的题材是没有大小贵贱之分的。宏大叙事类题材能够创作出精品大作，日常生活类题材也可以孕育出传世经典。齐白石画作的虾，徐悲鸿笔下的马，均与重大题材无缘，但由于其艺术形象独具神韵，成为举世公认的艺术精品。汤显祖的《牡丹亭》，王实甫的《西厢记》，前者描写的是青年人对于天性的渴望，后者表现的是青年男女爱情纠葛，皆因作品超越同辈而成为名著典范。曹禺的《雷雨》也不是重大题材，而是一个家庭的日常生活。

名人题材、地域性题材、历史题材当然也可以创作出优秀的作品，但前提是创作者对所选择的题材内容必须有着独特的生活感受和独到人生见解，能够熔炼成为蕴含着创作主体深刻的现实体验、生命感悟、哲理思考的“有意味的形式”。例如西方话剧《伽利略传》，涉及了目的与手段、理想与现实、生与死等复杂人生命题，它十分自然地与人类生活普遍存在的生存困境、人性困境、心灵困境及其两难选择实现了联结，让观赏者在审美过程中引发心灵共振情感共鸣以及哲理的思考，极具艺术的感染力和穿透力。

当下以名人题材、地方性事件、某段历史题材创作的不少戏剧作品，之所以缺乏经典那种艺术的感染力和穿透力，一个很主要的原因，就在于作品的创作往往先由题材的所谓“现实意义”和“社会影响”等社会学价值决定的，而不是由创作者在其中是否具有独特的人生体验、独到的人生见解所能提供的审美资源所抉择的。因而作品内容的开掘提炼大多停留在社会学层面和伦理制驭的范畴内，缺少对人类共有的深层心理、深邃人性、生存困境指涉勾连的审美资源呈现。主题多是对某种共同意志的价值取向，以及大家都熟悉的流行观念、社会道理的再宣扬；人物形象简单化、类型化，大多成为“时代精神的单纯传声筒”。无疑，这类以“题材先行”主导创作的作品，其生命力是十分短暂有限的。所以，根据自己的优势、特长乃至趣味踏踏实实地创作，才是我们应该作出的选择。

三、功利性创作

从 20 世纪 90 年代开始，评奖成为文艺主管部门引导文艺创作的重要抓手。但很快便泛滥成灾，造成了诸多问题。于是，一些华而不实或徒有虚名的所谓“大奖”被取消，一定程度上扭转了“大奖”滥发现象，保证了那些国家级政府奖项的权威性与严肃性。然而，就在这严加整治的环境中，似乎也有一些不太和谐的因素值得我们去思考和关注。

首先，为获奖而创作、为获奖而排演的现象还不同程度的存在。某些省市文化决策部门的个别领导都在围绕奖项而急功近利地忙碌着。今天为参加某个“戏剧节”而创作，明天又为参加某个所谓的“新剧目汇演”而忙活。不从剧团的实际情况和观众的现实需求出发，而是绞尽脑汁地揣摩领导的心思，挖空心思地迎合评委的口味。更有甚者，“功夫下在戏外”，不惜一切代价也要获个奖项拿个名次。但获奖以后，演不了几场便“刀枪入库、马放南山”，其舞台生命往往如昙花一现般短暂。近些年，出现了不少“获奖戏”光环满身，老百姓却不肯买账，成为不了剧团“看家戏”“吃饭戏”的现象。

其次，政府投入的加大，使一些急功近利的现象应运而生。所有创作都围绕着政府扶持资金而转。不仅是剧团，就是一些个人也变得心浮气躁。有一个剧作家创造了一年创作 9 部作品的奇迹，还产生了很多一人身兼数职的跨行当的“通吃”现象，这都是我们应当避免的问题。

最后，戏剧的市场化客观上引导一部分作家放弃创造戏剧经典的努力，以追求利润为主要目的写作，不可避免地迎合大众的平庸趣味、甚至低级趣味，导致种种新的类型化戏剧的产生，比如一些有着较高票房的情场、职场戏剧，再如近年有些抬头的“戏说”乃至“恶搞”之风。这种类型化戏剧，多是功利性作品。

文字整理：佘填钜、朗加旦增
校对：陈云升、郭泽莹

志气、才气、运气

曹宪成

差不多40年前，我就杜撰了这个命题，在我看来，要成为一个真正意义上的编剧，不具备，不经历，不际遇，不圆满这三“气”，就难成一“候”。气是因素，候是结果。就像一个人八字中的年、月、日、时、刻，均要降生在规定情境中的节骨眼上，才有可能成为人中龙凤！我说的这三“气”，同样也是需要互相渗透，互相交织，互相扭结，互相依托才得融会贯通，水到渠成。

一、志气

如今的世界真精彩，大时代、大环境、大格局的召唤，让各路人马将停泊在幻想港湾的追求之舟，扬起立志奋斗的风帆，驶上现实生活的大海。

我们选择了编剧这个职业，就要像朱熹说的“百事须先立志”。志气是夯实我们事业的基础，只有志向鲜明，才能气贯长虹。当然，立志不是心血来潮，更不是不择手段。它需要像种子一样，牢牢记住雨露献身的叮嘱，增长着自己破土而出的勇气。志气的践行，更是一个艰苦的蜕变过程，就像一只蝴蝶，欲想在百花园中获得飞舞得快乐，首先要有忍受与蛹决裂的痛苦。

关于“志气”这一章节，我想从三个方面向大家聊一聊自己的体会和认知：

（一）自尊

太阳虽然有黑点，却在奋力燃烧中树立了自己的光辉形象。当下，层出不穷的艺术样式让人应接不暇，戏曲边缘化已成不争的事实。但是，弹板皮簧，生旦净丑的声色总是那样的生生不息，源远流长。我们的志向，在大千世界的各色人等眼中，是那样的微不足道。我们可以承认自己的渺小，却要深信不疑，萤火虫的光点虽然微弱，但闪烁着便是照亮前程的明灯。更要坚持不懈，生活的激流已经涌向万丈峭壁，只要前进一步，就会变成壮丽的瀑布，神采飞扬。所以，我们一定要尊重自己的选择，尊重自己的职业，尊重自己的追求。

（二）自信

愚蠢的人总是为昨天自责，为明天自卑，可就是少了今天的自信。践行自己志向的过程中，我们的生活可以是甜的，也可以是苦的，但不能是没味的。在为之奋斗的日日夜夜，我们可以看到指手画脚，可以听到讥言讽语，但不能自己怀疑自己，自己不相信自己。如果你想攀登高峰，切莫将彩虹当作梯子，因为虚幻中的美好，虽然五颜六色，却只能腐蚀你的信念，糜烂你的信心。要知道，翘首盼来的春天只是大自然的恩赐，只有自己亲手编织出来的万紫千红才是真正属于你的春天。我们随时都要相信自己，有能力、有魄力、有潜力、有毅力用自己的汗水汇集成江河奔流，将志向的事业之舟驶向理想的彼岸。

（三）自省

荀子曰：“君子博学而日参省乎已，则知明而行无过矣”。自省是一面镜子，它可以将我们身上的美丽与肮脏清清楚楚地映照出来，让我们自觉地将美丽发扬光大，将肮脏洗涤干净。立志需要不断地修补和完善自我残缺的心智，自省就成了我们调理器脏的最好良药。作为编剧，要用职业的眼光去发现，用敏锐的头脑去思考生活中的真善美与假恶丑。这些发现和思考如影随形，时时刻刻成为我们生活经历的感悟和积累。于是，就有了我们对生命价值和行为手段的自省，这些自省就像我们穿在自己脚上的鞋子，大了小了，紧了松了，只有自己知道。这种自己知道，就是自省的结果，哪怕是刹那间的体会，都将是我们作为编剧前所未有的财富。

二、才气

才气是发现宝藏的探测器，开发宝藏的定位仪，挖掘宝藏的金刚钻。放在编剧领域，就是长期的坚守与不懈！我们要创作思想精深，艺术精湛，制作精良的戏剧作品，如果没有才气来为之润色，我们的诉求将变得苍白。才气不是单纯的技术手段，它是对于一部剧作从孕育到降生的全过程渗透。下面，我想结合几十年的编剧实践，分三个方面与大家聊聊自己的心得体会。

（一）思想

作为编剧，有了三五年的历练，对于编剧常识，编剧技巧大致是比较纯熟的，单纯从技巧看很多人是难分伯仲的。真正比拼的是思想，编剧的思想高度，决定着作品的思想深度。同一题材，若干个编剧解读，肯定有若干个思想层面的渗透。这些思想的渗透，我无意评价它是积极的还是消极的，只是强调。编剧面对一个题材，是站在什么样的高度来思考它，什么样的角度来认知它。

2015 年的春节还在快乐过年气氛中，湖南省花鼓戏剧院的院长就打电话来邀请我去湘西采风，要写一个以精准扶贫为题材的舞台戏曲剧本。我随着采风的车队，直奔苗寨十八洞，一路上看到的山山水水，都被大自然的鬼斧神工雕琢得光怪陆离。真正地让人梦萦追黄鹂、魂绕大湘西！我无法对接，这样的美丽怎么可以跟贫穷连在一起？

采风的过程中，我接触了扶贫队长，村支两委领导和各个层面的村民群众，了解了十八洞的过去，看到了十八洞的今天，联想着十八洞的未来，真是感受良多，获益匪浅。虽年近古稀，却有了聊发少年狂，牵黄擎苍的抱负，催生了强烈的创作欲望。

朋友圈中，有人用鄙夷的眼光看着我问：“你怎么揽了这么个瓷器活？”也有人用羡慕的声气祝贺我：“恭喜你抱了个金娃娃”，其实，我心自知：在他们的心中都有个讴歌精准扶贫的戏剧样式和标高。这样式和标高，不言而喻，你知道的！我将他们的鄙夷和恭喜搁置一边，用自己的思想梳理着我对这个题材的认知和把握。

扶贫是个复杂而又深远的课题，它的内容，涵盖文化教育的加强，人文环境的改善，基础设施的改造，产业项目的开发，等等。由此，要不要扶贫，怎么扶贫，如何精准，这样的科学命题，剧本是无法论证和回答的，只能通过典型环境中，典型人物的行为、动作在戏剧舞台上的立体呈现，表达人民的生存状态，由贫穷到富裕，折射出精准扶贫的必然和正确。

“精准扶贫”已经被当下的各色人等贴上了极具时尚的标签，仔细想来，其实就是我们的党和政府对于民生关怀，在一定时间内强化的具体概念和措施。我认定编剧不应在时尚间求功名，而要在永恒上下功夫。剧本将扶贫工作的终结目标定位为民生的融和、吉祥、安康、幸福！天底下有情人终成眷属，应该是这一目标的最好落实。我想，任何国家和政府的施政方略，没有比追求和完成这样的目标更深刻、更有意义。

有了这样的思考，我便将湘西十八洞作为生活原型，设计成烟雨朦胧的桃花寨。我将人杰地灵的大湘西比喻成一件姹紫嫣红的大花衣，桃花寨的贫穷就成了大花衣上的一个补丁。这样的不协调，是我刻意的思想渗透，我在剧中，强调着一个“爱”字！我认为爱是永远的灵动，稍有停伫，便会腐朽。我让剧中一对对的有情人，忍受着贫穷的痛苦，在爱情中追求着生命的新鲜，生活的新颖。我让舞台呈现的诸多细节，均像一个个香甜的梦，梦到酣畅淋漓的时候，飞来一只虱子，它小则小矣，却将你的美梦搔扰得点点血痕。这虱子就是现实生活中的贫穷，它将美好的爱情异化成畸形，让一对对热恋中的情人变得可悲可怜可同情。由此我想凸现出剧本展示的“贫”需要“扶”，“扶”需要“精准”。我更想让我笔下的扶贫队长和扶贫带头人，总是用自己的眼光和胸怀，牺牲和奉献践行着崇伟的事业。他们踩着蹒跚的步履，即使跌倒，又爬起来，用如酒的笑靥，陶醉着未来，坚持着笑到最后。因此而让戏剧观众有了对于扶贫大业的殷切期待和充满信心。

桃花寨的贫穷，其实是乡民们生存中的一道坎，只要越过了这道坎，桃花寨就是天底下最富有的地方！因为这里充满着爱，有党和政府派遣的实事求是的基层扶贫干部，有甘于奉献的新农村建设带头人，有勤劳朴实的所有父老乡亲。

可能是我的彻悟，知道了要在社会规范的框架里注入自己的思想，这个戏参加了很多国家级的节会，还获得了让人心动的编剧功名。

（二）生活

生活是一切艺术创作的源泉。摆在我们编剧面前，就是创作剧本的原材料。每一个编剧，都可以也必须在人民生活这个丰富的矿藏中寻觅，提炼戏剧所要表现的内容。生活原型与艺术家的创作灵感、创作技法、创作背景相结合，才能形成呈现在观众面前的戏剧作品。生活中的际遇，是砖瓦，就可以构筑成宏伟壮观的高楼大厦；是玉石，就可以雕刻成玲珑剔透的佩饰明珠。我们经常强调深入生活，体验生活，不是要去弄懂某一事物形成的技术含量，而是要去感知这一事物形成的本质意义。比如说华为的5G手机，我们作为一个编剧，要熟知它的制造原理，估计一辈子也只能站在门外，要考量它对人类社会带来的福祉，或许能够编织一个像样的剧本。其实，生活就像空气，随时让你呼吸。只是，我们经常看到的，只是生活的表象，作为职业编剧，需要撕开表象，寻找它的内核。

1981年，我写了个小戏，剧名叫《铁铺缘》。揭示的是党的十一届三中全会后，农民重新获得土地的喜悦，这种喜悦是无与伦比的，她导致了人物关系的根本变化。故事的大致情节是：住在一墙之隔的一个光棍，一个寡妇，怀着分田到户自己重新获得土地的志得意满，兴致勃勃地去铁匠铺打制大锄头、大耙头。铁匠师傅曾经为他（她）们二人说媒，耗费了许多的精力和时间，可是大集体时代留给他们各自心灵的创伤，使他们难成眷属。如今他们来了，恰逢只能锻造一锄一耙的钢铁材料。只好让二人各自叙述自己的索求理由。于是：就铁匠主锤，光棍帮锤，寡妇拉风箱，组成了在载歌载舞的打铁桥段中各自倾诉自己的过往，当下的惬意，未来的憧憬。此情此境，铁匠有了瞬间的彻悟，他又重新说合，让光棍和寡妇将阻隔两家人的一堵墙打通成一家人，将各自寂寞的两张床合并成白头偕老的一张床。不想一拍即合，成就了一桩美好姻缘。这个戏很好看，获了不少奖，还有许多剧团移植搬演。但是，时过境迁，到了新世纪之初，再看这个戏，剧中的事件就成了老人的记忆，新人的陌生。

2001 年，文化局领导要我写个小戏参加群星奖的角逐，我便想到了《铁铺缘》。20 年后再回过头去审视它，发现农民获得土地以后的喜悦只是暂时的，它像一剂镇痛的药，只能镇住极左路线对于农民造成的伤痛，并不能治愈由此而导致的贫病。锄头、耙头再大，也只能停留在刀耕火种的层面。改革开放伴随着新世纪的到来，我们的党和政府用科技兴农的方略，引导农民用科学手段将生产方式进行改变使生产能力大幅提升。种植业和养殖业的发达，让农民的生活日新月异，这种无处不有的生活真实，大大地感召和刺激着我的创作欲望，于是，便有了新版的《情歌》。

《情歌》沿袭着《铁铺缘》的主题、人物和人物关系，只是戏剧事件有了根本的变化。揭示的是时代提供的机遇，让广大农民的生活有了从物化到质化的诉求。大概的情节是：光棍和寡妇在科技兴农的过程中发家致富，兴致勃勃地去音像店买高分贝音响和大屏幕电视机，意欲构建当下最时尚、最流行的家庭卡拉 OK 和家庭影院，特定环境是音像店货物供不应求，库存仅剩一套音响和一台电视机。于是，音像店老板（铁匠改行卖音像）就让他们每人唱一首歌，谁的歌唱得好，音像设备就卖给谁。光棍、寡妇都赞同，便拿了话筒对着电视画面放声歌唱。光棍唱的是任贤齐的《我爱你》，寡妇唱的是邓丽君的《月亮代表我的心》。他们都是用心歌唱，流露的感情很真实。店老板又发现了玄机，又成就一桩好事，结果是有情人终成眷属，两个人推一车“理想”，夫妻双双把家还。

这个戏也很好看，也出尽了风头，获得了群星奖金奖，选拔参加广州汇演闭幕式，还到北京为党的十六大献礼演出。

我不厌其烦地跟大家推介这两个小戏，不是要炫耀剧本的功名，而是想告诉大家，不同的时代有不同的生活。这些生活都打上时代的烙印，折射出社会的意义和时代的精神。当然，生活不会像戏剧那样完整，但绝对是生活真实在戏剧中的反映。编剧所作的工作，只是将生活的零星碎片重新剪辑，重新粘贴。

（三）技巧

技巧是编剧用技术手段来诠释思想，感悟生活，塑造人物，讲述故事的具体呈现。剧本中，戏剧主题的凸现，戏剧人物的设置，戏剧结构的样式，戏剧情节的生发，戏剧矛盾的碰撞，戏剧环境的选择，戏剧元素的挖掘，这一个个命题，都不是孤立存在的。它们总是互相牵扯，互相扭结，打不烂也扯不开。都需要编剧技巧的稳妥把控，量体裁衣。它的谋篇布局，是清晰还是纷乱？是明确还是糊涂？是简洁还是繁琐？是浪漫还是呆板？都是编剧技巧的考量。要在剧本中表达和呈现的一个道理、一腔精神、一桩思考、一种现象、一番哲理、一通感悟，都像一把把紧闭的门锁，编剧技巧就成了打开这些门锁孔窍的通达钥匙。

二度创作中的导演、演员、音乐、舞蹈、灯光、舞美、服装、道具、音响、效果的设计，都需要编剧自觉地用技巧来调动他们的创作欲望和预留创作空间。只有编剧技巧的纯熟和高明，二度创作才能在舞台上呈现好看的戏，广大观众才能在剧场感受戏的好看。

我想用我编剧的《今上岳阳楼》的某个章节，佐证我编剧技巧的实际操作。不作是非评判，只图立竿见影。

2006 年，岳阳的文化领导嘱咐我创编一个以岳阳楼为题材，以巴陵戏为载体的舞台戏曲剧本。岳阳楼的厚重，巴陵戏的稀贵真正是珠联璧合的选择，让人心旌摇动。“庆历四年春，滕子京谪守巴陵郡。越明年，政通人和，百废俱兴。乃重修岳阳楼……”《岳阳楼记》的开篇，就将编剧要素的时间、地点、人物、事件、时代背景交代得清清楚楚，沿着这个规定情境的提示我很快就完成了我的编剧《今上岳阳楼》。

写岳阳楼，重中之重就是要写《岳阳楼记》，准确地说是要如何在剧中呈现《岳阳楼记》。《岳阳楼记》通篇累计 368 个字，真的是字字珠玑。它的厚重思想，精妙文词，社会影响，时代精神，这里无须赘述。想跟大家聊的是编剧用什么样的技巧在舞台上观众前圆满地艺术呈现。创作过程中对于这一命题，我有无限个方案在筛选，朗读？吟诵？字幕？画外音？均被我一一否定。这样的方式，我认为放在戏曲中都是蹩脚的表达。最后认定，文学就是人学。我必须写人，具体就是要写滕子京和范仲淹。《岳阳楼记》的产生是有过程的，它的前史是：滕子京主持重修岳阳楼后，有一个强烈愿望就是需要找个相识、相知、相通，相投的人用如椽巨笔来为之写个《岳阳楼记》。他认为他的同科进士，庆历新政的领袖范仲淹是他心中的不二人选。于是，寅夜向他写了封求记书。大致内容是："窃以为天下郡国，非有山水环异者不为胜，山水非有楼观登览者不为显，楼观非有文字称记者不为久，文字非出于雄才巨卿者不成著。"这四个层层推进的排列句，总结了山水名胜修建楼台亭阁的意义并阐述了求记的原由。岳阳楼自唐至宋，屡毁屡建。他认为："所谓岳阳楼者，徒见乎屹然而踞，岈然而负，轩然而竦，伛然而顾，曾不若人俱肢体而精神未见，宁堪乎久焉？"所以，他希望他主持重修的岳阳楼，不是停留在斗拱飞檐、精美华丽层面的赞美，而是要为这座名楼注入血液和灵魂，赋予生命与精神。范仲淹虽然没有去过岳阳，但对滕子京的诉求，自然能够读懂，因为他们旷怀高韵的心理机制是相知相通的。基于以上的思考，我的编剧技巧选择了浪漫表达，时代背景选择在范仲淹谪贬去邠州，滕子京谪贬去苏州。典型环境选择在无际无垠的芦苇荡中，两个共同遭遇的落魄者，携了自己的夫人在路远迢迢的赴任途中想到和思考的是同一命题《岳阳楼记》。用两个真实空间的假定性和假定空间的真实性共同演绎了一出"千里神交"。谋篇布局很难讲述清楚，还是摘录剧本让大家感悟和批评。

这场戏的演出效果特别好。二度创作的团队真的是大咖云集，导演是湖北省京剧院的欧阳明，音乐设计是湖南省歌舞剧院的刘正球，舞美设计是国家大剧院的高广健，灯光设计是国家话剧院的卢卫东，服装设计是中国京剧院的范小惠。他们用极大的创作热情和高超的专业技巧为编剧加分，使舞台呈现真可谓有声有色、绚丽多姿。我在这里大加赞赏，不是炫技，而是强调编剧技巧可以调动二度创作的整体热情。

三、运气

作为编剧，运气就是机会碰巧撞到了你的志气和才气。

我经常跟做编剧的朋友调侃，一百个有志气的人可能只有十个人有才气，十个有才气的人可能只有一个人有运气。运气是一种可望不可及的客观存在，它不是喊得来、求得来、争得来和抢得来的。它的碰到有很大程度的偶然，但是，这种偶然一定要有自身际遇它的必然。因为，运气是为有准备的人准备的礼物！它的选择对象一定要在十个有才气和百个有志气的人中产生。不然，你就留不住，受不了，吃不消。即使走向你的身边，也只能擦肩而过。

历史总是让人震怵，社会的命运一点也不怜悯个体命运的悲鸣。我们经常讲要与命运抗争，在我看来：只是一种情怀，编剧作为一个生命个体，是无须也无力与命运抗争的。如果你是真正的热爱与痴迷这个职业，你会在这个过程中获得极大的创作愉悦，并陶醉着你从你的文字中打捞出来的人物和主题。这其实也是一种近乎于禅的境界，心在功名逐逐外，人在其乐融融中。通观我们心目中的编剧，如莎士比亚、易卜生、关汉卿、汤显祖、曹禺、老舍……他们的剧本，大概是没有获得过很多奖励的，但他们作品的内容，却是亘古隽永、百世流芳的。

当然，我们作为编剧，也是这大千世界，芸芸众生中的普通一员。对于红尘的喧嚣，功名的诱惑，就像一树挂满枝头的水蜜桃，谁都想摘下一个，捧在手里，嚼在口里，甜在心里。因为，目前的各类奖项，绚丽多姿，引人入胜。虽说此乃俗累，却是真真切切地关乎到作为编剧的名誉、地位和生存状态。谁又能够修为到放得下，抛得开，舍得了？所以我想，我们编写的剧本，欲想获得心仪的运气，必须具有三个要素。

（一）天时

我这里是指编剧自身所写剧本的时代背景和社会格局，也指剧本中选择的时代背景和社会格局，包括古装戏和历史剧，都必须强调它的社会意义与时代精神。

（二）地利

这里所讲的是编剧自身的生存环境和剧本描写的人物、事件、主题以及情节生发的地域特色。

（三）人和

这里强调的是编剧自身生存环境中人与人群的祥和关系，编剧的一个剧本从孕育到诞生，必须要经过领导的认可，专家的扶持，载体的合适，二度创作的同心协力和受众的热情欢迎。（此讲也不详谈）

今年，我创作编写以精准扶贫为题材的湖南花鼓戏《桃花烟雨》获得第二十三届曹禺剧本奖，《剧本》月刊约我写一篇获奖感言刊发，我写了《天时、地利、人和》为题的文字，摘录部分佐证上述观点：

《桃花烟雨》中的一个细节。扶贫队长隆富平想邀青年农民石青峰回乡。就变着法子帮他看相，说他是逢了天时，占了地利，得了人和。石青峰在四川苍溪帮老板全权打理种植猕猴桃，丰厚的报酬唤不醒他“客乡难慰还乡急，游子思归待时期”的梦呓。因为他常常拿自己的处境与自己的家乡相比较：山水一样美，土地一样肥，气候一样好，人心一样纯。自己帮老板打理的，完全是个可推广，可复制的产业项目。完全可以回归桑梓，依样画葫芦地大干一场啊！无奈身单影只，难成气候。他的这个“待时期”就是希望有个好的机遇，施展自己的抱负与才情。幸运的是，他的等待并不漫长，青春如花朵般绚烂。赶上了脱贫攻坚这个伟大的时代，他被扶贫队长真诚邀请，回归桑梓，践行着精准扶贫的大业，在大爱的浸润中他一步一个脚印的走过来，终于让“花山节里人不矮，东风月下吻香腮”的事实，成就了有情人终成眷属！这个细节，又何尝不是我编剧生涯的切身体会，《桃花烟雨》获奖，是我逢到了写这个题材的好时期（天时），是我占有了湖南人写湘西故事的好地域（地利），是我得遇了湖南省花鼓戏剧院领导和所有二度创作艺术家们关爱与包容的好朋友（人和）。

文字整理：李彩婷、石毅坚

校对：陈云升、李碧萱

形象思维与理论思考

谭志湘

一、中国戏剧戏剧独特的美

戏曲是在世界上独一无二的戏剧式样，与歌剧、音乐剧、话剧等都不同，而且世界上没有一个国家有 348 个剧种，而唯独中国有。世界戏剧史上，古希腊悲喜剧、印度梵剧有人说已经不复存在了，也有说在民间还有遗留，而唯独中国戏曲在今天，还有 348 个剧种。这个数字可能是不准确的，在我们讲话的时候可能有的剧种已经消亡了，可能有新的剧种在诞生，这是一个独特的现象。我在想为什么戏曲的生命绵延不断，生生不息？戏曲是非常庞大的一个群体，它有昆曲这样高雅的剧种，也有地方戏，包括评剧、锡剧、川剧这种地方剧种，而且这些地方剧种植根于民间土壤之中，为当地的老百姓所喜爱。所以戏曲可以像昆曲这样进入皇宫，进入士大夫阶层，进入殿堂演出，同时也还有地方戏一直在民间演出，有些地方戏生长势态并不那么壮大，但是依然存活着，依然有那么一部分观众喜欢得不得了。所以，我想起了诗人叶嘉莹的一句诗：“若有诗词藏于胸，岁月从不败美人”。要我说戏曲就是这样："若有戏曲藏于胸，岁月从不败美人。"时间使戏曲永远是个美人。戏曲在今天依然在发展，备受关注，特别是国外观众的关注，很重要的一点是它具有独特的美，这个美可以称为弱德之美。这个弱德之美不管是强大或是衰败它依然存在，"文化大革命"时只剩几个样板戏，传统戏全都被赶下了舞台，但是1976年以后它依然发展起来，就像"野火烧不尽，春风吹又生"的小草一样。这种弱德就是一种坚守与坚持。你可以约束它，但它可以高居庙堂之上，风光无限，也可以它弱德的品格，落地生根，始终绽放，始终不离中国的大地，不离中国的老百姓。戏曲是识字的不识字的人都可以看的艺术，文人雅士也可以看，贩夫走卒也可以看，所以我们选择戏曲是正确的。它的美学价值、艺术品位、艺术价值都是不容质疑的，对于中国民族美德的传承，对于中国民族品格的塑造都是起了至关重要的作用。

戏曲有丰厚的传统，你们选择了戏曲，传播、继承并弘扬它，你们做了一件非常有意义的事。你们选择了戏曲，喜欢它，认识它，以它为事业，不管你们是写剧本或者做其他戏曲工作，你们对戏曲的付出也是对社会的付出，对社会的奉献，我觉得这种奉献是有价值有意义的，是值得尊敬的，而且在戏曲处于弱势的情况下你们选择了戏曲，我觉得挺好的，你们坚持走下去，你们的人生是光明的，你们也会感受到这种选择的幸福。

二、塑造鲜活有个性的艺术形象是剧本创作首要任务

戏曲是要有故事，但不能停留在编故事上。很多作者不明白戏曲主要任务是形象塑造，戏剧精神，戏剧本质双角色扮演，一个人扮演另一个人，文本提供的形象是塑造人物基础。留在大家心目中是丰满的艺术形象。说到梅兰芳，大家首先会想到的是穆桂英这个形象，所以戏剧的首要任务不是编故事，故事是需要的，但是重要的是要塑造形象，塑造鲜明、生动有个性的，能给观众留下印象的形象。就中国戏剧来讲，有一段时间出现了贴政治标签、喊标语口号的戏剧。比如说今年是抗日战争胜利多少周年，出了许多抗战戏，一看没有形象，只有打日本，日寇烧杀抢掠，编造神而又神的情节，被称为"抗战神剧"，贴上为纪念抗日战争多少周年而作。唯独没有一个可以称之为

艺术形象的人物。这样的戏剧是留不下来的，真正好的戏剧立意要高，落墨要实。立意高，笔墨要落在实处，这个实处体现在艺术形象的塑造上，用一切的艺术手段塑造形象，体现你们的立意。

比如说，在1968年上山下乡的运动中，出现了好多歌颂上山下乡知识青年的戏，但是最后留下来的是豫剧《朝阳沟》。杨兰春的《朝阳沟》，今天还在演出，为什么它留下了？因为《朝阳沟》留下了几个形象。拴宝妈、银环妈、银环、拴宝、巧珍……，还有二大娘，现在几个好的唱段，如“亲家母，你坐下，咱们拉拉知心话……“经常会在舞台上出现。中国人崇尚道德美，这种道德美学传到今天，在二大娘身上得到体现，就是热心热肠，快言快语，是非分明，爱憎都挂在脸上，把邻居家的事当成自家的事，所以像二大娘这样的形象至今留在舞台上，为人们所喜爱，我们从这里就看到了形象的力量。

写戏要有浪漫主义情怀。我们现在的作品太写实了，浪漫情怀不够。我经常举一个例子就是《倩女离魂》。《倩女离魂》很浪漫，一个女孩，她未婚的丈夫去当官，她就奄奄一息了，等她未婚夫回来以后她就活过来了，病也都好了，其实就是女孩儿离魂跟着他未婚夫去了。另外一个大家再熟悉不过的是《牡丹亭》，人可以因情而死，因情而生，死而复生。所以中国的浪漫就是情可以使人一往情深，乃至于死，情也可以使死人复活，这就是生。在这点上莎士比亚的《罗密欧与朱丽叶》都达不到。今天很多戏缺少这样的浪漫情怀，评论家要你找医学根据、找生活真实发生的事情，医学根据有了，生活中发生的事也找到了，戏没了。所以有一种说法，凡戏则假，完全追求它的真实，戏没了，这是不可取的。戏不怕假，我们说的是生活真实和艺术真实的问题。

我最近看了一些好戏，《李清照》《邓稼先》《风乍起》《敦煌女儿》等作品，让我们得到一种启示：第一，要塑造人物；第二，要把人物生活的时代，生存的环境，面对的事件交代清楚，重要的是通过人物的行动，表现人物的思考，思想，情感；第三，戏剧要有内涵，有作家对生活的独特发现，独特认识。其实作家是把自己对人生的感悟、理解、追求和理想融入人物中，这些都可以给观众以启迪。是戏剧魅力之所在。

三、向传统学习向经典致敬

建议你们去看看中国五大古典名著——《琵琶记》《西厢记》《牡丹亭》《桃花扇》《长生殿》。看看它们怎么塑造人物的。杨贵妃与赵五娘不同，一个是民间女子，一个是宫廷贵妇，从语言就分辨得出来，两出戏都有文采，但不同，一个华美，一个质朴，充满田园气息。崔莺莺与杜丽娘同是闺阁千金，都是具有叛逆精神的女性，但绝没有雷同感，不会混肴，也不会产生似曾相识之感。缘何？李香君、崔莺莺、杜丽娘都是具有才情的女性，她们才情的显露不同，表现不同，带着各自的处境、教养、经历……细细分析起来，每一个人都有他的独到之处。如何运用语言，如何在行动中塑造人物，如何通过情节，细节展示人物的品格，如何展示人物的思想，情怀等，对我们会有所启迪。

戏剧大家塑造的是独一无二的“这一个”，“典型环境中的典型人物”。

四、编剧与各个艺术创作部门的合作共同完成形象的塑造

戏剧形象内涵得以实现，需要各个艺术创作部门创造性的劳动，相互刺激，因为戏曲是综合艺术。

作为编剧一定要求自己为这个团队提供一个坚实的剧本，一个能称得起是艺术形象的人物，“一将无能，累死三军”，各个创作部门都是在你提供的基础上进行创作的，一损俱损，一荣俱荣啊，责任何其重大？所以要放下作家的身段，即使是你已经成为了大作家，也要把自己放在小学生的位置，向各个创作部门的老师学习，因为他们是自己所从事艺术创作部门的专家。做文字工作，写剧本的人有自己的局限，必定是术业有专攻。首先是与音乐设计，唱腔设计的沟通，因为音乐是体现一个剧种风格的。音乐可能会给你启迪，使作品有所升华。

作家应该是思想家，有一个理论的思考，有一个深层的意蕴内涵，有一个对人物的定位，有一个对人物的解释，有一个对作品风格的把握，有自己

的理想，美学追求……要把你的思考、定位、解释传达给二度创作，比如说导演、音乐设计和演员。我觉得一个剧作家很重要的是要敢为人先，走前人没有走过的路，其实戏剧的价值在于一个创意。现在我也看到大家对评论有一些不满，我觉得评论也是有些问题。作者应该有理性思考，有理论支撑，对待评论的态度就可以清醒理智，不会迷失，不会失去自我，这就是定力。有定力，就知道如何取舍，知道我需要什么，对待评论家的评论，需要听，需要认真听，这些意见可以帮助你打开思路，进行思考，但不能全听。评论家的思考必定不能替代剧作家的思考。走自己的路。因为，评论家不能替代剧作家的创作。

五、浅谈中国少数民族戏剧

少数民族戏剧是中国戏剧当中的一朵奇葩。藏戏、彝戏、白剧、傣剧，你一看就知道它们和我国其他的地方戏不同，和我们的京昆也是不同的，它们有一种独特的美，而且还有一种现代的美，和现代青年人很容易沟通。而且这是一片艺术创作的沃土。比如藏戏，它有藏族的音乐舞蹈，藏族的说唱，唐卡，堆绣……藏族独特的艺术，为戏剧增添了色彩，加之民族性格、民族心理、民族生活，民族信仰……这一切为创作开拓了一个新的，无比广阔的创作领域。你们的才华可以在这个平台上得以施展。

文字整理：陈龙、聂春琴

校对：陈云升、李碧萱

来自实践的思考

罗怀臻

一、新时代、新起点、新观念

在新时代决定的新起点面前，我们对新观念的思考，首要问题是如何面对“传统”，我们的传统是不是一切？我们面对的是什么样的传统？如果简单形象地概括我们的传统构成，那不妨用四个字：三江汇流。

“三江汇流”：
我们所面对的文化传统

我们每一个人无论是哪个年代出生的，在人生之旅中行走到当下，无论是人格图谱还是文化趣味，都不能摆脱原生家庭、教育背景和生存环境三个源流对我们的影响和滋养。我们的艺术和我们的作品也同样面临着三个评价标准，这三个标准就是我们面对的三个文化传统。

第一个传统是我们中华民族几千年来构成的文化传统。这是我们民族共同的成长背景，哪一个人没有读过唐诗宋词？哪一个人没有庆祝过中秋节、端午节？哪一个人的意识当中没有忠孝节义、修齐治平？这些无论是进步的还是保守的，无论是文明的还是野蛮的，但作为我们民族的背景，它们永远生生不息地融汇和流淌在我们每个人的血液中，我们没有任何办法把它们解析出去，这就是——传统。我们中华民族的传统当然也是建立在各个民族、各个地域、各个多元的文化背景中的，是各个民族、各个地域不同的文化共同的构成。

第二个传统就是以欧洲文艺复兴为起点的现代文化传统，我们从小都读过《格林童话》《安徒生童话》；都看过好莱坞的电影；都知道哈姆雷特；作为戏剧人哪一个人没有受过莎士比亚的影响？所以以欧洲文艺复兴为起点和标志的现代文化传统也是现代社会每一个人文化背景中的一种营养，我们也是没有任何办法把它解析出去的。

第三个传统，是五四运动以来形成的新文化的传统。正是这种新文化的传统滋养了新民主主义革命，形成了我们的革命文化传统。七十多年前毛泽东主席在延安文艺座谈会上的讲话，把时代的文艺思想做了理论性的表述。随之也建立了一种新的文艺价值观念，由此催生了大批革命艺术家和经典作品。谁没有读过鲁迅、郭沫若、茅盾、巴金、老舍、曹禺的文学作品？谁没有唱过田汉作词、聂耳作曲的《义勇军进行曲》，即中华人民共和国的国歌？谁没听过《黄河大合唱》？谁没有看过或听过中国歌剧《洪湖赤卫队》《白毛女》？戏剧人谁不知道田汉、吴祖光、张庚？因此我们在中国古代文化传统和欧美传向全世界的现代文化传统之外又有属于我们自己的革命文化传统。

在过去一百年间，这三个文化渊源、这三个文化传统形成了三种不同对文艺评价的标尺。但这三种评价标尺常常是相互矛盾的，甚至于曾经是用某一个传统所形成的标准去影响、抵制、批评其他的标准。我们对待传统的态度也走过了一个抛弃传统——尊重传统——思考传统的过程。我们今天是不是面对着与以往不同的理论标准呢？什么又是新时代的文艺创作所要尊重的标准呢？ 我认为：任何一个人都不可以简单地用一种文化传统、一种理论标准去判定当下的创作。作为我们创作者，更不要因为在某一个阶段，某一个人或者某一群“传统”立场各不相同的人，对某一部作品的某一种或褒或贬或捧或杀就改变了你的艺术直觉。你的，我的，我们在座的每个人的艺术直觉其实都是源于这三种传统长期滋润而形成的。所以相信我们自己最重要、最真实也最有可能接近作品的真正价值。这个“三江汇流”，对我们每一个文艺人个体来说，它最后就流向了我们的内心，形成了我们具有时代感和当下感的直觉与判断。

“两创思想”：我们所面对的文艺理论

从理论上来说我特别推崇“两创思想”——“创造性转化、创新性发展”，这是由习近平总书记在 2014 年 10 月 15 日在北京文艺工作座谈会上的讲话中所提出的，那是这 10 字第一次被提出。当我看到这 10 个字时内心不禁怦然一动。我觉得这 10 个字所代表的是一个时代艺术的导向，是对文艺创作文化发展的一种科学的全新认识。

2016 年 10 月 1 日，全国第十次文代会、第九次作代会召开，我有幸身临现场坐在主席台上聆听习近平总书记的报告。这次的报告中，“创造性转化，创新性发展”已经变成文艺创作文化发展指导性的纲领。“两创”的观念在我的理解中就是“转型”的观念，是指经由转型创造出属于新时代的新文艺。创造性转化、创新性发展，同时也表达了我们对待传统文化、外来文化包括革命文化的态度，由这三种文化所积淀的文化传统转化创新为具有新时代特征的当代文化。

如果我们用“三江汇流”的意识，用“两创思想”的观念来看待和评价我们今天的文艺作品，我们这把尺子就是科学的。站在“两创思想”的高度来回看“三江汇流”，才能看得到时代的高度，才能产生艺术的高峰，才有和这个时代相适应的开阔的艺术胸襟和宏伟的精神格局。

“现实题材”：我们所面对的创作要求

2017 年，习近平总书记在十九大报告当中有专门针对文化和艺术工作的指导。这里有两个关键点。第一，提倡现实题材作品；第二，提倡四个讴歌创作——“四个讴歌”即讴歌党、讴歌祖国、讴歌人民、讴歌英雄。“现实题材”创作和“四个讴歌”创作无疑是当下文艺创作的“主旋律”。但是如何准确和深刻地理解“现实题材”和“四个讴歌”的创作，应该说还是需要有一个深入的过程的。最近我也在思考，从“两创思想”的提出到“现实题材”的提倡，怎么理解其中蕴涵的逻辑？结合中华传统戏曲文化的“创造性转化”和“创新性发展”，我想到了传统戏曲向现代戏曲的转变，想到了我们曾经所共同跋涉的戏曲现代化之路。

戏曲现代化的道路，从二十世纪开始就是我们的理论和实践不断思考和推进的焦点。这其中有表现形式上的探索，这种探索从梅兰芳时代就开始了，二三十年代的上海更不缺少表现当时生活的内容，把游泳池造在台上，把吉普车开到台上……这些前人全部都实践过了。四大名旦各个都在现代化、都市化、国际化方面作过积极的尝试。所以四大名旦其实是时代的文化先锋。尤以梅兰芳的表演进入了现代表演艺术的范畴，他已经不是题材选择上进入“现代”了，他是从审美上进入了“现代”。梅先生留给我们的三出经典，《天女散花》《贵妃醉酒》《霸王别姬》，是不是很符合新世纪以来流行的极简主义的审美观？但我们的戏曲更需要的是从表层上的表现现代到终极目标上的具有现代审美观。因为任何一个艺术门类真正的突破，也就是真正的转型要看能不能表现当下生活。而我们的现代戏在表现当下生活这方面，从梅先生到现在，近百年来突破不了这个题。当我们传统的程式化的审美和创作规范在表现现代生活面前捉襟见肘、无能为力之时，我们还怎么坚持着传统戏曲的审美意韵，同时又用这种“意韵”表现现代生活？很难。传统戏剧的程式体系，在表现现代生活时有大量天然的盲区，而在表现清末之前的生活时，这种障碍应该说几乎没有。传统舞台上以鞭代马，现代戏舞台表现坐火车、开轿车就没有办法了。黑马鞭代表黑马，白马鞭代表白马，如果拿一个方向盘上台能表现这是宝马、奔驰、桑塔纳吗？传统舞台上楼下楼可以走出许多身段来，店小二有店小二的走法，武松有武松的走法，西门庆有西门庆的走法，可我们今天上电梯怎么表现？所有的身段用不上。出现盲区，艺术就有破绽；出现破绽，这门艺术就面临革命性的改革，如果我们仅仅创作历史剧，仅仅表现古人的生活，我们不需要革命依然得心应手，但搞现实题材，就必须通过现实题材实现戏曲表现力上革命性的突破。

这个突破就是——现代戏曲。我们现在没有现代戏曲，只有现代题材的传统戏。但现代戏曲不是现实题材的“传统戏”，不能是内容是现实的，但形式仍然是“传统”的那套东西。如果我们用的手段，我们的创作方法都是属于“传统戏曲”的，只是用了现代题材，就不是现代戏曲。我们从新中国走进了新时期，从新时期走进了新世纪，从新世纪我们试图走进新时代。而新时代对戏曲的要求是什么？是用“两创思想”看“三江汇流”，以“三江汇流”推动“两创思想”所指导的实践，推动戏曲再一次的转型和发展。犹如古典舞催生出现代舞；犹如唐诗催生出宋词，经由现实题材的创作催生出现代戏曲来，而这才是我们关注现实题材的目的所在，也正因此，戏曲现代戏，尤其是现实题材戏曲现代戏的创作绝不是一件轻而易举甚至投机取巧的事情，而是一场事关戏曲变革艺术发展文化进步的严峻课题与才能挑战。

二、且行且思——我在 2017 年的三次创作

戏曲表演“重返手工时代”：京剧《大面》

2017 年我有三部作品，体现了我对当下戏剧发展的三点思考。

第一部：《大面》。《大面》讲的是兰陵王的故事。2017 年我和翁国生导演合作了这部作品。京剧，中国第一大剧种，难听一点说，今天只剩下三出戏：一出传统戏、一出现代戏、一出新编历史戏——三个戏曲创作模式。所有的传统戏都是一个演法，所有的新编历史剧都是一个演法，所有的现代戏都是一个演法。因为这样高度同质化的趋向，所以我希望到《大面》这出戏创作的时候，我们能更新理念。我和《大面》的导演兼主演翁国生、舞美设计韩生彻夜长谈，最后我们提炼了一个意识，一句话——让戏曲“重返手工时代”。这也就是京剧《大面》体现出来的创作意识。我们现在做到多少？是不是已经返回去了？我们没有很充分的把握，但是我可以肯定地说，在座的诸位看了这个戏不会后悔。我们的舞台上不做任何假，不要飞天、威亚、转台、升降台……我们任何一段情节的展示必须通过肉体和声音表现出来。我希望我们的每件道具、服饰、刀、枪、马都是手工特制的，全世界只有这一件。京剧是手工业时代的产物，京剧离开了它的手工审美，京剧就不是京剧了。我跟国生说，我们借鉴日本对歌舞伎的态度，日本对传统保护有非常现代的背

景，但却丝毫不吝惜向世界展示手工时期的古典表演，而京剧最宝贵的价值也正是在于它的手工感。

我们希望建造一个剧场，终于可以不用麦克了，我们希望这件衣服结束了演出后让大家看到我们怎么把衣服收起来的，怎么叠的、怎么保存的，怎么把刀枪入箱的，盔头是怎么戴，水网怎么弄，让你看到舞台背后所有的艺术流程。如果我们的《大面》之后能产生这样一个艺术家，一个彻彻底底重返中国京剧手工时代的艺术家，重返杨小楼时代、谭老板时代的艺术家，不借助麦克风、不借助群众演员、不借助精钢跳板，一切靠人格和表演洋溢出来的那种魅力，和青年梅兰芳一样具有那种能同时打动天下男人和女人的那种魅力的艺术家，我们说那不是倒退而是进步。更可以说，今天谁把这样手工感的戏曲演出来了，你就是最现代的。所以《大面》2017 年演出的时候我们追求的就是这样一种理念——让古老的剧种、让我们的表演艺术重返手工时代——也希望这种理念在我们的作品当中更彻底，也希望这种理念的作品更多。让戏曲回到传统，回到它的手工时代，回到一针一线的感觉，手工感才是奢华感。

外来艺术的“民族化”：话剧《兰陵王》

话剧《兰陵王》是晓鹰导演孜孜以求十数年所要寻求的中国美学在当代的表达。他概括的是“中国意象现代表达”。《兰陵王》我们也有一种理想，在导演来讲是他多年追求的民族化的表达，其实很多艺术家的民族化表达更多的是戏曲化的表达，戏曲化的表达更多又是京剧化的表达，或者有一些是中国文化符号的表达。这些表达都是先有了话剧式的剧本，而后导演赋予它民族化的形式。这次我和王晓鹰的合作最大的不同是先有一块地，一片民族化的土壤，在这片民族化的土壤上自然种植出中国的庄稼，长出中国的果实，而不是通过后天嫁接的。这次“表达”的不同还在于不局限于我们对宋元以来的中国戏曲表演的运用，而是回到中国表演艺术的源头去寻找更为古典的表达。《兰陵王》的故事发生在一千六七百年前，所以我们希望我们的表达至少做的是一千年前的戏剧表达，包括表演艺术的手段运用，回到《大面》表演元素还没有出现的时候，回到兰陵王生活的具体时代以及那个时代以前的表达手段和方式。这样我们就有可能和古希腊悲剧、古印度梵剧取得时间点上的一致性。让这个剧具有一种真正的气质上的古典性。

王晓鹰运用得非常好，至少我觉得是话剧导演对于民族化表达具有里程碑意义的探求和收获。这部作品不仅仅是简单的戏曲化问题，而是想通过《兰陵王》这个戏让“话剧”回到“戏剧”——这是我们演出之前讨论过的问题，这部戏剧作品我们要不要还叫它“话剧”，能不能直接就叫它为“戏剧”呢——国家话剧院演出戏剧《兰陵王》——因为你用“话剧”涵盖不了它，因为其表演手段丰富性已经不仅仅是靠说话了。有韵味的念白、傩剧、古歌舞剧形式、古傀儡戏手段、面具戏、古傩的元素……《兰陵王》里面大量运用了中国戏曲诞生之前的戏剧手段。里面还有一点京剧程式，如水袖，如水旗，但也只是作为传统的戏剧表演元素被使用，不再是运用完整的昆曲、京剧的表演系统，为此《兰陵王》才有了一种可以与古希腊戏剧相仿佛的古朴化的舞台气质。

地方戏曲的“再乡土化”：淮剧《武训先生》

《武训先生》我想要追求的新的理念，概括而言就是——地方戏曲的再乡土化。“淮剧三部曲”的第一部《金龙与蜉蝣》诞生时，我第一次提出“地方戏曲都市化”，这一次的“再乡土化”是一次呼应，更是一次艺术观念上的发展和轮回。

如果说“都市化”的过程体现的是一种“走出”的过程，那么“再乡土化”体现出的则是“回归”。乡土时代的戏曲，要经历都市化的过程走进都市的剧场才能找到自我的生存空间，尽管在这一过程中不免受到京剧、话剧、歌剧等强势剧种的影响，逐渐发生了同质化。我们现代化、国际化的过程也成为了去乡土化的过程，这一过程中流失了许多具有乡土气息的方言韵味和声腔特色，现代剧场的舞美灯光和乐队编制乃至西方戏剧结构叙事等，这一切使得我们越来越远离祖先曾经留给我们的那个剧种的原生气质。但是我们不能反悔，不能后悔，这是一个走向成熟的发展过程，是一种必然进步，任何一种艺术都是阶梯式发展和螺旋式上升的，是符合事物发展规律的必然。不经历“走出”的过程，也永远不可能有今天的“回归”。正如没有机械包的饺子，我们体会不到手工饺子的美味，没有当年深圳中英街购买电子表的经历，也很难体会到今天去瑞士买机械表的价值。生活的道理和艺术的道理都是相通的，所以“再乡土化”是地方戏一个新的突围方向。《武训先生》就是浸透了这样一种艺术理念的作品，从舞台到服装、从旋律到表演，我们需要的是记忆中的淮剧，是苏北的声音，从现在的演出效果来看，创作和表演团队做到了这一点。

三、回顾与期盼

回顾我个人的历程，我从一个创作的“实践者”到一个理论的“思考者”，这是痛苦的，也是激发了我成长与成熟的一个过程。生命不息，思考不止，我的每一部作品都凝结了我思考的轨迹，但我不满足于停留在一个思考者的位置，因为思考的目的仍然是义无反顾地实践，所以要做一个“思考的实践者”。“实践者”——“思考者”——“思考的实践者”的过程，也就是我所见证所经历的中国戏曲从“像自己”到“不像自己”再到“更像自己”的过程。这是一个任何一位在专业上试图精进的人都可能经历的过程，也是从争取“优秀”到追求“卓越”的磨砺过程。我的表达也许带有很强的私人化的实践和体验色彩，但是希望我的这些个人体验能给大家提供一点有意义的参考。

“青研班”系列和“千人计划”系列这种非学历性质的教学实践有它得天独厚的不可替代性。因为我们的学生全部来自于戏剧实践的第一线，大家带着各自在创作实践中所遭遇到的困境、难题，也带着自己对职业前景的设想和规划，来到这里希望找到部分的解答，然后再带着一种新的观念重新上路。我希望和坚信我们共同的思索能影响中国戏剧发展的走向，在新时代、新起点和新观念中，在“三江汇流”和“两创思想”的大背景下，推动中华传统戏曲走向新时代的现代戏曲，而我们个人也像我们的作品和我们的事业一样，从“平凡”走向“优秀”，从“优秀”走向“卓越”，愿我们共勉。

文字整理：孙红侠

校对：陈云升、李代鹏

帝都文化与戏剧创新

谢柏梁

今天我要跟大家分享的是帝都文化与戏剧创新。

什么叫做帝都文化？所谓的帝都文化是指中华民族5000年来的帝都中心文化。帝都不仅仅是指北京，中华民族的帝都群落中至少有十大古都。这些古都的文化，我们统称为帝都文化。

戏剧艺术是帝都文化的一个不可或缺的重要部分，研究帝都文化和戏剧有什么关系，帝都文化与戏剧的创新发展有什么关系，戏剧创新跟我们在座的同学们有什么关系，这是我们今天想要展开的话题。

从文旅部高级编剧班毕业之后，每一个人的心里都会有北京情怀，也可以称之为帝都文化中寄寓着的家国情怀，更进一步叫历史使命和文化责任。

帝都永远是信息最集中的、文化最繁华的、剧目演出最频繁的所在。在全世界范围内，戏剧市场能够与北京相比的可能只有一个纽约。北京一个晚上有100多场不同形式的各类舞台剧演出。上海一个晚上大约有10场舞台剧演出，各省的省会一个晚上差不多有两三场舞台剧演出。基本的格局就是这样，历来如此，一直如此，这就是大一统的国家之首都，作为文化之都和戏剧中心的基本的风尚。

美国的政治中心在华盛顿，但是经济与艺术都会在纽约。到百老汇演出的戏先在华盛顿等地演，较成熟之后再到外外百老汇、外百老汇和百老汇演出。

中国的帝都，是一个很庞大的特殊的政治、军事、经济、文化、艺术和教育的交织体。北京是世界非遗代表作最多的城市。如果北京的城墙不拆，如果崇文门、宣武门、复兴门等城楼不拆，北京就是全世界无可比拟的遗产之都、文明古都。这里是政权和经济的统一，文化和艺术的统一，思想和人才的统一和聚集之都。

中国的泛戏剧活动，一向伴随着十大古都而勃兴。唐宋以来，尤其是宋、辽、金、元、明、清以来，中国戏剧升华到了戏曲艺术的新的阶段。那么，宋、辽、金、元、明、清的历史有多久，戏曲艺术的发展就有多久。因此，在全中国范围内，凡是大剧作家，都和北京城这所近千年的帝都有着千丝万缕的联系。

第一位领军的戏剧大家是由金入元的关汉卿，他是元杂剧作家的创新大家和杰出代表。关汉卿是大都人，尽管其原籍有山西、河北等不同说法，但是他生活的地方主要是在大都。他一共写了 66 部戏，这 66 个剧本大部分都上演了，而且到现在为止还有着顽强的生命力。公案戏以《窦娥冤》为代表，女性问题戏以《救风尘》《望江亭》为代表，历史戏以《单刀会》为代表。

帝都文化关联着家国情怀，君王朝廷关联着草根黎民与天下苍生。关汉卿写戏的天平，永远倾斜在草根黎民和天下苍生这一边，所以我们看他写的所有戏，都是在为民生鼓与呼，例如《窦娥冤》的理想，是将贪官污吏都杀害，为百姓伸冤，为万民除害。这种伸冤情不是仅仅针对窦娥个体的而是面向群体的集体诉求。他是身在帝都心系百姓，为弱势群体而不懈呼吁的剧作家。现实生活中解决不了的问题，就让全能的包大人去扫平一切冤狱。当时的权相叫阿合马，人分四等，汉人老百姓用关汉卿的一句戏词来形容，就像蒸笼里面的水珠，水蒸气蒸上去掉下来再蒸上去，受煎熬的人们没有半点自由可言。所以他给我们写那么多清官戏、包公戏，写那么多百姓的痛苦悲哀和无助，写那么多下层女性的痛苦和抗争，这就是关汉卿最了不起的地方。这位中国第一剧作家实在伟大，建议你们翻阅一下我 1984 年写的一本小册子《大戏剧家关汉卿》。

第二大剧作家是王实甫，王实甫是地地道道的北京人。王实甫的能耐，是能把风花雪月题材中的爱情写到极致，能把张生和崔莺莺的爱情故事，写成中国第一部浓墨重彩的爱情史诗。他向唐传奇致敬，把《莺莺传》进行改编，加花变奏，踵事增华。在这之前，中国最基本的爱情婚姻生态是父母之命、媒妁之言，是不自由的爱情婚恋方式。在《西厢记》中就不是这样了。

第一，写四目相对、两心相撞的爱情；

第二，写心心相印的爱情，一定要有共同的志趣和爱好来彼此共鸣，要有一种吟诗答对、弹琴知音的艺术青年和文化标高的共同语码和相应的情怀；

第三，要有危机时刻、急中生智的紧急处置能力，那就是如何请白马将军来解普救寺之围。

第四，张生与崔莺莺一改先结婚后性爱的婚恋模式，在张生人命危浅的特殊情况下，开创了先有性爱后有婚姻的新模式。

第五，写出不同性格的人们对于同样一件事情的不同反应。老夫人发现女儿情态有变时便拷打红娘，红娘却勇敢地反唇相讥。老夫人只得对张生下达最后通牒，考中做官之后才能回来见我们，不然休想再回来。而崔莺莺却说：但做一对并蒂莲，恰强似状元及第。这就写出了不同人等的身份地位与情感个性。

《西厢记》以考中状元作为接近朝廷的最高境界，这就是帝都文化的一部分。中国最好的剧作，常常都和帝都文化有关系，主人公最终都要考上状元。这就是帝都文化权威秩序的无所不在。

大部分元代剧作家，都是在帝都生活的，或者是曾经在帝都感受过这种文化气息的各地英才。关、马、白、郑、王中，至少三位是大都人。白朴和郑光祖也是多年在南方的名城古都中生活。绝大多数元杂剧作家，都是以帝都为创作中心或者以袍带戏中的帝都题材来发展自己的。纪君祥的《赵氏孤儿》，也是在表现朝廷忠奸之间的长期斗争。

明代最好的剧作家只有两个，杂剧只有徐渭的好，传奇只有汤显祖的好。徐渭和朝廷有间接关系，与帝都更有着不解之缘：第一，徐渭才华过人却屡试不中；第二，徐渭给胡宗宪将军做幕僚，代他向朝廷写过一些文书。胡宗宪倒台后，徐渭被权相李春芳请到北京来。但是徐渭一旦发现李春芳是构陷胡宗宪的推手，那就立马离开北京。他后来也有北上考察的经历。

徐渭的代表作是《玉禅师翠乡一梦》，写红莲破戒、冤冤相报的故事。此剧写出了这个社会最真实的人性，把所有堂皇的、周正的、虚伪的外衣全部给剥掉，还你一个真相、本意和深刻的揭露。原来地方官员所代表的政权、大法师所代表的神权，都是如此的冤冤相报，丑陋不堪。

汤显祖是江西人，但是汤显祖之所以能够写出那么好的剧本，《紫钗记》《牡丹亭》《邯郸记》《南柯记》，都与朝廷息息有关。汤显祖才学过人，据说是张居正看他不听话一直压他，张居正过世之后他才考上进士。但即使他考上了，名次也是第 211 名，所以后来只得去遂昌做了一任县官。两部爱情戏中，《紫钗记》也是跟官场有关的，官员要钓到金龟婿。《牡丹亭》中的杜丽娘之父杜宝，从南安太守做到丞相，一人之下万人之上。该剧最后的矛盾和解，还是有赖于皇上的主婚。《牡丹亭》写出了生死之爱，生可以死，死还可以生，这一魔幻浪漫主义的写法，超现实主义的写法，过去没有过。美国人的教材中世界上 100 部名剧，中国只有一部，就是《牡丹亭》。这个戏写出了人类普遍的情爱，死去活来的情爱。国际戏剧家协会在南京开会的时候，又展演《罗密欧与朱丽叶》，又展演《牡丹亭》。西方人说，我们写到死就为止了，而这个戏死了还能回生，爱情真的可以超越天地，超越死生，那该多么神圣而崇高，具备宗教情怀和信仰的高度。

《牡丹亭》还写出了少女崇拜、青春崇拜、爱情崇拜，都写到了极致。大家最喜欢看的《游园惊梦》，最喜欢看杜丽娘梳妆，这场戏细致地展现出梳妆的场景来，这是创新，是写青春之美，写镜子里面对自己青春之美偶然的发现。但是美是短暂的，任凭你“如花美眷”，敌不过“似水流年”，所以要春愁，要游园，一游园就是良辰美景奈何天、赏心乐事谁家院的感伤与痛苦。

另外两出戏，《南柯记》《邯郸记》，看过之后令人倒吸一口冷气，原来官场是这样的官场，朝廷是这样的朝廷！前两个戏风花雪月，后两个戏写出了官场的无奈和悲哀，不靠裙带关系，不拿金钱铺路，那就找不到进身之阶。

清代同样如此，离开朝廷离开帝都文化和官府题材，哪有好戏问世？大家都知道南洪北孔，孔尚任是依靠给皇上讲《论语》而做官的，所以最后能够写出《桃花扇》。洪升更是帝都文化的产物，如果不在国子监那么多年，怎么能够写出《长生殿》？《长生殿》比他得十个状元都值钱。

长安和北京都是千年左右的首都。但是长安的大戏唱得好，比方洪升的《长生殿》。大都的戏唱得好，比方元杂剧和明清民国直到今天的好戏。只要帝都在，中国戏剧就在，帝都和戏剧有千丝万缕的联系，唱不尽的恩怨，脱不了的干系，扯不开的文脉。古代如此，现代如此，当代同样如此。

田汉是一个奇才，这位湖南人打小就发表昆曲剧本，他就是聪明。《白蛇传》，就数他改得最好，最大的了不起就是把许仙写成一个容易犯错误的好人，不像昆曲《雷峰塔》之中那个无药可救的男人，那个一有风吹草动首先出卖娘子的叛徒，这是田汉先生的伟大之举。

再说上海的徐进先生，越剧《红楼梦》成为戏曲的终结版，谁想超过他都不可能，大家写一个侧面可以，但要从语言上、格局上、感觉上超越徐先生的本子，太难了！他的唱词意境感觉，无一不美。他十几岁考到袁雪芬剧团，改了那么多剧本，古典文学学得好，民间文学学得好，越剧传统把握得好，具备了把《红楼梦》写到后人不可超越的本事。最悲伤的意境是他们结婚了，新娘却不是我，霎时间天旋地转，难分辨南北西东，那种生命的哀叹，爱情的长歌，那是悲剧中的悲剧。

越剧《红楼梦》写的就是贵族和帝都的关系，四大家族与朝廷的关系。我写的赣剧《红珠记》就是从这里生发出来的，演了快200场。北静王之所爱和帝王之所爱，都是同一个美人，这当中就有戏可挖。

湖南的陈亚先，其《曹操与杨修》之所以写得好，就是把知识分子与统治者之间无法调和的终极性冲突，写到了极致。

花部之所以战胜雅部，京剧之所以战胜昆曲，耐人寻味。昆曲谈恋爱谈到极致，小生小旦美到极致，京剧则反其道而行之，还是演袍带戏、宫廷戏、历史戏和帝都戏为主。

帝都文化和戏剧创新，具体到每位大家就是一人一法，每个人都在创新，田汉先生有田汉先生的法子，徐进先生有徐进先生的法子。福建的陈仁鉴先生，他的做法就是脱胎换骨，点石成金，把老本子创造性改编，创新性提升。这才有《团圆之后》和《春草闯堂》的双星并照。

罗怀臻的创新与追求，在帝王戏上写得好，独具慧眼，有独特的发现和

技，真的还能吸引我们自费购票投身其中吗？当我们重新面对选择的时候，我们会不会有一种不同于以往的犹豫或掂量？如果是，那么传统意义中的“剧场艺术”就有可能将要面临式微的境遇了，而我们正在聆听的经验，正是要教会我们怎样去适应已经在式微中的剧场。换言之，我们不能为正在过去的传统戏剧时代而殉情。

人对即将到来或已经到来的变化有时会有一种本能的拒绝。谈一件很有趣的小事：2019 年 6 月 11 日，在第 11 届“海峡两岸暨港澳地区艺术论坛”举办当天的晚餐桌上，我与来自香港的舞台剧导演毛俊辉先生以及从上海移居香港的学者许子东先生同桌用餐，发现彼此没有互加微信。于是，三个人不约而同地都打开了自己的微信二维码，说了同一句话：“你加我。”忽然就这样僵持在那里，三个人都不知道如何去加对方。在潜意识里，似乎别人加自己意味着对方是学生或晚辈，而自己加别人则通常表示对对方的尊敬。三个人在行业中都已经熬到了前辈的地步，所以居然都不知道该如何去加别人，连“扫一扫”都不会弄。在同桌年轻人的指导下，大家当即学习“扫一扫”，也就几秒钟就都学会了，马上又都脱口而出：“我加你。”通过这件极小的事情使人感觉到，三个在行业中并不恪守常规的人，也很可能每人的朋友圈里都有数百上千位好友，但在各自的潜意识中对于手机微信的使用还是缺少接受度的，这是一种有意无意的保守，意识深处并没有做好面对全媒体时代的心理准备。

我联想到世纪交汇之际，电脑刚刚普及使用时的情形。那时有一批作家，比如上海的作家陈村，不仅很快就接受了电脑，还开始在网络上创办文学社区。但也有另一批作家，他们有意无意地拒绝着电脑时代的到来，甚至在报刊上撰文，极言书写的意义。一方面他们认为书写本身是一门艺术，一门从毛笔时代延续到钢笔时代的艺术；另一方面他们还认为书写让人惜墨如金，字斟句酌，节省笔墨、爱惜纸张，文字也更加凝练。甚至有的作家说，一笔一画写出的文字是从心灵流淌出来的，它更见诚意；而电脑随意敲打、随意删除和修改，是对文字缺乏敬畏心。当时一些作家发表这样的言论，是把坚持手工书写当作操守的。而到今天，也就二十年时间，如果还有作家要坚持手工书写而拒绝电脑，那将会是一个笑话。

全媒体时代并不仅仅意味着技术的改良，它也是一种价值观、文学观、艺术观的嬗变。全媒体时代与我们所经历过的手工传播时代是不一样的，这种不一样不仅仅是技术方面的，也是观念和内涵深处的。

由此，我们又会联想到，工业革命的到来导致了手工时代的式微，当照相机发明之后，我们用工具临摹外部世界的技术被摄影摄像的真实性所取代，曾经的画家面临着失业的风险。因此，世界上的第一批摄影师大都是由画家改行而来的。经过短暂的阵痛，绘画并没有就此终结，不过是传统的写实绘画被现代派、印象派的新兴画家、画风、绘画观念所替代，莫奈、梵高、马蒂斯、毕加索、达利等现代派画家应运而生。现代派绘画的崛起，某种意义上是现代科学技术倒逼的结果，它并不意味着传统绘画的终结。在现代绘画繁盛的时代，也仍然有大量传统写实绘画的画家和作品。

科学技术的每一次进步，都将推动文学艺术向着更加开阔和自由的世界拓展，并在作家艺术家的作品中形成一个时代与一个时代之间的代际感。以舞台艺术为例，表演艺术伴随着人类文明而生，作为"晚辈"的戏剧艺术在东西方至少都有千年以上的历史。

但是，进入镜框式的现代剧场，在西方最多不过二百年，而在中国仅仅只有一百年。进入镜框式舞台的剧场后，表演艺术变得更加规范化、精致化，更加有利于跨地域跨国界的交流与巡演。但与此同时，模式化的剧场也使得千姿百态的表演艺术趋于同质化。特别对于中国的民间戏剧、民族戏剧、地方戏剧而言，它们诞生的文化背景、发展的历史路径各不相同，但在二十世纪的一百年间，都不约而同地实施了向剧场艺术的转型。

一方面，转型催生了中国数以百计的剧种和数以万计的剧团，更推动了不计其数的适应这种演剧条件的剧目的创作和创新；另一方面，因向率先进入现代剧场的话剧、京剧及西方歌剧学习借鉴而导致了表演艺术的同质化趋向，现代剧场和镜框式舞台艺术观念也越来越成为制约中国表演艺术发展的瓶颈，中国戏剧表演艺术的丰富性被大大地削弱了。

在呼唤表演艺术回归的时代，全媒体是技术，是背景，是视角，也是价值观和审美观，但它不是内涵和内容。它的内涵和内容仍然是人的身体、人的声音、人的情感，以及身体、声音、情感所依附的乡土和家国，这是人类所共同面对的全媒体背景下的极其珍贵的个别性、独特性。

我们可以拥有一万台相同的电脑，但透过屏幕却能映射出一万张不同的面庞。这一万张不同的面庞因不同的人种、不同的国度、不同的宗教而构成不同的表情。如果一万台电脑映射出的是同一张面孔、同一个表情、同一副眼神，那么全媒体时代的到来，就是人类文明的灾难。但事实恰恰相反，正因为有了这一万台可以连线的电脑，我们这一万张有着不同神情的脸才拥有了更加广阔的平台。而这个平台是有着基本的价值观的，那一万个表情是在信守着人类共有的一些基本价值观、基本审美观的前提下来展示自己的个别性的。于是，它就获得了一种互为表里的意义。

正视全媒体时代的到来，戏曲不能沉浸在传统的小圈子里自娱自乐。中国共产党第十八次全国代表大会以后，全社会给予了戏曲和戏曲人以有史以来从未有过的关怀与礼遇，戏曲是不是及时抓住了这个千载难逢的繁荣和发展的时机，是不是又一次错过了向新时代全面转型的机遇？这个话题，值得讨论；这个课题，值得深思。

我近期创作的两部昆剧、两部戏曲现代戏和两部舞剧，都是试图以一种更加自觉的“回归”姿态，进而追求实现一种具有新时代表演艺术特征的“创新”境界。我更希望文旅部高研班的学员们，珍惜疫情带来的特殊机遇，创作和思考在全媒体时代多样态的新型戏剧演艺，并由此探求新时代戏剧存在的新常态。

文字整理：邓荣宗

校对：陈云升、郭泽莹

返本开新

王仁杰

几十年来，我都是个边缘人。还有，有人说我的剧作里的价值观没有“正能量”，譬如，《董生与李氏》被当时某市领导认为是三级片，《柳永》被个别专家认为是写嫖娼。

今天我谈的题目是返本开新。我所谈的返本开新不是复古，而是回到戏曲本体，回归虚拟性和程式化的戏曲美学。

记得许多年前我到泉州剧团当编剧，当时各地都热衷于搞创新，我们剧团也有些蠢蠢欲动，但我不主张跟风搞创新，我倡导首先要抢救传统和继承传统，这是首要的，过了二十年后再来看结果。

我们的戏曲在1949年以后走过的弯路，总地来说，就是忘了戏曲的根本，也就是脱离了原来的本体。50年代后我们一切学苏联，也就是斯坦尼斯拉夫斯基那套东西。80年代后又一切学西方，话剧化比较严重，话剧加唱成了主流，所谓改革就是这么搞的。

后来戏曲又变成了导演为中心，戏曲编剧和演员在创作中被边缘化。弄一个戏慢慢变成了成本几百万元、几千万元，……现在大家已经感觉到它的负面作用了。

现在编剧和导演的关系比较紧张，我们戏曲编剧经不起导演的逻辑分析。我们戏曲是讲虚实结合的，有些戏是在演员身上的。比如《游园惊梦》，当时没有导演，演员把剧本描写的东西全都通过表演表现出来，这就逼着演员去创造，结果就逼出了很多表演大师。

现在演员成了导演的工具，没创造力了。

曾经有一段时间，导演都喜欢在搞大转台，弄得演员都不会走台步了。我个人认为，编剧是演员的老师，剧本是作品的灵魂。写戏不能写得太满，要给表演留下发挥创造的空间。编剧的水平决定了剧团的水平，也决定了剧种的水平。

这些年我们梨园戏受到很多人的关注，他们追戏都追到了泉州。

现在有些上海昆曲的戏迷也成了泉州梨园戏的戏迷。他们为了看一个折子戏专门坐飞机就飞来了，他们只看传统戏和骨子老戏，不看新编戏。这些戏迷很专业，研究得比我们还深，对戏曲很痴情，很执着，甚至很固执。我在想，我们戏曲新编戏能不能做到让所有的观众都能接受，都能喜欢？

怎么返本开新？我想谈几点看法。

一、要有文化自信

这两年，我们梨园戏到法国太阳剧社演出，他们的艺术总监看了《董生与李氏》后，居然双膝跪在我们主演（曾静萍）的面前。他说："这是50年来，我看到的最好的演出！"他们的文化部长，开场迟到了5分钟，竟然不敢到自己的位置就座，而是拿过一个小凳子坐在走道上看完演出。这次演出我们没有做过多的宣传，但他们的艺术总监评价曾静萍的表演是"珠穆朗玛峰"的水平。

他们那些老外非常懂戏，他们说戏曲的虚拟性和程式化，看似戴着镣铐跳舞不方便，但实际上是更高级的艺术表演语汇和演剧形式，具有象征性、概括性的艺术表达技巧，具有艺术表现的更高自由和更大空间。

非常高兴的是，两次我们去法国演出，所有的交通费、住宿费、餐饮费全部由邀请方负责，待遇非常好。另外，这次演出全是售票，人家给我们演员发演出补贴，同时剧团也赚了一笔演出费回来。

不久前，法国的太阳剧社来到泉州演出法国话剧版的《董生与李氏》，他们非常认真，演得还行，不过话剧毕竟表现不出梨园戏那种生动和细腻，两者之间还有一定的距离。

总之，我对我们的戏曲很自信，对我们的文化也很自信，也许有人觉得我很阿Q，但是我对我们戏曲和我们的文化是持乐观态度的。

二、戏曲不会灭亡

我个人的观点，只要中国文化还在，中国戏曲就不会灭亡。当然，这些年我感到深深的忧虑和无奈，正如陈寅恪先生所说，但凡一种文化衰落之时，那些被这种文化所化之人就会感到很痛苦。

我崇拜钱穆先生！钱穆先生提倡我们对传统文化要保持温情的敬意。他毕生为故国文化招魂。多年前我去台湾地区，我在他墓前鞠躬叩拜。

对于我们来说，怎么样让戏曲更好地传承下去呢？我觉得我应该先好好学习，向经典学习，向传统学习！

我以前在剧团里看戏，经常是一个人搬个凳子坐在前面看戏，看到好戏时，我就会琢磨古人为什么这么写？为什么写得这么好？我认为看一个戏，比看一本书作用还大。

有人说，王仁杰你写寡妇戏写得这么好，你是不是有寡妇朋友？我说没有啊！都是看戏看出来的。你看，传统戏里把青春男女的情感写得那么生动、丰富和深刻，男女之间的打情骂俏简直是活灵活现和撩人心魄，久久不能忘怀。

还有一个东西需要注意，传统戏的情理跟现代戏和话剧不同，有些地方看似不真实不合理，但戏曲观众很接受，很高兴。比如说演员跳出角色与现场观众交流，一下子就把整个过程或者局面给快速扭转了。我觉得这个很戏曲，是非常巧妙的艺术手法。

现在的戏曲编剧的地位很惨，一是谁都可以给编剧提意见，演员提，导演提，专家提，领导提，提到你不知道怎么改。二是编剧报酬太低，灯光舞美随便搞一下子获得的酬劳都比编剧的稿费多得多。

平时我最害怕给人家剧本提意见，人家辛辛苦苦构思那么长时间和写了那么久，看了一遍就七嘴八舌，这个不太好。另外，我也害怕人家在演出前讨论我的剧本，尤其害怕各种专家给我提意见。你说专家请来了，不管好坏总得谈点意见。对我来说，专家说了，改嘛我已经觉得我的本子不错了，自己改不动；不改嘛又怕得罪专家，要是对方又是什么艺术节的评委那就更完蛋了。

作为梨园戏的编剧，我在写戏时就会考虑梨园戏的表演、音乐和舞美等因素，我写戏一般也就是一个礼拜就能完成一个。但是我这个人有个坏习惯，我呢是典型的“戏拖”，无论给我多长时间我几乎都是拖到最后一个礼拜才动手写作。

回到刚才的话题，怎么学习写戏？我觉得我们可以学习古人怎么谋篇布局和遣词造句，你看，古人的好多作品既可以演出，也可以作为案头读物来欣赏。

我们可以学习元杂剧，学习明传奇，学习古代戏曲的那种起承转合和抑扬顿挫的写法。

我不怎么写现代戏，因为很难写，你想写的又通不过，要你写的你又觉得写不了，很难，你懂的。前不久我在苏州看了一台现代戏《狗儿爷涅槃》（秦腔），刘锦云先生编剧，真是好戏，现在看都还不过时。这个戏原来是话剧，八十年代在北京人艺演出的时候，很轰动，也有些麻烦，幸好曹禺先生出头叫好才把这个作品保住了。这个戏很深刻，作者亲自改成秦腔来演出依然十分精彩。

总之呢，现代戏不好写，很多作者不愿写。写古代戏要比现代戏的自由度大一些，当然古代戏也比较适合戏曲的演出习惯。

关于中国封建社会问题，我觉得我们沿用的是西方定义和划分法，有些东西用在我们历史的实际上其实没那么准确。比如古代的科举制度那是相当好的人才选拔制度，但是后来不断地被丑化，我们自己就把它废除了。我们的教科书常常只告诉我们某些东西的一面并加以批判，但没有完整地告诉我们全部事实。

比如说，我们古代的休妻制度，大家都知道妻子犯了“七出”之罪就可以休，因此就说这是一个很差的制度。但是，这“七出”仅仅是上半句，它下面还有下半句呢！大家知道吗？有三种情况不能休：一是同甘共苦的不能休；二是孝敬公婆的不能休；三是娘家无人的不能休。这个我看比现在的离婚制度还好呢。当然，元明清三代是比较僵化和独裁的，尤其是清代的文字狱，弄得读书人都没有精神了，搞得整个国家也没有生气了，慢慢地也就腐朽衰落了。

三、千万不要颠覆戏曲的虚拟性和程式化

我告诉我们梨园戏的团长，我们要好好保留我们的传统，保留好我们的十八步科母。只要保留住我们的表演之源，保留好我们剧本，那么不管怎么变化，我们的传统都丢不了。

我个人对莆仙戏是佩服得不得了的！几十年前我看了莆仙戏的《吕蒙正·辞窑》一折，演员用斜身走圆场来表现窑内的逼仄。另外，只用一张凳子，配以女主人公和轿夫、丫鬟的表演，来表现轿子行进的种种情形，整个表演令人拍案叫绝。还有看了莆仙戏《杀狗记·迎春牵狗》一折后，到现在我都忘不了！场上没有狗，但是通过演员的表演观众能看到狗的各种形态，那种惟妙惟肖，那种栩栩如生，这都是我们以前的老艺人经过多少年的苦心孤诣才创造出来的。

我曾经跟某副省长推荐排演这个戏，后来有关部门也曾拨了20万元排练，但没排出来。不过今年的全省百台折子戏展演莆仙戏终于把它排出来了。你们要是有空建议你们都看看。看一个这样的演出，比你读一本书的收获还多。

总地来说，我们莆仙戏、梨园戏保留着戏曲最传统的因素和某些形态，我看这些演出是很受益的，我有一个观点，看过一个经典剧目，有时胜读十年书。所以我说，看戏是最好的老师！

戏曲是不是学习话剧就是创新了呢？有位研究话剧的教授跟我说过，话

剧演出通常要用一场戏的篇幅来交代人物关系和事件才能进行交代明白，而中国戏曲就是人物上场几句话就巧妙交代清楚了，人物马上进入规定情节，非常简洁和有效。另外，在戏曲百花园中，可以有各种各样的形态，既可以有样板戏，也可以有传统戏。年轻的剧种可以多创新一点，古老的剧种不妨重继承一些。

创新问题我们还在探索，但有一点，就是我们要深入传统，了解传统，掌握传统，然后再化用传统，我想完成以上步骤后再创作，那这里面就自然而然地包含着在继承中创新了。

记得以前有一次我和魏明伦老师、罗怀臻老师有过一次对话交流。他们倾向于创新，甚至认为当代的创作在某些方面超过了古人，而我认为恰恰相反，目前我们还没有出现《牡丹亭》《窦娥冤》等这样的经典之作，包括文辞方面我们现代的剧作家是达不到前人的水准的。

我讲的这些也许是老话，是错话。我现在也老了！以前写了一个戏，能够连续作战好几个通宵，写完之后呢就像整个人都过去了，然后大睡一觉，第二天醒来竟然发现自己还活着。孔夫子说，老而不死是为贼。当然，孔夫子所说的贼也不一定是贬义的。不过现实中是有些人老了不做事还碍事，老是挡住年轻人，也是很让人感叹的。

最后一个是汇演和评奖的话题，我们以前搞汇演要的是观众的口碑，而现在要的是各种各样的奖杯。而且现在的评奖也出现一些问题，得奖很高，观众评价不高，整个风气比较浮躁，做戏曲还是需要静下心来才能做好的。

我希望你们年轻一代能把戏曲传承好，把我们的文化传承下去。我相信你们年轻一代比我们强，将来一定会做得比我们好。

谢谢大家！

文字记录／整理：陈云升
校对：陈云升、杨万奇

古不陈旧　新不离本

沈　斌

去年导演系聘请我为学院客座教授，这个教授没来授课，我感到很内疚。今天有机会能来这里给大家讲课，我感到很高兴。

我一直认为，导演是一门实践的艺术。当年李紫贵老师给我上课时也是这样讲，课堂上是一个信息量和思维的灌输，然而真正的实战是在排练场上，排练场才是真正解决问题的地方。因此说，戏曲艺术也包括导演艺术是一门实践的艺术。

在座的各位来自全国，来自五湖四海，文化部举办这个“千人计划”戏曲创作人才培养高研班，我认为意义重大。昨天我去看了我们的刘厚生老师，他已经96岁了，我依然崇仰我们这些老的戏剧家们和前辈们，他们为我们戏曲事业作出卓越的贡献。

我们戏曲是在解放以后，才正式实施导演制的，就是刘厚生老师、阿甲老师、李紫贵老师这些前辈草创起来的。以前在戏班里面，大家知道，排练演出都是口传身授，没有专门的导演。

我们戏曲里面的表演技能真是太丰富了，但是我们同行的文化修养不够，上课也是话剧的导演给我们上课，但是他们不懂我们戏曲的这些好玩意儿。当时李紫贵老师他们在艺术研究院学的就是斯坦尼斯拉夫斯基那一套东西，就是所谓的体验派，他们说戏曲外在的东西够了，但是内在的东西不够。于是李紫贵老师就想，潜台词不就是内心独白吗？我们只是没有这么一批人来研究它，从理论上认识和阐述它罢了。我们的戏曲人物也是有心理活动的，但是我们的演员缺乏理论自觉的意识，没有人把它总结成理论。

比如说，我遇到过一个好导演，他排莎士比亚的《麦克白》，其中有一场是麦克白被封为副元帅，人物听到这个消息后内心骤起波澜，导演就运用锣鼓加上演员的眼珠子左右来回转动，整整 32 秒，他把莎士比亚的台词全省略了，锣鼓一收，人物就说了一句"谢万岁！"，这里面就把整个人物的整个心理过程交代明白了。他们英国的观众都竖起大拇指叫好，说我们戏曲的表现力真是好啊。

我是这个学院毕业的，在 30 年前的第一批大专班学习。这 30 年的变化，30 年的戏曲振兴发展，是很沉重的经验教训。

现在，人们对传统文化重新认可，我们在这个大好背景下怎么把握戏曲的发展方向，这是非常需要我们戏曲人思考的问题。粉碎"四人帮"后，我们的戏曲一下子获得了蓬勃兴盛的时机，各地各团都在演出，都在演传统戏，我们昆曲当时演出《十五贯》，演出《白蛇传》，连续演出两个月都没问题。

一、大制作第一人

再后来流行文化进来，我们的观众啪啪啪就全没了。当时我们很恐慌，这样不行啊，我们得对戏曲进行全方位改革，我们要跟上时代。当时我和蔡正仁商量了之后要在上昆排《上灵山》。我们用最强的阵容，让古老的剧种全面吸收流行因素，包括当时英国最流行的迪斯科（Disco），音乐我用昆曲的曲牌，但是乐队用的是电声伴奏，包括什么激光啊全都上了，各种现代舞蹈也引入昆曲，非常新潮，但是真正懂得京昆的人看见这个非常不高兴，甚至有人骂街了。当时我很创新，那时我就投资了一百万元做一个剧目，可以说我是戏曲界大制作的第一位，当然，后来我也是从大制作退回传统的第一位。

通过这个实践我冷静下来了，当时我让李紫贵老师看，他一句话把我打晕了。他说，形式大于内容，没有中国传统的韵味，你走时尚，你还是昆曲吗？这一来对我一生是很大的转折。懂传统的都说我超前得太厉害了。后来我就没那么干了，但是很多人却开始大干特干起来了，很奇怪。

当时，投资一个戏用十万元二十万元已经很不得了，当然现在几百万元几千万元都不算数的。就这些创作的理念和创作的方向来看，它不是靠表演来取胜，完全是靠包装靠炒作来吸人眼球。你们记住：古不陈旧，新不离本。这八个字是当年紫贵老师给我提出来的。我们搞传统戏一定要古，就是传统的但不陈旧，是有新意的，但是新又不离本，要有新创作但要符合戏曲的本体要求，这后面四个字是我继承他的衣钵总结的，我又往前走了，因为我是排新编戏的。紫贵老师说古不陈旧，我提倡新不离本。我始终在创作过程中秉承着这八个字的宗旨。

我们走过这三十年，从戏曲的高潮、低潮，到后面外来文化对我们的冲击，我们始终在困惑。我们应该怎么走？当初小百花的《西厢记》，它用了一个大转台，大家都感到很新鲜，人们始终喜欢少见多怪，这转台一用，演员的圆场就不要了。你们再看看当初的《金龙与蜉蝣》，灯光“啪”这么一打，演员都站在那儿不动，然后就是慢动作，表现的是战争的场面，演员一倒下，象征着战争（一场戏）结束了。这些话剧的东西全用在戏曲舞台上了，当时人们少见，就说这好啊，简单又明白。

现在回过头来想想，我们戏曲中的程式很丰富，戏曲的武功都不要练了，开打没了，技场战斗我们戏曲是怎么表现的？怎么设计戏曲武打场面也不要了，于是戏曲场面逐渐被话剧手法替代，然后我们戏曲界觉得很好，很新鲜。

那时戏曲导演的创作思想比较混乱，几十年排了成千上万的剧目，但共性的东西太多，个性的东西太少。基本上就是按照京剧的规范打基本功，地方的、夸张的、粗犷的、生活的东西都没了。前几年绍剧团让我去排《佘太君》，我看到绍剧《硃砂球》中一个女的把一个男的抱起来冲下去，再难看都是美的，因为这种粗犷的东西，特别生动，特别生活，它的人物就出来了。地域的文化一定要有地域性，我们导演一定要谦虚地向地方学习。

讲实话，我不善于得奖，因为很多奖都是钱堆出来的，你们都懂。我的创作得奖得的不少，都是地方奖，大奖与我无缘。要得大奖，资金一定要到位，不到位你不可能得大奖，这个大家都明白。

二、传统被实验挤兑

那个时候都是在急功近利搞艺术，现在回想起来，那时很可怕的。我举个例子：我们上昆的《牡丹亭》，三本的，本来是我导的，但是当时涉及一些政治的东西我没接。那剧团要强强联合就邀请郭小男执导。三本，在排练时，那段《山坡羊》的唱词表现少女在思春，她在桌椅上迁延，脚下在画圈，是少女思春的一种神态，梦境里对一种爱、性的一种向往。

好了，一到大制作就演员一路在舞台上走过去，没意思啊，看不下去我就跟郭小男聊，他说我这个戏不用桌子，我说这个是我们传统戏几百年留下的东西，那么经典你不能扔掉它呀。我很痛心，因为昆曲好的表演就是形体动作和唱腔的结合，让观众明白这个人物在干什么。这种东西都拿掉之后剧种的个性都没了，载歌载舞的有特点的东西没了。但是没办法，我不是导演。他这戏装台三天到四天，演了三场就完了。这个成本太大了，就这么浪费了。

整个用到的灯光都是搞实验，三百多个电脑灯增加到五百多个电脑灯，完全是电脑灯在用，但造出来的效果也不过和纯表演一样，但是这个成本太大了。而我们俞、言版的演出是传统经典版，很实惠，很干净，很简练，张洵澎和蔡正仁排的也是这个版本，效果是极好的。

对待传统剧目，我们今天怎么来整理，怎么来把它们重新组装起来，关键是对于表演艺术我们怎么把握。

这几十年来，我们创作的剧目不计其数，获奖的剧目也是不胜枚举，但是可以说，获奖的剧目 50% 以上拿了奖就进入了仓库，20% 的戏偶尔还能拿出来演一演，30% 的剧目很难拿出来一演。

解放之后，老一辈艺术家排的《白蛇传》《杨门女将》《野猪林》，到现在还久演不衰，各个剧种都在演。这种创作思路是对的，它有传承的价值、有行当、有人物、有表演，而舞台也很干净，装台一天就好了。不像现在紧紧张张装台三四天，还累得要死。

本来吧，导演的责任是在排练场，但现在导演都在剧场，一个剧场要包下来半个月来排练和合成，导演指挥灯光、指挥布景、指挥音响、指挥演员走台，让演员像工具一样走到这来，又走到那去，但为什么要走到，他们不讲。

其实现在我们戏曲导演的责任越来越重，导演属于排练场。导演要为演员分析人物，要设计舞台调度。我们戏曲导演最大的弊病就是案头工作没有话剧导演做得仔细。所有的话剧导演拿到剧本，起码要有一万字到两万字导演阐述，要剧本分析、人物分析、舞台节奏掌控、艺术风格和样式设计，同时还要对舞美、灯光提出要求。这样一来，他整个形象思维都有了。不过，话剧表演毕竟没有我们戏曲传统得天独厚的丰富财富，可惜我们戏曲导演在这方面做得很不好。

三、编导关系处理

我排了一百多出戏，不是自吹，我是跟编剧关系处理得最好。没有一个编剧说我不好，我们始终在相互学习，相互探讨。编剧永远是一剧之本，没有剧本，就不能成戏。导演在编剧的基础上继续创作，编剧导演不能有太大的意见分歧。

所有的编剧没有大小之分，导演也没有大小之分，就在于导演个人的态度。态度决定导演的大小。创作的前提，是认真对待剧本。一部戏的成功是各种因素的集合，但编导是最重要的因素。当然团队也很重要，领导的作用也重要，但是对一部成功的剧目来说，还是编导的关系最为重要。

你们想想郭启宏，去年我们合作排练《李清照》。大家都说，他从来不让人改他的词，都知道他。我跟他合作之后，我的这个观点都打消了。其实，他不是这类人。他说，我一生中写过的本子，很少有导演对文本认真分析过，了解过我，跟我深入沟通过，然后他们就排了，排到最后我一看，这不是我写的戏，不跟我沟通就乱改词，我当然不同意了。

我跟他在排《李清照》的时候，我就写了一万多字的导演阐述发过去给他。他一看，马上就打了电话过来，说，“贤弟，你是懂我的。”那他要写李清照什么东西呢？我看过很多人写李清照的剧本，但这个昆曲的《李清照》写的角度就完全不一样。他从李清照再婚开始写，写她再婚到发现到被骗到离婚再到坐牢这段，就写李清照最痛苦的也是士族对她评价最不公允的这段经历。郭启宏怎么写的好本子呢？他就写李清照人生最坎坷的经历，来展现人物独特个性的魅力，也是这个人跟所有才女都不一样的地方。我看了很激动，这个角度不一样，而且把这个人物的性格都写出来了。他说写戏不写冲突，不写人物的内心，那有什么看头呀？

他原来这个本子是给话剧写的，后来给顾卫英改成昆曲本子，为她量身打造的一个戏。他的文学底子很好，他把昆曲的曲牌编得很有章法，不是乱套，昆曲不乱套那是大家。但是我说这个话剧的念白个别地方有痕迹，尤其是昆曲的唱完了之后，就显得有点啰嗦，我说您是不是考虑一下。他说，贤弟，这个都交给你了，我了解你了，由你灵活处理吧。你看，这种合作关系多亲切啊。

比如说其中有一场，李清照要跟张汝舟离婚，排练的时候，演员念“我要离婚——”，锣鼓“大——仓”！但是感觉不对劲，话剧说离婚没问题，但是戏曲尤其昆曲有点不协调，我们就商量改改，然后我说要不改为“休夫——”，大——仓！我说怎么样？他说那就行吧。这样呢就符合人物也符合昆曲的习惯，也符合特定观众的欣赏接受。所以我说，编导的关系处理好创作很愉快。然后排完之后我请他来看，看完之后跟我说，沈斌贤弟呀，这个戏成功了。

当年马科老师和陈西汀老师合作排马兰演的那个《红楼梦》。排这个戏时闹得官司很大，马科和陈西汀是几十年的交情，有一场戏是关于大闹大观园，他们始终在吵架，闹得很不愉快。我也跟这位老先生合作排《蝴蝶梦》，这个老先生脾气很倔呀，不过呀，这倔的人啊都有文采。（众笑）他的曲牌用得很好，词也写得好。我打电话给他，说某些地方需要做点调整，他说不行，要按照他写的来排。我说这样好不好，我按照您那个排一稿，然后我做了调整的也排一稿，到时您来看看再定好不好？他同意了。后来排了之后，我请他过来看了两个版本的演出，他就说，我那个不用了，就用你们排的这个，这里面也包含着我的意思，不是乱改。

有的剧作家写戏，是用观念套在里面，希望人家看了就得到一种观念灌输，这样的创作我不是很喜欢。一出戏啊，它给观众的感受应该是多元的，这个观众有这种启发，那个观众有那样的体会，说不尽的莎士比亚啊，说不尽的《红楼梦》，这才是好的艺术。好的艺术绝对不是简单直白的说教。

四、磨戏是关键

现在啊有种现象，各地各剧团都是请名家来创作，所以你看到全国各地都是那几个人做的东西。是，他们是有一定的能力，但是他们排得多，套路和模式是类型化的，样式也基本定型了，很难出新东西，也结合不好本地剧种。

创作还是要用本地方的人才讲自己的话才有底气，本地的精英才能拿得准本地剧种的内在规律。每个剧种都有自己的精英，他们才能精通本剧种的表演特色、审美风格和内在奥妙。外面请来的大牌最多只是做个宏观的指导和辅导，不能取代具有本地剧种深厚传统积淀的精英所起到的创作作用。

我一年最多能排两个戏，但现在有些导演一年敢排十个八个戏。他们根本没有时间认真阅读剧本分析剧本分析人物，更没有时间跟编剧沟通，跟演员分析人物。这个排戏啊是要磨的，也就是我们常说的，好戏是磨出来的，是编导演慢慢磨才能磨出最佳效果的。现在的导演都不怎么磨戏，很多戏只是拉一个大概的走位就上演，他们还以为效率很高，自我感觉戏也很好，唉，这都是乱来啊。

关于这个磨戏，我想想讲讲当年马科排练《曹操与杨修》，他们光座排就是半个月。演员天天念台词，慢慢地演员都进入了人物，尚长荣在后台走着走着就入戏了，动作不用导演讲就自然而然就做起来了。尚长荣憋不住了就去跟马科说，马导呀，快下地排吧！马科说，不行！接着念。他们就是这样磨出来《曹操与杨修》。

五、导演的职责

作为导演，拿到本子，我们首先要考虑用什么行当来演出人物，不同的场次随着人物的年龄和身份等发生变化后，演员的表演也要随之作出相应的变化，人物的行当设定要有调整，或者他的表演要增加什么样的行当色彩，导演必须要懂得这些东西。

另外，导演还必须精通戏曲的表演艺术，了解各个行当的表演技术及其表现力，要懂在舞台上用什么身段什么表情什么眼神什么台步再配上什么音乐什么锣鼓点，现在好多导演都不懂得戏曲的锣鼓经，有些导演干脆直接把戏曲的锣鼓音乐拿掉。要我说，你只有懂得这些才能运用它们来创作，你才能排出成功的戏曲剧目，才能排出精彩的戏曲表演，你把表演弄成功了，你导演也就成功了。不能做到这些，要你导演干嘛！现在很多导演不懂这些，很让人焦虑。要是再没有人掌握这个东西，恐怕就要失传啊。

一句话，导演排练首先在戏曲表演设计上下功夫，表演实在挖掘和表现不出来了，然后才是音乐，再不行才是灯光等元素进来，不是先考虑舞台美术包装然后再把表演生硬地植入进去。

导演的职责是在排练场，要根据剧本提供的内容设计出相应的最符合规定情境和人物表现的戏曲表演动作，通过富有表现力的戏曲表演传达出剧本的内涵。而现在很多导演把自己的职责设定在剧场，把戏曲玩成声光电艺术，增加各种设备，装个台就是几天，多的十天八天，所有的心思都是在搞包装，这样的做法居然也敢叫创作。尤其有些排了一个月半个月就参加各种比赛会演的获奖剧目，剧团和主创到处吹对过去的发展和超越，这不是很悲哀吗？

总地来说，戏曲导演必须懂得戏曲的虚拟性，懂得戏曲那种空灵和诗意的审美理念，懂得运用和发挥戏曲表演的各种技法和手段，然后结合剧本提供的内容来设计它的表演，这样的创作才是具有本体韵味的创作，才是符合戏曲创作规律的成果。

六、表演不是纯粹炫技

表演艺术的最高境界是什么？唱念做打是基本功，是最基本的功夫，属于技的层面，技里面要有内容，这就是为什么需要剧本、需要故事、需要人物的原因。技的东西把内容淋漓尽致地表现出来了，让人感觉有意思，有嚼头，有内在的东西蕴含其中，让观众看到了内容，得到了很多的精神层面的东西，那么这个表演呢就获得了最高的升华，是最高境界的表演，而不是炫技。

我排戏有个原则，不成功便成仁。导演是要“死”在剧本上的，也是要“死”在表演上的，我说的这个“死”，指的是钻进里面去研究，去揣摩，去反复推敲。

七、舞蹈的运用

比如说，我在剧目中也会设计一些舞蹈场面，但我排的舞蹈不是“戏不够舞来凑”，不像很多人一样，为了增加场面的“好看性”，总是不管什么剧目什么场面都想方设法把舞蹈插进去。

什么样的舞蹈放在剧目中我觉得是合适的呢？我的观点是，如果这个舞蹈拿掉了不影响剧目的完整表达，那么这个舞蹈就是多余的。比如我排《李清照》，里面的舞蹈（队）是表现诗魂的，因为作品里面用了李清照的《声声慢》作为贯穿线，舞蹈配着《声声慢》的音乐是参与了剧目内涵的表达和人物形象塑造的。

我再举个例子。有个剧目叫《三借芭蕉扇》，其中有一段孙悟空钻入铁扇公主肚子里的舞台表演，那是相当符合戏曲表演又很有创意的一个设计，用灯光打出两个时空，用的全是戏曲表演的东西，不是什么高科技。孙悟空在铁扇公主的肚子里“翻滚跌打”，铁扇公主也作出相应的表演，它把内在的东西全部巧妙地外化出来了，整个舞台效果非常好，观众也能完全看得明白和接受。

在这里，我也想对戏曲评论谈谈我的看法。现在我们排练演出，免不了要被人评头论足，都会受到各方面的评价和议论。但是我最恨这样的评论家，他从来不到排练场，也从来不了解排练过程，根本没看懂编导所精心创造出来的东西，没有意识到里面的真实内涵，对于这样的不负责任的评论意见我们可以不听，即使获不了奖也没有什么可遗憾的。

最后我想说，人的一生要是能遇到一些好的专家那是非常幸运的，他们会给你提出一些很有建设性的点子。还有，如果我们人生中能碰到一个好老师或者得到一句让你茅塞顿开的话，那么就会让你对艺术开窍，让你领悟到创造的真谛和法门，还会让你终生受益。

谢谢大家！

文字记录/整理：陈云升

校对：陈云升、杨万奇

戏曲文学的时代性

罗怀臻

感谢柏梁教授对我的介绍，作为一个过来人，我愿意跟所有的青年朋友们分享我的创作体会，就像一个年长的运动员给年轻的运动员传授经验一样。

今天我想谈什么呢？我想就从 23 年前写作的京剧《西施归越》谈起。

最近，台湾地区有个青年演员，23 岁，她对《西施归越》这个作品非常的喜欢，今年她要重新排演这个戏。她跟当年江苏省京剧院李洁主演这个戏的年龄是一样的。当年李洁就是 23 岁主演了这个作品，冥冥中好像有一种轮回感，让人很感慨。

有些剧作家还活着，但他的作品却已经死了；而有些剧作家虽然人不在了，但他的作品依然好好地活着。到了这个年龄，我会思索这个问题，当我不在之后，我的作品有多少能留下去？我对这个还是有点信心。

今年宁波那边要重新排演我以前写的《李清照》，《典妻》今年要拍成电影。明天我去跟胡玫导演谈我十几年前写作的电影剧本，而后天台湾将演出我 23 年前写的《西施归越》。

这个戏自诞生之日起，我们这边始终是有人热爱，也有人公开否定。叫好的人里面不乏业内的名家，否定的呢也有一些权威人士。比如上海越剧表演艺术家袁雪芬老师，中国文艺评论家协会仲呈祥主席，他们认为这个戏不成功，对这个剧目批评较多。这些批评者都是我尊敬的重要人物，他们为中国文化作出了很多的贡献，况且文艺评论，见仁见智，无可厚非。

不久前，台湾地区有个戏剧作品评选活动，选两部最有思想性的戏曲作品，最后选出来的两部作品一部是《曹操与杨修》，一部是《西施归越》。由此可见，这部作品在台湾地区的认可度是非常高的。

然而在大陆的情况就比较复杂。这个戏当年江苏省京剧院排演之后，既有一些批评的声音，同时全国也有很多剧团也进行了移植改编演出，证明了这个戏是有生命力的，也是有演出价值的。后来我总结了一下有人不喜欢《西施归越》的原因，主要有这些方面：

一是写西施怀孕，这个不美，破坏了古代四大美女的美丽形象。写美女不能写怀孕，这个观念在中国好像是有一定的传统的，王昭君不能写她怀孕，杨贵妃也不能写她怀孕，好像要是写了这些大名鼎鼎的美女怀孕她们就不美了。你要知道，历史上，王昭君不仅怀孕过，她还和匈奴父子两代君王结婚生了好几个孩子。

二是有人觉得我写《西施归越》是戏说历史，颠覆了人们观念的已有形象。那么怎么样的形象才是真实的呢？在正史里，西施的形象本来就虚，浓墨重彩的篇幅都是写男人的斗争，能有她多少笔触和分量？可以说，西施的形象都是文学家的同情和悲悯之笔给塑造起来的，没有文学作品的“拔高”，西施可能就没有“四大美人”的光荣称号。况且前人的《浣纱记》等作品能写，为什么我们后人就不能染指呢？

三是有人说丑化了历史人物。比如仲呈祥先生说，这个戏把范蠡写得像个小人，不好，不符合人物的真实面目。但是，我们今天的文艺创作，在认识和刻画历史人物方面，是不是必须要按照过去那种历史认识思维来看自己笔下的人物呢？历史上，范蠡真的是个完美无瑕的人吗？一个在历史上赫赫有名的大人物，他当然有他非常突出非常好的某些方面，同时难道他的身上就没有一丁点儿的缺点吗？他的做人就不能有一点点瑕疵？后面分析西施的悲剧的时候，我们还会聊到他。有时候我看到报刊上许多关于某些文艺作品的评判，常常也是这么粗枝大叶的。这不是很好的文艺评论风气。

讨论这个作品，我们还是要回到（20世纪）八十年代的时代语境，那个时候思想大解放，人的精神重新觉醒，人民对历史的认识打破僵化的单一的思维习惯，经历了重重劫难的人们本能地使用批判精神来反省历史和评价过去。那时文艺创作勃发向上，作品从概念化“造神”转向关注人性，思索人的精神构成。即使是在我们校园里也是充满了吕克昂学园式的争论，充满思辨性，富有批判精神。实际上，大家对历史的深刻反思，其实是对人性的认识和尊重。

八十年代就是一个这么充满活力充满创造力的时代，这次你们请的魏明伦老师、王仁杰老师、郑怀兴老师等，他们都是八十年代涌现出来的。

当然，时过境迁，我们今天对传统和八十年代对传统又是不一样的。八十年代那批作家，他们的作品更多是批判和反思，深切地呼唤新生，盼望尊重人的基本权利和尊严，因此对人性的深入认识和揭示也就成了解放思想文艺题中应有之义。

回到语境去解读历史人物，这是《西施归越》的创作背景。

大家想想，一个女人，带着国家的任务，要求她必须牺牲色相完成使命。你想，一个女孩被人当做美人计的工具，古代又没有避孕措施，她天天陪着一个君王声色犬马，你说她有没有可能怀孕？既然有可能怀孕，那么自然就会有孩子。一个女人要是生了孩子，那她爱不爱自己的孩子？问题是，复国成功了，而西施却怀孕了，这是一个国家都回避不了的问题。

矛盾在于，西施既是大功臣，同时她的名节已不符合当时人的观念，何况她还怀着敌人头头的孩子回来了。对于名节贞洁，东方国家的观念非常极端。我们大圣人孟子说过，如果西施身上沾染了肮脏，别人走过的时候，也会捂着鼻子。

有一部印度电影叫《流浪者》。片中主人公拉兹的母亲怀着身孕，在一个雨夜里被出身望族的丈夫扫地出门，原因是他的母亲被人劫持过一夜，尽管那一夜她没有受辱，但是她解释不清楚她那一夜的经历，因此所有人都用异样的眼光看她，即使她再三哭诉自己的清白也没用。于是这个女人成了牺牲品，像狗一样被赶出家门，就这么开始了她一生的苦难人生。

你们再想想日本的电影《望乡》。为了振兴国家经济，无数的日本女孩到东南亚卖淫赚钱，很多人在悲惨中死去，有些没死的，但她们选择老死他乡而不回日本，到死的时候，她们都要求修建墓地要朝向自己的故乡。这么想故乡，可为什么她们却不愿回去呢？

越国复国成功了，西施回来后她是真心感到高兴的，毕竟她为这个越国作出了不同寻常的贡献。但是勾践会怎么看？他会说，我卧薪尝胆多年，忍受了多少常人不能忍受的事情，现在大家都说我是靠女色取得了成功。你说他会感到自在吗？西施的每一声发自内心的笑声，勾践都听得有些刺耳，西施周围那些人也对这个名节有亏的女人感到有种说不出来的痛恨。

还有范蠡，这个西施最亲密的人，当初西施就是被他做了思想工作才去以色侍人的。现在他看着自己的女朋友肚子一天天大了起来，尤其是西施还把这个“野种”生了下来，你说他的心里能放得下吗？过去的事情真的就能过去了吗？

可能今天，对于80后90后来说，女朋友被流氓强奸了，他们可能不会有老一辈人的那种完全无法接受的观念。但是对于很多的50后60后来说，有多少中国男人能做到不计较强奸行为的本身？这么多年过去了，中国人的宗族观念和血统观念，也都过去了吗？

西施生下了夫差的孩子，勾践心里能平静吗？他自己卧薪尝胆誓要报仇，那么吴王夫差的孩子将来长大之后会不会也找他复仇呢？

中国人历来是极度重视名节的。前不久，我推荐李新华给上海沪剧团写戏。剧名叫《匿名者》，我定的。取材是关于一个女作家的真实事迹。主人公关露，和张爱玲是同辈人。她有才有貌，是抗战时期打入上海汪伪特工总部的女地下党员，做潜伏工作。后来，因上司的失误，她被组织弄成了冤假错案。这一错就是几十年，其间多少非人的遭遇，直到有一天她的真实材料被人发现了。然后组织给她平反，去她家宣布时，她非常的平静，但是到了第二天，她在家里穿得干干净净就自杀了。

历史上，我们有多少这样的匿名者，他们为了某种事业作出了难以想象的牺牲和贡献，最后不但没有功勋，没有墓碑，甚至可能连名字都没有留下就被淹没在了冰冷的历史长河之中，我们有多少这样的历史却又无法言讲。

对英雄的漠视和诋毁，其实是严重的二次伤害。从某种意义上来讲，西施也是个匿名者。我的角度就是这么认识她的。思想上的蒙尘，让真实的文明进程，直到今天还不能为人所完全认识。

我每天都在思考时代，追赶时代，我经常思索我的精神应该怎么安放。在这个无力的时代，我们创作者都是代言者，那么我们的精神坐标在哪儿呢？

有时候我们要问问自己，我们看待和评判时代与社会是否忠于我们自己的内心？有很多哗众取宠和时髦应景之作，也得了很多的大奖，但是它们过了几年还能演出吗？那些真正的名作是奖项决定的吗？说起《曹操与杨修》《南唐遗事》《董生与李氏》，说一下它们的名字便足以让人精神抖擞，要是说起它们，还提一下它们获过什么奖，肯定会让人哄堂大笑。

4 月份，沈铁梅带着我写的《李亚仙》到法国演出，根本不用打字幕，就看纯表演，只需要在演出前告诉观众，这是中国版的《茶花女》就够了，他们完全看得懂。

我们这些年思考得最多的是中国戏曲文学怎么传宗接代？每一个时代作家都有一个时代的精神气质，都有相对应的价值观和审美观，都有认识和理解事物的相应的角度和评判标准。譬如我写作李亚仙时，我把这个当代的思考融进去了。她与书生的关系，李亚仙总是像个母亲一样，辅导和教育着落魄的书生。她确实是为这个男人作出了很大的牺牲，但是这个男人心里的感受会怎么样？尤其是成功之后的这个男人怎么可能接受这个出身于青楼的女人呢？只要你拿过牌号，通过有污名节的方式挣过收入，那么这个女人能洗白自己吗？

我 1996 年写过一个电影剧本，最近胡玫导演看了之后说，哎哟你现在的肾脏怎么还这么好呀？这个文字这么有力，这么激情澎湃，看着让我整个人都被吊起来了。我说，那是 20 年前写的了，那时的肾脏是很好，力量确实也很棒。不过那都是 20 年前了。那时候的人重然诺，轻生死，那个时代的空气特征就是这样，所以写起东西来也是这么雄壮有力。

一个月前，我在广州做讲座，有个青年能背诵我的《真假驸马》，多年前的作品还能受到人们如此厚爱，我很感动。

还有，福建师范大学五个教授带一个讲师写了一本《古今中外戏剧史》，给我列了一个单章，把我写过的剧本收集得非常全面，连一些小戏都搜罗到了。里面说中国有两个剧作家是参与二度创作的，他们的作品由谁导谁演谁做舞美，包括排练，他们都是深度介入和参与的。这两个人，一个是我，一个是徐棻。他们说，我们这两个剧作者，参与了当代中国戏曲舞台样式的设计。

什么是好的学者，那就是秀才不出门，尽知天下事。这也说明了，在社会上，只要你做了事情，大家都在关注。

我多次来戏曲学院讲课，对这边情况也有所了解。我们戏曲学院的学生，传统好，基础牢，但就是观念老，写出来的人物不像是这个年代剧作者笔下所应有的精神气质。我也给很多我们戏曲学院毕业的学生辅导过创作，但是他们的这个观念我是怎么扭转也扭不过来。

历史总是这么顽固。汤显祖和莎士比亚是同时代人，是东西方两位伟大的文化巨子。那时西方努力要走出中世纪，告别神权，然后是文艺复兴运动。与此同时，东方也在竭力试图走出封建末世，告别农耕文明，走出桎梏人性的社会。

西方成功了，中国没走出来，直到辛亥革命，再到成立共和国，但还是没彻底走出来，直到20世纪70年代末了，我们还在做着人性挣扎和人性呼唤。你看那时刘心武、张贤亮、徐新华他们的写作，不是还在重复着汤显祖做过的事情吗？在高度讲究集体荣誉的传统社会，汤显祖的个性化写作，是不受过去待见的，所以他的作品被搁浅被封箱了。而莎士比亚始终与时代同行，一个闻名世界，一个只寂寞躺在文学史的书本上等待为数不多的读者翻阅，两者的差别，为何就这么悬殊呢？

现在有多少号称表现时代的作品，都是口号，都是符号，空洞无文，都是没有生命力的应景之作。凡是写抗震救灾、抗洪救灾，主人公家里必定要出大事，主人公都要放弃人性服从集体的需要，亲人得了绝症去世了，主人公因为工作不能见到最后一面，然后人物完成任务后回来就痛哭一场，舞台上就安排抒情大唱一番，看似渲染悲剧歌颂崇高，其实没有尊重鲜活的生命，没有尊重生命个体。

就是这种意识的支配，人们接受不了西施怀孕。因此，西施不能怀孕，不能生孩子，要是生了就必须要杀了。

你想想《牡丹亭》，明代的汤显祖写一个女孩意淫，连男人的面都没见过，居然就在梦里苟合了，你看现在谁敢这么写，那不被大评论家们骂死呀。

九十年代我在上海打拼，曾经一度，上海那么多院团五年时间不排演我写的剧本。上海人很厉害，收拾一个人不用打架，不用公开批评，而是笑着就把人给收拾了。《金龙与蜉蝣》都早在全国打响了，评正高的时候，虽然没有人给我投否决票，但是更多的是弃权票，上海市委的领导都发话了，没用，就是没过。为什么会这样呢？你一个外乡人，尤其是上海人所瞧不起的苏北人，你闯进来了而且还改变人家原来的创作格局，人家能高兴吗？因此，我的剧本有五年时间上海的剧团没有看中和采用。

但我没有气馁，也不去跟人家争什么，其实只要我示弱一下，事情也就过去了，但是我就不这么做。那时我开始写作《西楚霸王》，写什么呢？就写他永不服输的劲儿。面对十面埋伏，他没有后退，后面还有一条路可以走，那是渡过乌江逃回老家，人家说，告诉你西楚霸王，周围已经是九面埋伏了，只有一条路你走不走，不走！

我常常以为，压制年轻人是最最愚蠢的。老年人终将逝去，而历史总是年轻人给老年人写悼词。

时代总是前进的，戏曲文学也要跟上时代的步伐。其实，这几十年来，戏曲文学的成就不比过去差，我不同意今不如古的说法。你们看二三十年代的戏曲文学那有什么，大多是幕表戏或者傍角儿打本子，从文学性来看，难道魏明伦他们的剧本文学没有超越他们吗？

你们一定要有代言者的意识，要肩负起振兴戏曲文学的重任，要有超越前人的精神，要做时代的代言者。历史上，总是那么几个人，他们代表了一个时代的声音和精神。如元杂剧的关、马、郑、白和王实甫，当代被人经常谈及的不也是这么几个大剧作家吗？

这些年，关于戏曲文学怎么撑起来？我很焦虑。现实中，我们编剧被导演边缘化，地位甚至还不如舞美，但是你们想想，要是没有魏明伦的剧本，哪有导演谢平安的成绩？没有徐棻，哪有田曼莎呀？没有越剧《西厢记》曾昭弘的剧本，哪有导演杨小青？

文学家就是就是时代的记录者，也是时代的代言者，作家都是要用有限的作品来概括和表现一个时代。当代剧作家的写作，不能没有当代的价值观，绝不要创作那些外表华丽但却精神枯萎的陈旧之作。如果我们的戏曲创作不能在精神上与当代观众发生关系，作品里的价值观不能与时代接轨，那么当代戏曲文学失去了它的时代性，也失去了它应有的历史价值。

目前，我本人积极参与上海市举办第十二届中国艺术节的申报工作，邀请了刘和平、盛和煜、孟冰等人为上海市各大院团创作剧本，希望能把上海市的文艺风貌很好地展示出来。当然，个人的力量都是有限的，我也热诚欢迎在座的剧作者们加入上海的戏剧创作，多多支持我们的申报工作和文艺创作，共同把戏曲文学事业传承好，发展好。

谢谢大家！

文字记录／整理：陈云升

校对：陈云升、杨万奇

讲好新时代的中国故事

罗怀臻

一、把古代故事讲给现代人听

首先，要讲好古代的故事。古代题材、历史题材、民间传说，向来是我们戏曲的主要表现方面，对它的表现当然不仅仅是文学，也包括我们的导演、表演、舞台美术、音乐、评论。我们对古代题材的当下创作方面，是不是已经意识到了“把古代故事讲给现代人听”？为什么不说当代人而说现代人呢？当代人也许是生理意义上的、生命意义上的现代人，但他未必是价值观念上的现代人。我所说的要把古代的故事讲给今天的现代公民、有文明意识的人来听，就存在一种检验。比如说，他在听包公的故事时可能不再满足于人治的观念，不再期待当代包公的出现。事实上，现实生活里不可能出现传统戏曲中的包青天。包公戏为什么在当下几乎销声匿迹？如果有，也是折子戏，表现花脸、黑头等某一个行当的技艺，是因为它所传达的内容在今天已经不能激起观众内心的波澜。今天讲包公，是不是要把他放在今天的法律体系、政治体制中，而不是亲情关系，从而写出古往今来有法治意识的人、那些有正义感的官员所遇到的普遍困境?

再比如我们的古装戏表现女性，是不是跟我们早先没有女演员有关系?所以男演员都带有一种性别玩味的感觉，演员自己玩味着女性角色的感觉，把这种玩味再和大家分享，于是我们对传统戏曲的欣赏就带有一种玩味的审美。在这种玩味当中，我们往往会忽略女性自身的个性诉求。我们有多少这样的戏，包括《白蛇传》《王宝钏》，都缺乏现代意识。传统剧目中，大唐时节开放年代有那么一个贵族千金王宝钏，追求个性解放，追求恋爱自由，敢于走出家庭，甚至追求经济独立、生活独立，这本来是一个多么好的题材——抛彩球、三击掌、守寒窑。但是她的守望是什么?她守望的是出生时候就有的荣华富贵凤冠霞帔吗?她守望的，是那一份独一无二的爱情。但是我们的传统戏中，丈夫十八年没有音讯，不写信也不托朋友看她，十八年后带着已经上位的二奶来见面了，然而那个王宝钏似乎也没有什么怨言，还一起去赴宴，左一个，右一个，你为大，她为小，家庭和睦，其乐融融，这个合情合理吗? 2007 年曾经在上海戏剧学院进修，今天也在座的李彩婷同学就觉得不合理，她说如果这个结果给我，我就不能接受。因为我等的不是这个结果，如果那个人十八年跟我一样的等，我等得是很值的，你结婚过日子还带一个外国老婆回来，穿着名牌，用着名牌化妆品，我用井水洗脸整个就是一个黄脸婆，图的是什么?所以李彩婷就写了丈夫十八年后归来的第一个夜晚，那一个久别重逢的夜晚，王宝钏有一点兴奋，也喝了一点酒，回去以后马上就面对“他今晚在哪儿睡”的问题。她发现她苦苦等了十八年的丈夫轻手轻脚从她门前走过去了，这个时候她才意识到其实并没有团圆。再想回去，寒窑已经夷为平地，父母也已经双双过世，她只能留在这里作为男人标榜道德的象征，这个故事结尾的改造，打通了王宝钏的性格，也打通了古人与今人。

田汉先生是新文化的大家，他曾经改编创作的《白蛇传》影响了一个时代，伴随着新中国的解放，年轻人追求婚姻自主，自觉摆脱家庭包办的婚姻，而田汉笔下的那个白素贞正是勇敢追求爱情的理想化身。白素贞受到了以法海为代表的黑恶势力的打压，敷演成了一场人间的悲剧。可是我们今天再看田汉版《白蛇传》时，会觉得这个故事有一点不满足了，主要的不满足就是我们认为白蛇悲剧的主要责任人不应该是法海，因为法海不好色不贪财，他管这些个闲事干什么？白蛇悲剧真正的制造者是许仙，这个人好色、贪财、胆小，关键时候还出卖老婆。许仙人设的深刻性就在于能够引起我们对自身的联想，许仙代表着的不就是人本身吗？看我们家里的猫、狗，眼睛总是那么单纯，从来不会欺骗我们，而是我们在欺骗它们。白蛇就是那一双眼，把什么都拿出来给人类，可是人类有琢磨有保留，当她意识到这一份保留的时候，很受伤很不理解。当然不理解，你那个是动物世界的逻辑，我们是人的逻辑。所以张曼玉、王祖贤、徐克他们不相信这个白蛇，既然许仙这么可爱，为什么白蛇爱他，青蛇就不爱？既然白蛇、青蛇这么可爱，许仙爱，法海为什么不爱？一个健康的、年轻的和尚，所以情网恢恢，在劫难逃。电影《青蛇》试图表现人类与异类的差别和相通，表现超越于物种、宗教、世俗的情感之珍贵，曾经的经典又经过了现代人的重新解读，注入了时代的理念和审美。

今年 5 月，我刚完成了一部新的昆曲剧本的创作，是为北昆旦角演员魏春荣的度身定做。这个题材表现的是一位生活于2700年前的古代卫国、许国，也就是今天的濮阳、许昌的中原女性。这位女性是中国文学史上记载的第一位女诗人，比屈原还早 300 多年，名叫许穆夫人。许穆夫人也是世界文学史上记载的人类第一位爱国女诗人。我在接触到这份史料后曾经纳闷，2700 年来为什么没有人拿她写戏？北昆向我约稿，魏春荣向我约稿差不多已有五六年了，五六年的时间里我始终找不到合适的题材。每次到北京，魏春荣都会约我去她妹妹开的饭店聚会，每次去我都觉得有紧迫感，可就是找不到合适的题材。一度我想到过《公孙大娘》，一度也考虑过为北平和平解放作出贡献的傅作义的女儿傅冬菊，后来权衡下来都放弃了，直到找到了这位许穆夫人。想到许穆夫人，我不知道在我的潜意识里有没有和当下语境取得默契的直觉考量，总之一想到这个题材，不管是我自己还是魏春荣，还是北昆的院长杨凤一，大家都一致认可。许穆夫人的爱国思想和她身上的文化风度，是远古的，也是当下的，她是那么天衣无缝地契合着新时代的话语语境。

许穆夫人是卫国公主，嫁给了许国国君，她的夫君死后的谥号是许穆公，许穆夫人的称呼由此而来。许穆夫人出嫁后，故国被狄族侵占，她央求自己的夫君，就是许国的国君出兵解救娘家故国，许国国君害怕卷入纷争，不愿出兵，于是许穆夫人孤身一人回到故国。那个曾有数万人口的卫国，此时死的死，逃的逃，所剩遗民只有4000余众，而这仅剩的4000多人就像今天的叙利亚难民一样纷纷琢磨着越过边境去往他国移民。许穆夫人一面把他们组织起来试图复国，一面又跑到强大的齐国去求她曾经的男友——童年时曾经许婚过齐国的公子无亏，后来因为许国国君听说她的哥哥卫懿公喜欢养鹤，便送给卫国一对奇异的仙鹤作为求婚的聘礼，荒唐的卫懿公居然把妹妹嫁给了许国国君。许穆夫人跪在齐廷弹琴歌哭了七天七夜，水米未下，最后晕倒在宫阶上，因此感动了齐国上下。齐国联合五个诸侯国，帮助卫国复国。许穆夫人则因长期奔波劳碌，累死在故国的光复日。我所描述的基本都是历史情节，大家可想这个题材有多么当下了。其实，历史一直就在那里，就看你用什么眼光去发现。我觉得许穆夫人这个题材摆在当下它的主题甚至是世界性的，伊拉克留给谁解救？叙利亚留给谁解救？人都往欧美跑，故土留给谁？许穆夫人的身上有着独立的爱国意识，卫国人劝她，许国人也劝她，你是女人，抛头露面不合适，你已经嫁出来，卫国不过是你的故国，故国兴亡又关你何事？可是许穆夫人却认为，如果人人都找一个不爱自己故国的理由，那么每个人都可能没有了故国；每个人都找一个不帮助别人爱国复国的理由，那么早晚他自己也会成为亡国之奴。许穆夫人带有普世价值的爱国情怀打动了我，也打动了演员魏春荣和院长杨凤一。

当我们重新面对古代题材的时候，其实要感动的是今人。这个剧本我定名为《国风》。最后由孔子集成的《诗经》，在《国风》中收录着许穆夫人的三首诗，今天读这三首诗，除了清新、优美，还有深切的爱国情怀。爱国不是哪一个人的事情，它是每一个人的事情。为什么给史可法修墓的是清朝人，给文天祥修墓的是元朝人，按说他们是汉人英雄，为什么异族人那么尊敬他？对满族也好，对蒙古族也好，他们也需要爱国的英雄，一个不推崇英雄的民族，是没有未来的民族。大家热衷于欣赏古装戏、编创古装戏，关键是如何通过古代题材看到现在的生活。如果你自觉地建立了现代的文明意识，那么所有的古代题材都可以重新认识、重新体验、重新创作，相反你的意识没有切换到现代，没有建立起包括我们今天所说的新时代的文艺观，你就是写现代戏都写不出现代文明意识。元杂剧《赵氏孤儿》，经过河南剧作家陈涌泉之手创作为豫剧《程婴救孤》，为了现代价值观的转换，陈涌泉做了许多铺垫。剧作家为什么做那么多的铺垫呢？因为在古人看来很正常不过的一件事，放在现代人的文明意识面前就过不去了。那个拥有忠臣血统的孤儿，他的生命就值得珍惜，一介草民的孩子的生命就不值得珍惜，草民孩子的生命也是一个个体生命，你放弃他的生命，他同意吗？你是他的父亲，你就能决定他的生死吗？就像我们今天的父亲，你就可以随意打孩子吗？你生了他，就可以扔了他，就可以不要他吗？我们在现在的民主意识、现代意识引导下，这些关这些坎就是过不去。所以豫剧《程婴救孤》设计了那么多不得已，他关系到整个国家的前途命运，他关系到全城几百个同龄的孩子，他当然也关系到正义与邪恶，关系到古人所信奉的忠义道德观。在这种情势之下，程婴不得已作出了舍子救孤的选择，作出了“我不下地狱谁下地狱”的决定。一出古典剧目的改编，如此煞费苦心，就是要接受现代文明价值观的检验。而有一些表现近现代包括表现当代题材的作品，其在价值观念的表达上甚至不如古装戏。最近我看了几部现实题材的作品，发现有些作品里所塑造的现代典型形象包括女性形象连王宝钏、秦香莲都不如。有部作品表现丈夫不认妻子不认孩子，这种情节放在古代的秦香莲身上她尚且会去找包公告状，而我们这个现代戏里的女主人公竟然连状都不告，不仅不告状，还会选择住在不认妻儿的男人隔壁，为的是好让孩子经常看到他爹，可是这个不近人情的亲爹直到老了都没有悔改，而我们的女主还是照样任劳任怨。我不相信现在真的还有这样的女性，有这样的值得我们歌颂和仰望的女性。我们看古代的那个秦香莲，你陈世美不认我可以，孩子你得认。既然你陈世美连亲生孩子都不认了，那我就要到包公面前去告你，让包公拿铡刀铡了你这个禽兽不如的男人。为什么说把古代故事讲给现代人听，而不是说讲给当代人听，有些当代人的观念里照样没有现代人的意识。如果戏曲创作在面对人性，尤其是在面对女性的价值观、人生观时，没有转移到当下人的现代意识中，那么戏曲就离现代人越来越远。再比如一个戏，全村 100 户人，盖了 99 间房，那 99 间房一定都是经过村支书之手分给了全村的 99 户村民住，唯独村支书这一户没有房子住。于是你不禁要问，为什么不多盖一间呢，莫不是多盖了一间戏就不好写了，人物形象就不生动感人了？在戏里，村支书的思想觉悟一定高，但他的妻子孩子家人的觉悟一定不高，他们一定要对村支书发牢骚，于是村支书一定会很痛苦，一定会苦口婆心地做亲属的思想工作，最后也一定是会做通的，末了唯有村支书一家人住在破漏的房子里“先天下之忧而忧，后天下之乐而乐”，还其乐也融融。这些塑造先进人物模范党员的所谓现代戏，明显违背了人之常情。在文学创作、电影电视剧创作和网络创作中这样的情节已经不多见了，但在戏曲创作包括戏曲现实题材的创作中还屡见不鲜，说明我们戏曲创作的意识和观念相对显得滞后。

因此，我们在处理历史题材、古代题材时要建立现代意识。否则，我们碰这个材料干什么呢？以我自己的体会，并不是谁要我去写那个古代的许穆夫人，是我为了表达当下的感受，我和那位古代的许穆夫人对上了眼，心灵不期而遇。跨越 2700 年，古今对视，我用心去体会她，理解她，努力走进她的内心，体会她可能的思想和情感。与此同时，作为戏曲编剧，我们还不能仅仅从文学的角度思考题材，还要兼顾到艺术表现的方面。此番可能与北昆的合作，我希望提出一道“再剧种化”的命题，即让我们以更自觉的意识重新回到剧种的源头中去。例如昆剧，剧种的源头在哪里，尤其对北方昆曲剧院来说，回到水磨腔，回到 400 年前的《浣纱记》，是不是就算回到了源头？那么水磨腔的源头又在哪里，《浣纱记》的源头又在哪里？以北方昆曲剧院的气质，表现 2700 年前的故事，北昆的声腔风格能不能向北曲回归，向元杂剧回归，回归到北曲甚至元杂剧风格的声腔表演还能不能称之为昆剧？魏良辅在太仓研制出了水磨腔，梁辰鱼用水磨腔敷演成了《浣纱记》，从此完成了昆曲的创造性转化和创新性发展，昆剧也由此诞生。但是与此同时，昆剧的文人化、文雅化创作和商业化、市井化演出也开了先河。在今天看来，昆剧成熟之前的北曲或北杂剧，较之于新兴的昆剧也许更古远更拙朴也更有古代北方都会的质感，既然如此，何不让我们作一次向更古远的昆剧源头的自觉回归呢？回归是寻找，回归是重塑，回归也是一种新生——一种属于北方昆剧的新生。

大家想想，一次自觉的戏曲文学创作，它不仅仅是文学的劳动，也包含着艺术的包括剧种新的定位与新的发展的思考。

二、把革命故事讲给年轻人听

一个新时代的审美观，应该伴随着一代人新的审美内容和审美手段。要体现一种新的审美观，固然不能以年龄为标志，但我们也从来没有听说过一个时代的主流价值观、审美观是由那个时代的老年人体现出来的。“五四运动”不是“五四”青年发起的吗？“文革”以后进入新时期的文学创作，不是当时的青年作家如卢新华、贾平凹、王安忆等一代同龄人主导的吗？中国电影融入世界潮流，不是张艺谋、陈凯歌等“第五代”当时的青年导演推动的吗？流行歌曲在广州的兴盛不也是因为那英、田震、孙楠他们一代青年歌手崛起而形成的势头吗？但是，他们今天还能引领当下的文化风尚吗？肯定不能。那么引领这个时代的文化精英又在哪里呢？虽然我们不以年龄为标志，但也不可能长久地生活在前辈人的影响之下。把革命故事讲给年轻人听。为什么不讲给现代人听？而要给年轻人听？因为要让年轻人信。黄世仁有多坏？ 60 岁以上的人都相信，50 多岁的也多少有感触，40 岁以下的人却要问：为什么杨白劳没有契约意识？你需要钱的时候，人家借给你，多少利息，人家跟你商量过的，你也签了字，画了押，钱也拿走用掉了，可是还钱的时候你老是不在家，老是在外面躲，你不是要赖吗？年三十了你总要回家吧，所以我堵在你家门口终于堵到你，我跟你要债，我犯了什么错？你自杀，用死来置我于不仁不义，你让我今后还怎么混？面对这些情节，现代人会产生疑问，觉得农民杨白劳缺少契约精神，一个借钱不还的人倒还有理了。再就是法治意识。据说早年《白毛女》在延安演出，演到结尾，有一位小战士端起枪要射杀扮演黄世仁的演员，那时的人对地主的情绪充满了仇恨，何况是台上被脸谱化的无恶不作的黄世仁。剧情的结尾，大春吩咐战士把黄世仁和穆仁智押下去枪毙，于是迅即传来两声枪响。现在歌剧《白毛女》的演出这些情节都作了修改。首先是契约，剧本修改为是黄世仁预设的一个借贷圈套，从开始就是一场欺骗，杨白劳是轻信了黄世仁不幸中了他的借贷陷阱。这么修改，杨白劳就还是无辜的了。处置黄世仁、穆仁智，也改为由两名战士将他们押到县城，由县法院量刑处置。当然放在今天的背景下，也没有过去那么激愤一定要看到坏人被当场枪决的观众了。你看，哪怕就是这么一些不大的改动，整个作品就能够融进今天的语境了。国民党统治的后期民不聊生、度日如年，物价飞涨，国民党已经有了放弃大陆的打算，所以席卷钱财，不顾老百姓的生死，那时人民对执政党是仇恨的，对国民党晚期的贪腐恨之入骨。共产党赢得民心，夺得天下，获得人民的拥护，对于共产党的所作所为，民众在感情上和行动上都是全心全意地赞成。几十年过去，今天的年轻人面对许多情节就不禁要问为什么了。把最后一口粮、一块布留给共产党，把最后一个儿子送去当红军，为什么？今天的年轻人就要看到这些行为背后的理由，看到信仰者坚持信仰的意义。我们今天对于见义勇为的理解，要比过去更全面更人道，我们现在不会鼓励一个八岁的孩子去和一个一米八的歹徒进行搏斗，我们教育这个孩子首先要保护自己的生命。我们的革命历史题材、现实题材，我们塑造的各个时期的英雄模范，一定要经得住普通人的人情人性考量，尤其要让没有经历过过去年代的生活，没有参与过革命进程的年轻人信服，唯有如此，我们的文艺作品才能真正打动人心。

上海歌舞团演出的舞剧《永不消逝的电波》最近受到普遍关注。我在接到创作这部舞剧剧本的邀请时，也曾有过犹豫。在我的记忆中，那个时候的文艺作品多少都有点脸谱化。就像我们的戏曲舞台上，凡革命军队的正面人物，都是规规矩矩的，反面人物则都是吊儿郎当的，起码也得抽根烟，喝个酒，打个牌，不然他就不是反面人物。电影《永不消逝的电波》拍得比较严谨，人物没有这么表面化。但是作为谍战题材它没有我们今天所理解的谍战气息，作为表现上海生活的电影它也没有我们今天理解的上海气味。所以起先我看了电影并没有创作改编的冲动。后来，当我接触到了一些文史资料之后，终于还是被这个红色题材所打动了。是什么打动了我呢？打动我的是那个和诗人李白同名的男主角原型。他在上海做地下党谍报工作 12 年，两次被俘都受了酷刑，第二次从牢里放出来多处骨头都断了，一个人过了 12 年在刀锋上行走的生活，其间两次被俘，在距离上海解放只有 20 天的时候，却牺牲了。我看到这儿心里很难过。他向往的那种生活方式，那种农人有地种、工人有工做、学生有学上，人人平等，官员是由人民选举出来的未来生活，在他一家人坚持了 12 年还有 20 天就迎接到来的时候，他却被枪杀，再也看不到他期待中的明天了。他生前发出的最后一批电报包括国民党的江防计划、国民党在上海龙华机场飞机停落的数量、上海城区陆军驻扎情况，还有他接收的一封电报是上海解放所要保护的民主人士名单。我在这份名单中看到了许多新中国成立后的著名人士。作为一位生活在今日上海的市民，我不能不说李白烈士之死与我们今天的生活有关，某种意义上，我们是生活在他们的结果中，他们是前半场戏，我们是后半场戏，其中有一条看不见的精神环链。于是，我写下这部舞剧剧本的第一句歌词："我想活到明天……"，是的，只想活到明天，像昨天、像今天一样，平平常常，有阳光，有亲人，有朋友，但是那个明天我们都有，他没有了。写好了这首歌词，我的《永不消逝的电波》舞剧剧本也就很快写好了。李白的妻子是一位上海的纱厂女工，为了掩护他的工作与他假扮夫妻一起生活，一开始她什么都不知道，后来渐渐地感动于这个男人殚精竭力、罔顾生死所献身的信念，她相信那个信念是崇高的，是值得为之付出所有的，于是她也相信了，她把自己也放进去，加入了他的党，生活之中也从假夫妻变成了真夫妻。"唯爱与信念永存"，这是两位出生于1980年后年轻舞剧编导提炼出的思想箴言。唯其年轻，敢于把爱置于信念之上；唯其年轻，相信信念源自于爱。不是信念与爱永存，更不是唯有信念永存，而是信念源自于爱，是我爱的人从事着他爱的事业，我希望与他一道奔赴他所向往的未来。所以，这个理念超越了题材本身，也超越了以往表现革命历史题材的人性局限，它让80后、90后、00后出生的人相信，令他们感动不已，泣不成声，一刷、二刷、三刷乃至多刷，连我自己每次看了都会动容，这是所谓红色题材的艺术表达。

一旦说到红色题材，往往就容易脸谱化、概念化，就容易无视亲情、人情。有些表现战争年代的戏剧作品，总是热衷于设计在生死关头面对至亲之人的选择，而每一次的选择都无一例外地选择放弃亲情和人伦。在有些作品中，剧中人物总是无视生命，无视个体情感，完全违背先进政党都是以实现大多数人的幸福为基本信念的。信仰与人性，原则与常情，集体与个人，这些方面的对立矛盾当然有，但它并非生活的必然，检验其革命性与进步性的标准也绝非是简单的放弃与牺牲。我们的创作不能打小算盘，算计死两个人救活一个人划不划算，我们要算的是一个民族对英雄对民众的尊重。就像见义勇为一样，我们不能坐在河边先考虑一下，落水的人受过什么教育，多大年龄，是不是下岗工人，是不是癌病患者，而救他的人恰好大学刚毕业，马上为社会做贡献，救他划不划算。想想我们能算这个账吗？也许这两个生命是有价值的，可是道德是无价的，一种贯通人类的见义勇为的价值观是无价的。现实题材的创作应该伴随着现代意识，有些作品动辄放弃个体生命，动辄牺牲至亲的家人，试想，一个连自己至亲都不爱的人，他真的会爱一个陌生人吗？把一种政治原则、把一种工作精神、把一种职业道德统统拉升到与常情与人性严重对立甚至你死我活的地步，看似高尚，其实虚伪，让人觉得既不可亲，更不可信，这样的红色题材作品恰恰缺少进步性，这样的现实题材创作恰恰缺少现代性。

所以我认为当下提倡现实题材创作，其实是倒逼艺术家重新反思自己的创作。一方面，要在现实题材当中灌注现代意识；另一方面要通过现实创作让我们的传统艺术走进现代、表现现代。我们不能津津乐道于传统艺术只适合表现古代生活，当传统艺术也能表现现代，并且是用现代意识表现现代的时候，也许就能解决真正的危机。所以对于现实题材，不要埋怨，不要拒绝，更不要觉得生不逢时，没有哪个时代是专门为作家艺术家设计的，况且，作家艺术家的成就往往都是在他认为创作时机不利的时候完成的。李清照最有利她创作的时机是她养尊处优的时候，造个十间楼当书房，用花不完的钱买古董，那也许是她最无忧无虑的时候，但那个时候的她就是一个婉约派的词人，就是一个小女人作家。战争爆发，李清照南渡了，丈夫死了，文物被偷，自己错嫁了人，冷冷清清、凄凄惨惨，载不动许多愁，这个时候李清照才从为个人代言转为为民族为时代代言，才成就为大作家、大词人。

三、把中国故事讲给全世界听

不久前，我跟重庆川剧院去了罗马尼亚锡比乌国际戏剧节。在这个戏剧节上，重庆川剧院应邀演出了川剧《李亚仙》，这个作品是我 15 年前应沈铁梅院长之约为重庆川剧院改编创作的。当时这部作品投入并不高，大概是几十万元，在今天来说或许就是一位导演或编剧的创作稿酬，当时重庆川剧院没有把它做成大制作。川剧有传统戏的保留剧目，其中有一些折子戏，大家都爱看。看了老版剧本以后，我倒是希望做出一个新的东西来。我希望做得比老版本更古老，能有当时没有进入剧场之前的那种古朴的演剧形式。一般来说，在原有的剧本上做一些修改，可能费的力气小一点，我没有选择走捷径，而是完全重写。没有想到演出以后很受欢迎，特别是受到年轻人的欢迎。在重庆、北京等地的大学里年轻人喜欢这个戏，包括在上海。在上海交大演出时，我记得还专门搭了一个广场的舞台，来了上千个学生，大家看了以后非常喜欢。这一次带到国外，又给我们一个意外，这个意外来自于两位特殊的观众，这两位特殊观众的反响促使我们深入思考一个问题：中国戏剧跟世界戏剧交流什么？

一位特殊观众是现任中国剧协分党组书记、驻会副主席、剧作家陈彦，他看完演出后发表了即兴讲话。他说这次看中国戏曲在国外的演出跟以往不同，以往戏曲带给外国人的大都是技艺，如《变脸》《三岔口》等动作性技艺性很强的剧目，而这次《李亚仙》带给外国观众的是一种价值观、一种生活方式，让外国人不仅看到中国人怎么演戏，更看到中国人怎么生活、怎么思考。

另一位特殊观众是现任中国驻罗马尼亚大使姜瑜女士，姜瑜女士曾经担任外交部新闻发言人，有很高的知名度。姜瑜大使说她以往看中国戏在国外演出，剧场里总是吵吵嚷嚷的，而这次重庆川剧院《李亚仙》的演出，剧场出奇的安静，仿佛是在看西洋歌剧。两个多小时的演出长度，歌剧一般要中间休息两次，而川剧演出则是一气呵成，她留意到中间居然没有一个人走动，更没有一个人离场，满场观众完全被剧情吸引住了。姜瑜大使一面赞叹沈铁梅和她的川剧院的精湛表演，一面表示今后要重新思考推荐什么样的中国戏剧到国外演出。

川剧《李亚仙》的广告语只有一句话："中国版的《茶花女》"。《茶花女》的故事在西方世界可谓家喻户晓，因此欧洲观众欣赏《李亚仙》完全能够明白剧情，但是《李亚仙》与《茶花女》又有不同。同样是富家子爱上风尘女，受到家庭阻挠难以长相厮守，西方的《茶花女》以悲剧收场，而东方的《李亚仙》却超越了悲剧。故事结尾，李亚仙由怨恨转为宽容，她感叹一个地位与她完全悬殊的人，愿意把一生的岁月拿来陪伴她，而正是因为她对他的感恩与不舍，她不愿意他因为她而与家庭决裂、与双亲反目，甚至他为了她可以罔顾前程，漠视未来。面对至诚的爱情，李亚仙自觉承受不起，她担心他将来没有前程，不能独立，所以她情愿放弃这段感情，还他一个未来，哪怕这个未来到来之时将意味着他们的分离，她也无悔无怨。这种中国古代妇女的仁爱观、节烈观和利他主义的道德精神，是与西方的个性自由，人权平等不完全一样的。因此，茶花女选择殉情，李亚仙选择出走，她带着他对她的满满的爱却情愿放弃他成全他。她要怀抱着琵琶，走向江湖，去向江湖讲述曾经的美好的爱情故事。中国人以仁爱为中心、以利他为操守的观念跟西方人完全不一样，所以看完这个戏他们能理解中国的孔子，理解中国的仁爱，理解中国人了。

另外，很神奇的是锡比乌这个地方，近千年的古城，它的建筑，有全世界独一无二的特点，就是它斜斜的房顶上都开着天窗，这个天窗像人的眼睛，有睫毛，有瞳孔，有眼白，有眼线，房顶上都是一双一双眼睛，称为“千眼之城”。原因是中世纪时这个城里有很多皮草匠人，他们为了在自己家里通风就开了很多气窗，就像上海人开的老虎窗，在每家的屋顶看着别人。《李亚仙》故事也是讲眼睛的故事，一个文学青年进京赶考，看到一双美丽的眼睛，被这双眼睛迷惑了，然后每天没事就琢磨这双眼睛，这个女子就觉得我这双眼睛迟早把他害了，然后自己把这双眼睛刺瞎，用这种办法激励男孩读书。男孩说我是官宦人家，我知道读书的好处，我更知道读书的坏处，我去读书了，考出一个结果来，我们俩就完了，我愿意选择这种生活。但是女孩却认为，你选择一个阶段可以，但是你不能一生都这样，父母会想你的，家人会惦记你的。而且我们两个人就这样算什么，难道一辈子就这样了？所以你恋着我，我为你把一双眼睛刺瞎，你就可以好好读书了。男孩后来真的发奋读书。虽然那一双眼睛刺瞎了，但那一双美丽的眼睛是永远美丽的，在那个男人的心里。当然，每个女人的选择不一样，因为铁梅很有个性，我是一个男人，我总是想同情女性，所以我设计的是郑元和放弃官位，打着莲花落，一路追赶李亚仙而来。铁梅说，不行，我要独立，不要这个男人来，他走他的，我走我的，我不埋怨。所以我和铁梅也有一个价值观碰撞的问题。我写在剧本上的结局，舞台上没有用。就像我为《永不消逝的电波》写的歌词“我想活到明天”，年轻的舞剧编导韩真、周莉亚也没用，我说如果结尾演唱这首歌曲，台上台下一定会集体泪奔，但她们不希望这样，年长的希望把泪涌出来，年轻的希望把泪含着，她们就是希望保持着克制的感觉，觉得欲哭无泪才刚刚好。

中国文化、中国故事，怎么实现国际间的交流，与我们表达的内容和价值观都有关联。由此想到我近年创作的另一部舞剧作品《朱鹮》，也是与上海歌舞团合作的。《朱鹮》作为舞剧的创作题材，最初得到了中国对外友协的支持。其时，中日关系正处于比较紧张的状态，需要有民间的松动，而朱鹮是日本国鸟。20 世纪 70 年代末，日本的最后一只朱鹮，名叫阿金，日本电视台直播了它的死亡过程。濒死的朱鹮阿金，已经几个月不能飞翔，好久不进食、不喝水，可是在生命最后一刻它突然挣扎起来，抖擞着飞起来，撞到顶上的天花板，砰然栽下来死了。看着阿金的死，全日本都在伤心，觉得是整个日本的不幸，因为它是日本的象征。阿金死了以后，朱鹮这个物种就消失了。但是没有想到，80 年代初在陕西汉中洋县，一支国际野生动物考察队误打误撞发现了 7 只野生朱鹮，于是整个人类惊喜：朱鹮这个物种还没有灭绝，还有 7 只野生朱鹮！因而举全世界科学家之力来保护这 7 只野生朱鹮，陕西那一块区域也变成了特别保护区。今天，朱鹮在东亚、中亚已有 2000 多只，日本知道中国发现朱鹮以后跟中国交涉，每借一只朱鹮给日本都是国家大事，从借到后来送，朱鹮可以撬动中日关系。《朱鹮》在日本的首演，安倍首相夫妇都到场观看，可见之重要。

《朱鹮》在日本全岛受到礼遇和欢迎，在日本之外的其他国家也一样广受好评，被国际媒体誉为“中国版的《天鹅湖》”。正如这部作品中所表达的，朱鹮与人类的关系起先是很融洽的。在古代，朱鹮就如寻常的鸟类一样与人十分亲近。朱鹮又叫朱鹭，是中国的吉祥鸟，可是这个吉祥鸟在 20 世纪迅速消失了，后来我们发现其实朱鹮这个物种的命运跟人类的工业化、城市化有关。朱鹮这个物种太有自尊了，它不以生命退化来求进化，它不以适应环境为代价衍生自己的物种。最容易适应环境的是老鼠和蟑螂，多么恶劣的环境都可以生存下去。但朱鹮不行，水达不到一定标准，它就死给你看；空气达不到一定标准，它也死给你看；光、噪音，达不到它能接受的标准，它也绝不将就。要让它陪着人类活着可以，必须满足它的标准，空气的纯净度，水的纯净度，你喂它吃的东西是农药、化肥浇过的，还转基因，对不起，你等于给它吃毒药。所以朱鹮始终保持着自己对食物、对空气纯净度的标准，绝不妥协。人类为了追求自身的发展，管你朱鹮高不高兴、死不死，关我何事？为了你的不妥协不将就，难道我就不撒化肥了，难道我就不发明轮船汽车了，难道我就不开采煤矿了？也就是在人类的不经意之间，一些物种消失了，朱鹮也险些消失。所以我还是很敬佩朱鹮这个物种的，你尊重我，我们和谐相处；你不尊重我，我跟你诀别。

我们今天才意识到，朱鹮消亡的速度就是城市化发展的进度。等到我们发展到一定进度回头再找，找不到了。这个时候着急了，所以我写这个剧本，提炼出来两句话："为了曾经的失去，呼唤永久的珍惜"。不仅朱鹮这个物种，世界上很多物种都是在工业化进程、现代化进程中消失的。当藏羚羊迁徙的时候看到火车铁轨，它不敢过了，不敢过了很可能就无法完成这一次迁徙，所以我们后来就把铁轨架高，不要阻挡它们迁徙的路线。中华鲟要从大海回游到长江，可是它的洄游路线被水坝拦住了，无法洄游的中华鲟无处产卵，于是这个物种面临消亡。当我们去改变自然的时候，作为自然之子的其他生物未必都能与我们保持同步，始终与我们保持同步的是进化能力极强的老鼠、蟑螂，它们倒是不挑剔，能将就都将就，但是朱鹮、熊猫、中华鲟等珍贵的物种就不行了。舞剧《朱鹮》表述了物种生存的三段式，古代、近代、现代，古代人与鸟类共生，共同拥有这个世界；近代人类在追求自身的发展进程中忽略了其他物种的生存；现代当我们发展起来以后意识到，再来补救付出的代价是极其昂贵的。西方的芭蕾舞《天鹅湖》，表现了一个永恒的真善美的故事；中国的民族舞《朱鹮》是在一个变化着的人类共有的生存环境中发出的关于生命繁衍的忧思。所以中国文化走出去，中国故事讲出去，不仅仅是讲给我们自己听的。

话剧进入中国 110 多年了，可是话剧是从国外引进的，我们现在融入世界了吗？就像足球引进到中国了，中国化并不代表要把足球 11 个人踢变成 10 个人踢，它必须按照世界足球的游戏规则来。国际上除了中国，别的国家没有话剧，它就叫戏剧，戏剧派生出歌剧、舞剧、音乐剧、哑剧，它的主体是戏剧。戏剧也可以歌、可以舞，多种手段都不限制使有，当然也可以只有语言。中国话剧院团几乎没有一家没有演出过外国剧作家的剧本，业余话剧团也都会演出莎士比亚、演过奥尼尔、演过契柯夫的剧本，可是有没有哪一个外国的剧团演过中国剧作家的剧本呢？包括曹禺先生、郭沫若先生、老舍先生、田汉先生的剧本，我孤陋寡闻，好像是没有，更不消说演出我们当下剧作家的剧本了。从这个角度看，中国戏剧真正走向世界，融入世界戏剧大循环，还任重道远。

整理：杨晓勤、周津菁、廖夏璇

校对：陈云升、李碧萱

运用戏曲文学　讲好中国故事

姜朝皋

习近平总书记一再强调我们的文艺作品要讲好中国故事，讲好具有中国精神、中国气派、中国风格的故事。戏剧编剧就是向人们讲故事，在我国优秀传统文化中，无论是诸子百家，还是民间传说，包括我们的戏剧，里面都穿缀着一个个生动的故事。这些故事穿越时空、历久弥新，影响一代代人的观念和生活。在进入新时代的今天，我们如何运用戏剧文学讲好中国故事，是每个有志于从事戏剧创作的人义不容辞的职责。

戏剧文学是整个文学艺术的一个重要组成部分，中外文学史上戏剧文学作品灿若群星。而文学的产生根本上是对人的生存状态的一种反映，是对人的社会存在的艺术观照和外化，因而她必然反映一定时代的社会精神。

现在的戏剧文学作品，一方面要努力提高技巧，没有掌握技巧，同样的生活素材，别人能讲出精彩的故事，而你却不能，因此学习技巧提升功力是很有必要的。但更要紧的是不能缺乏精神，缺乏对社会人生有力的艺术关注、思考、责任和激情。文艺作品的民族精神，其大势应该与中华民族的伟大复兴相关联，具体则应该充满对人民喜怒哀乐、社会人生问题的洞察、敏感、忧患和前瞻，是更加开放开阔的，既勇于面对现实生活，又充满美好理想的现实精神。中华民族的伟大复兴，需要中华文化的繁荣发展作为条件，而当下的文化生态为文艺的发展提供了一个春意融融的宏阔背景，作者、艺术家和文艺爱好者可以大显身手，大有作为。

文学不像数学，有公式的；文学不像经济学，有模式的；文学也不像化学，有固定元素符号的。文学作品是一种心灵的交流，一种心音的对接，倘若丧失对人吐露心音的热情，或者一味吐露心音，而拨不动别人的心弦，引不起他人的共鸣，作品的价值就有限了。

一部作品成功与否，取决于诸多因素，如何讲好中国故事，我想就四个方面与大家共同探讨。

这四个方面，一是选材，二是立意，三是结构，四是语言。

选材是前提，就像一个人的胚胎，是男是女，血脉基因都在于此。立意是核心，就像一个人的灵魂，是高尚还是卑下，是伟大还是平庸就取决如此。结构是关键，就像一个人的骨架，高矮刚弱由其决定。语言是品相，就像一个人的形貌，形态美丑均靠其展现。

一、选材

重视选材并非回到曾经把创作引入歧途的“题材决定论”。我说的选材，首先是要考虑题旨的现代意识，有人说我写的是现代题材甚至现实题材，还会没有现代意识？这不一定，有的现代题材的戏，虽然人物穿的是现代服装，但传递的却是陈旧的规念，甚至是封建道德。相反一些优秀的历史剧却有着很强的现实意义。因此现代意识并不是一个简单的时间概念，而是作者价值观、人生观、道德观的一种体现。

另外戏剧题材的选择是指要选择符合戏剧美学特征，能进入戏剧叙事言情的题材。戏剧是代言体，不像小说，作者可以用自己的语言去描摹、评述和议论作品中人物的言行思想。戏剧一切都是通过你营造的戏剧情境和人物自身的言行来表达。也不像电视剧，可以一集一集娓娓道来，篇幅少了加两集，篇幅大了减两集，而戏剧的空间就是一个舞台，一部大戏的时间就是两小时左右，这就是舞台剧的限制性。戏剧编剧一定要明白戏剧的时空、场景和人物高度集中这种特性要求，不是什么题材都可以拿来写戏的。现在有不少这样的情况，组织者要求戏剧服从和服务于现时具体的政策和宣传，比如说上面强调扶贫，于是作者都来写扶贫，上面说要宣传英模人物，便都来写好人好事，造成同类型的题材一窝蜂上，千人万马往一条道上挤，这就带来大多作品出现同质化的现象。还有我们讲努力挖掘地方文化资源，有的就理解为划地为界，而且界定范围愈来愈小。某某市院团投排上演的戏剧作品必须是表现某某市的人和事，某某县区投排上演的戏剧作品必须是表现某某县区的人和事。纵观古今中外的经典作品哪里有这种界限？文学艺术是全人类的精神财富。当然不是说这种界定有什么错误，而是会使作者题材选择的范围越来越窄，作者的创作的主动性越来越小。有些题材从宣传角度看确实很不错，写成纪实文学或政论片会很动人，但却不宜用舞台剧去表现，原本生活中很感人的事放到舞台上反而缺乏感染力，这样例子并不少。所以戏剧的选材必须是要能进入戏剧情境，最好是矛盾冲突强烈，内心情感丰满，事件不要过于庞大冗杂。比如一场飞机空战戏剧就无法表现。

从创作规律上讲，创作题材还一定是作者所熟悉的生活而且是真正有感而发的。人生有两大需求，一是倾听，二是倾诉。文学创作就是倾诉，是作者有话要说，有情感要表达。那种搔首弄姿、无病呻吟的作品是没有感染力的。而那种图解政策、概念标签式的作品同样是没有生命力的。真正能震撼人心的文艺作品往往意味着生命的投入，激情的燃烧，如鲠在喉，不吐不快，是非写不可的东西，从中能看到作者的眼光、志向、定力、修养、情怀、趣味。奥地利诗人默克尔接到一位年轻诗人的诗请他点评，他回信说："这是没用的，你现在需要做的是走向内心，找找自己需要写的理由，问问自己是不是真的非写不可。"这就是问作者是否有真正产生了创作的欲望和冲动？如果没有就不必勉强动笔。

谈到这里，可能有人会问，你创作那么多剧本都是你自己要写的吗？我告诉大家，不全是，甚至大多数签约作品都是命题作文，是邀请方选定了题材来找我的。那我怎么办呢？这里有四种情况。

第一种，对方所要的题材正是我要想的题材，比如前不久在北京举行全国基层院团戏曲会演，在开幕式开台大戏演出的婺剧《鸡毛飞上天》。我当时正想写一出表现城市改革开放的戏。我们国家改革开放最具典型意义的有两个地方，一是安徽的凤阳小岗村，十八户农民冒着坐牢的风险分田到户，推动全国的土地联产承包责任制，是农村改革的典型。二是浙江义乌，从当年的挑货郎担鸡毛换糖到世界商贸名城，是城市改革开放的典型。小岗村的故事已被搬上了舞台，而义乌的故事却还没有艺术作品涉及过，正好义乌找上门来，双方一拍即合。

第二种是实行转化，把你要我写变成我要写，最有代表性的就是越剧《马寅初》。我由不想接不愿接而到如鲠在喉，不吐不快，非写不可。

第三种是对邀请方设想的题旨进行开掘和深挖，让生活的真实上升到艺术的真实，如采茶畲歌戏《热血山哈》，商南花鼓戏《闯王寨传奇》，和赣剧《青衣》（根据毕飞宇小说改编）。

第四种就是我认为不适宜用舞台剧表现的或者我自己驾驭不了，不勉强接，而是婉言谢绝。

当下我们正处于社会的转型期，社会生活千姿百态，需要我们去观察、去发现、去选择，然后进行艺术的表达。法国雕刻家罗丹说："生活中并不缺少美，而是缺少发现美的眼睛。"有的人天天在生活当中，却没有发现什么，而有的人仅仅是一次参观，一次访谈，一次相聚就产生了创作灵感，这就是跟艺术素质和审美能力有关。

艺术素质就是你对艺术感受的敏锐程度，审美能力就是你艺术感受达到层次的高低。文学艺术的功能和使命是坚持以人民为中心的创作导向，歌颂真善美，歌颂我们的时代，歌颂我们的祖国和人民。如我这次在全国基层院团开幕式的开台大戏《鸡毛飞上天》就是歌颂改革开放对中国大地带来的沧桑巨变。我认为这是时代赋予我们这一代剧作者的责任和使命。但是也不是所有的作品都一味地粉饰太平，把文艺作品一律变成青词贺表。在赞颂真善美的同时，文艺还要批判假恶丑，对社会转型期那些阻碍时代前进、阻碍社会发展的不良现象我们必须揭露、抨击和批判。

当代著名剧作家魏明伦先生说要报答党和人民的恩德，"笔下的作品应该是赞美不溢美，报喜也报忧，报忧在某种程度上说是更真诚的报答。"位卑未敢亡忧国，正如范仲淹的名句：先天下之忧而忧，后天下之乐而乐。习总书记在怀念作家贾大山时深情地说，他给我印象最深的就是忧国忧民的情怀。他还说“处江湖之远则忧其君”，文艺工作者要有成就，就必须自觉与人民同呼吸、共命运、心连心，欢乐着人民的欢乐，忧患着人民的忧患。

所以我们的文学不能失去忧患意识和批判的锋芒。我的成名之作京剧《贵人遗香》就是对中国几千年封建社会的本质进行彻底的揭露，对扭曲的人性予以深刻的批判。去年我为湖北省京剧院创作的现代京剧《在路上》，就充满着信仰与权欲的博弈，上演后被称为舞台版的《以人民的名义》。所以我们选材应该立足本土，放眼九州，以宏观的视野、博大的情怀和独特的眼光去搜寻和捕捉有时代光彩和艺术潜力的题材，力争少走弯路和不走弯路。

二、立意

立意是核心，就好像一个人的灵魂。清代著名文艺评论家刘熙载在《艺概》一书中特别强调立意的重要性，说“古人意在笔先，故得举止闲暇；后人意在笔后，故至手忙脚乱。”意乃作品的精神内核，筋骨血脉皆由其发生。一部立意陈腐的作品，尽管形式华丽，包装精美，也只不过是一具绫罗锦缎包裹的木雕人形。有的戏看上去很完整，光讲完整，死人的躯体也是完整的，但毫无生气可言，只能是设色骷髅。

那么怎样才称得上好的立意呢？我以为须具备三条：诚意、新意和深意。诚意是前提，新意是关键，深意是标杆。

诚意指的是作者要有真情实感。人们常说，作品的生命力在于真实，而真实却包含两个要素，一是作品所描写的对象（客体）的真实；二是作者主观心意（主体）的真诚。其中客体的真实是千差万别的，常常因时而异，因境不同，很难有统一衡量的标尺。如王祥卧冰求鱼，孟宗哭竹生笋，在古代是被人们信奉的孝的典范，而在今人看来，不仅是不能效仿，而且是不可信的，它的真实性随着时代的变迁而消减。

又如气候温热的南方海岛，隆冬季节仍是草木葱茏，瓜果飘香，而这在冰雪覆盖的高寒地区却是不可思议的，作品中的如实纪录就会被看作是不真实的描写，它的真实性因地域不同而受到质疑。所以这种客体描写的真实是相对的，而主体心意的真诚却是绝对的，从这个意义上说，真实的作品就是诚实的作品。

观众和读者最不能容忍的是作者的情伪，或曰矫情，明明没有那种感受，却装模作样言不由衷地自欺欺人，这才是最大的不真实。我创作京剧《血沃芳草》，当时邀请方是要我写一部红西路军英勇悲壮的故事，当我掀开历史的帷幕，却被那女子先锋团深深震撼。在河西走廊，这条贯通中西的丝绸古道上，曾经漫卷过缤纷的历史风云。80 多年前，中国工农红军西路军战士，为了中华大地的光明，把自己的信念、热血和生命，铸入了那雄浑粗犷的荒原雪山。尤其是当年红西路军的女兵们，在战争让女人走开的军旅生涯中，她们英勇顽强奋不顾身地在枪林弹雨里冲锋陷阵，面对铁蹄，流血裂冰，伏尸盈雪，用女性的柔弱之躯，挺起一个民族的气节和尊严。虽然她们正值花季年华，正该云鬓插花，守闺待嫁。然而，革命号召了她们，战争将她们送上了革命的最前线，她们用年轻的血液，用青春、美丽、勇敢、顽强书写出花朵般的革命传奇。谱写了中国革命战争史上最壮丽的诗篇。本剧通过对郝秀英为代表的红西路军女战士慷慨、悲壮、执着、忠贞人生旅程的描写，奏响了一曲大义、大美、大爱的生命赞歌。我是一直含着眼泪写完该剧的。前年我将此剧改成婺剧《血路芳华》，由浙江婺剧院演出，参加浙江省十一届戏剧节，在 46 台剧目中进入十台大奖，名列第一。可见发自心灵底蕴的火花才能呈现耀眼的光辉，发自肺腑的真诚情感才能散发暖人的热量。

至于新意，顾名思义，是指作品的创新意识。没有创新意识就没有人类的火光，而创新的本质力量是对生活的思考，有没有对生活独到的发现是区别一个艺术家和匠人的分野。所谓独到，就是不雷同，不一般，不拾人牙慧，不人云亦云。这就要求作者必须对生活仔细观察，认真思考，甚至原来明白的问题，也让它糊涂起来，以便打破凝固和封闭，从而得到新的感悟，产生独到的见解。

雷同，中国小说美学叫“相犯”，一般要避。但一味地避却是消极的做法。因为避就是退让，凡是前人写过的题材、人物、故事都不敢问津，自己可经营的空间便愈来愈狭小，最后只好搁笔兴叹了，这显然不可取。而高明的做法却是先相犯再相避，以求同中见异，许多看似相同的人和事，其实却是同树异枝，同枝异叶，作为文学艺术作者，就是要有洞隐发微的眼光，从共性中找到个性，从相同中写出不同。

这在我自己的戏剧创作中也深有体悟。我应河北之邀创作的一部历史评剧《胡风汉月》，并由此改编为京剧、越剧、粤剧《蔡文姬》。在编创这部剧作时，同类题材文艺作品早已屡见不鲜，更有郭沫若的《蔡文姬》高山在前。要做到不落窠臼谈何容易？而想有所有超越首先在于立意，一定要找到一个全新的视角切入才有成功的希望。

于是我一头扎进了浩如烟海的史料中，通过对史料和同类题材作品的认真研读，我发现，以往同类作品均无例外地在“归汉”二字上做文章，而对蔡文姬沦落匈奴的遭遇，尤其是入胡十二年的生活情状大多未作描写，史书中也是一笔带过。我感到，正是这段历史空白给艺术家留下了想象的空间，是大可挖掘之所在。试想，一个年轻的汉家女子离乡背井，流落异域，面对莽莽大漠，茫茫草原，人地两生，风俗迥异，该是何等苍凉？她与左贤王从相遇相争到相知相敬，从排斥抗争到接纳，最终结为伉俪，生儿育女，该是多么复杂的情感历程？这里面有多少戏剧因素？同时我想，以蔡文姬刚烈的性格和人格自尊，决不会苟且偷生去当左贤王待寝的玩物，如果没有爱慕之情，她完全可以选择死。因此我一扫传统舞台笼罩在蔡文姬身上屈辱的阴霾，同时摒弃了左贤王粗野、蛮横、暴虐的陈套，而把两人定位在一个是中原才俊、汉家烈女；一个是草原雄鹰、人中豪杰。这里我例举戏中的几个细节：一是在战火中背负桐琴的蔡文姬被匈奴左贤王抓获，左贤王要她为自己弹奏得胜曲，她不肯。左贤王发怒，要把她的琴摔碎，她死死护住不放。左贤王说留琴不留手，面对钢刀，性情刚烈的蔡文姬毅然向左贤王伸出了双手，使左贤王大为惊讶。二是左贤王在接触中看上了蔡文姬，把她迎到帐内做王妃，蔡文姬誓死不从。左贤王对她由衷地产生敬意，没有强迫她，但却碍于体面，不能在成亲之夜把新娘放走，于是他要蔡文姬睡毡床，自己睡在地上，保证相安无事地过一夜再让她走。蔡文姬不肯不信，并指责他出尔反尔，情急之下，为了使对方放心，左贤王竟捧起了原先下人为蔡文姬准备的麻醉药酒一饮而尽，将自己麻倒了。三是后来两人相爱成亲之后，一次郊游，左贤王为妻子送上了汉朝送来的茶，同时蔡文姬的乳娘又端来了新鲜的羊奶，这时蔡文姬一手捧茶，一手捧奶，灵机一动，突发奇想，于是这样唱道：

汉家的茶/胡地的奶/突发奇想在胸怀/水乳交融合一块/其中滋味谁能猜/既然非茶也非奶/何不将奶茶二字合起来。

唱完将奶和茶融在一起献给左贤王，左贤王高兴地接唱：

你把汉家茶艺传塞外/又将这奶茶造出来/满口醇香人人爱/好一个聪明的阏氏女中奇才。

当然奶茶是否是蔡文姬造的，观众不会去追究，而通过些细节既表现了汉家才女的内心世界，也表现了胡人骄子的人性光辉。两个人的结合过程，正是胡汉两个民族不同文化的碰撞和交融的过程，写出这种文化的碰撞和交融，从而形象地展示民族团结和谐的主旨。这样，这个古老的题材就焕发出全新的光彩。

戏上演以后，引起了学术界的广泛关注，这部戏被评、京、越、粤四个剧种上演，推出了四朵梅花奖和一个二度梅演员。还荣获了全国“五个一工程”奖、文华大奖、文华剧作奖和我国舞台艺术的所有奖项。在文华大奖授奖词中连续用了六个新字：“该剧在主题思想的新开掘，民族团结的新视角，主人公形象的新定位，戏剧冲突的新设置以及舞台呈现的新面貌等方面都有新的突破，取得了突出的成绩……”

如果人家写过的戏我就不写，人家演过的戏我就不演，这就自设樊篱了。

除了诚意、新意之外，再就是深意。

真正有价值的艺术品一定包容着对人生的品味和思索。人总是矛盾的，是复杂万分神秘到极致的动物。我们都知道文学是人学，但我说的不是一般地表现人，而是直取人生。人生，是人的历史性展开，是人动态发展的流程，人生，是人的生命的具体实现。

我创作的赣剧《青山作证》描写的是一个四面被大山包围山村，祖祖辈辈被封闭和贫穷所缠扰，为了打通一条通向外部世界的路，实现脱贫致富的梦想，在两代三任村支书的带领下，全村老少，前仆后继，百折不回。用了整整28年的时光，打通一条通向外部的穿山公路的故事。我把它的题旨提炼为两个字“突围”。剧本发表时配发我的创作谈文章的标题，我用的是《精神和物质的双重突围》。它的表层情节是修路，深层意蕴是修人。作品不仅是看到一个宏大工程的艰难曲折，而且看到了一群人执着而壮丽的人生，两代人20余年的生命，在深山绝岭中度过，把生命中的一切，献给了执着从事的事业，于是这条山路便成了人生隧道，山道便有了人生的功能，更有艺术的功能。

这出戏不仅在国内获得不少赞誉，也受到了美国的关注，美国有一家全世界最著名的，集时政、艺术、娱乐、教学为一体的视频网站，中文翻译叫油管，多次全剧转播这出戏，让美国大众和其他国家观众收看。人家开玩笑说你在向帝国主义作文化渗透，也算和平演变吧？这是玩笑话。我想该剧的核心是奋斗、突围，这具有一种普世价值。总书记不是提出构建人类命运的共同体吗？世界人民都需要这种精神，这大概也是美国视频网站要转播的原因吧。

几年前，我应浙江邀请创作历史婺剧《梦断婺江》，写的是太平天国金华侍王府的故事。我查阅了数百万字关于太平天国的史料，几乎没有找到一点有新意的东西。就在我失望沮丧之时，一份不起眼的手令使我怦然心动，这是太平天国侍王李世贤敦促对方投降的勒令书。奇怪的是，这个敌手不是清军，不是团练，也不是洋人的洋枪队，而是他属下两个乡的农民，他们自发组织起来抗粮抗捐，冲进乡衙造太平天国乡官的反。这不禁引起我极大的兴趣和深深的思考：一个以造反起家的农民起义军，居然又被农民造了反，一个号称“有饭同吃，有衣同穿，有钱同使，无处不均匀，无人不饱暖”的太平天国，居然激起农民极大的愤怒和冒死反抗，这是为什么？于是我再一次掀开历史的层层帷幕，去寻找悬疑的答案。

众所周知，太平天国是十九世纪中国乃至世界规模最大，时间持续最长的一场农民运动，如何评价这场农民运动，史学界一直争鸣不断。没有一次农民运动像太平天国那样受到后人诸多的评说和进行文化的再现。剧作家不是像史学家那样去评价历史，而是要在扑朔迷离的史料中甚至历史的空白处去感悟历史。我发现，这场一百六十多年前震撼中外的农民运动，有很多积极的方面。广大贫苦农民和落魄知识分子，不堪忍受封建腐败的满清王朝的压迫奴役，组织起来反抗朝廷，杀贪官污吏，打土豪劣绅，抗击列强的侵略，废除女人缠足，男人拖辫子的丑陋现象，主张人人饱暖、处处均匀，因而深得民心。他们以初始的两万人在金田起义，仅用八百天时间就发展到几十万人，一举攻下了南京，可见其发展之迅猛。

然而与此同时，也暴露其荒唐的一面，如焚书砸庙，毁坏文化，禁锢人性，鼓吹神权，以及内讧自残，争权夺利等。更为严重的是，太平天国存在的十四年间，无日不战，又无休止地大兴土木，修筑各宫殿王府，耗费大量钱粮，于是拼命将负担转嫁到农民身上，赋税一涨再涨，每亩田的赋税从原来的一斗七升涨到了七斗，高出清王朝的数倍。农民不堪重负，对太平天国由希望失望到绝望，这个政权终至彻底失去了民心，导致众叛亲离，分崩离析，一场轰轰烈烈的农民运动最终无可奈何地走上了败亡之路。我因此感悟到，太平天国的败亡固然有诸多原因，但最主要的也是最根本的原因是失去了民心，历史再一次表明了这样一条亘古不变的真理：得民心者得天下，失民心者失天下。一个集团，一个政权，不管你的口号宗旨如何美好，如果在实践中背离了广大人民群众的根本利益，最终必然被人民所唾弃。

得到了这种感悟，便抓住了全剧的灵魂，一个不同于以往同类题材的历史剧《梦断婺江》就应运而生。剧中我设计了这样的情节：一个叫火生的农民在给太平军送军粮途中，儿子因饥饿难忍偷了一小袋军粮想熬粥充饥，火生发现狠狠打了儿子，夺回军粮，并说就是饿死也不动一粒军粮。而后来就是这个农民，竟也参加反太平军的行列而被和其他造反者一起，送上断头台。这时侍王李世贤的红颜知己柳彦卿出来犯颜直谏，极力劝阻，竟被李世贤喝叫其滚，柳彦卿忍不住唱道：

一个滚字恩义尽／留下一语你且听／太平军造反为百姓／为什么百姓又反太平军。

这样振聋发聩的呼声，使李世贤受到巨大的震动。每演到此，观众也同时受到强烈的震撼。李世贤终于释放了这些造反的农民，而是挥泪处死了他的企图逃跑回家的亲兵。该剧在入围国家舞台艺术精品工程剧目时，其评语写道："该剧透过历史文化的背影，折射出太平天国败亡的车鉴，以跌宕多姿的戏剧场面，展现多灾多难的社会人生，在戏曲领域中，率先以独特的视角对农民起义这一历史现象进行了新的解读，具有较高的学术品位和审美价值"。还有评论家认为：该剧艺术地再现历史，深刻地警示现实，堪称是一部艺术版的甲申三百年祭。然而有谁知这一切都来自于那一纸不起眼的手令。这就是艺术眼光的特殊发现。

越剧《马寅初》深意在哪里呢？我的立意就归结到六个字：求真理，做真人。

最突出的表现就是坚守学术良知，为维护科学真理而宁折不弯、勇于献身的浩然之气。当他的"新人口论"遭到铺天盖地的批判，处于泰山压顶之势时，他不仅拒不检讨，而且发表了正气凛然的声明："我虽年近八旬，明知寡不敌众，自当单身匹马，出来应战，直至战死为止，决不向专以力压服而不以理说服的那种批判者们投降！"真是字字惊雷，声震屋瓦，显示出一个铁骨铮铮大丈夫的伟岸形象。其中闪耀出科学家的远见卓识，爱国者的忠贞不渝，教育家的一代师表和道德家的不朽光辉！我以为这是人物思想的核心所在，也是全剧的核心所在。找准这一点，就是掌握了全剧的灵魂。

这出戏不仅得到观众、专家、领导的广泛认可，还获得现代戏研究会颁发的"中国现代戏突出贡献奖"。

我还有一个戏《红星恋歌》。

20世纪30年代，江西苏区的年轻姑娘雨花，鼓励自己的恋人大星参加红军，新婚的第二天，大星便告别故土乡亲，跟随红军踏上了长征之路，一去就再也没有回来。雨花揣着丈夫留下的红星，守望在红土地上，从红颜到白发，历尽悲欢，艰苦备尝，用毕生的心血谱写了一曲感人肺腑的人生赞歌。

这便是大型现代剧《红星恋歌》的故事梗概。

这部剧作是我根据江西老区一个真实的故事创作的。这位革命老人，几十年如一日，信守着自己对丈夫的承诺，无论生离死别，始终坚贞不改，就像一棵不老的苍松，深深扎根在养育自己的红土地上。这个故事的感人之处，就在于主人公几十年生死不变的坚守；而其创作的难点，也正是她生死不变的坚守。

仅仅成婚一天便相继生离死别的夫妻，作为妻子，从此终其一生，无穷的守候，对于生活原型，我们无可指责，但作为一部从生活中提炼而成的艺术作品，难免会带来歧义，人们会认为作品在宣扬从一而终的封建贞操观。我们不能说因为她的丈夫是红军，她就应该守节，现代文艺作品不能以革命的名义树一个新的贞节牌坊而不惜扼杀人性。

生活原型的感人之处恰恰是艺术创作的忌讳之处，这就使这个题材的创作陷入了二律背反的困境中，稍有不慎，就会使作品走入歧途。

怎么办？是让作品胎死腹中还是寻求新的突破？题材的巨大诱惑力使我选择了后者，而要寻求突破，必须摆脱真人真事的局限，对生活原型进行心灵的探究和精神的提升。

首先要找准的核心问题是女主人公终其一生坚守的是什么？期盼的是什么？这是全剧的灵魂，也是作品成败的关键所在。通过深入的思考，终于有所发掘。

在风雨如磐的旧中国，中国共产党及其领导的红军，成了汇集民族优秀儿女的摇篮。一批批热血青年参加红军，为拯救民族危亡和谋求人民幸福而抛头颅洒热血，他们的凛然大义深深感召着苦难深重的国人，更激励着革命苏区的群众。红军与老百姓，鱼水情深，年轻的雨花耳闻目睹，心灵深处充溢着对红军的热爱，认定红军是天底下最好的人。红军为之奋斗前仆后继所追求的社会将是最美好的社会，她发誓“嫁人要嫁红军汉，赤心永向红五星”，从而树立终身不变的信念，为此她义无反顾地奉献出自己的青春年华，骨肉亲人乃至于自己的一切。

从这个视角切入，雨花坚守和期盼的就不仅是作为生命个体的丈夫，而是执着地坚守自己的信念，用生命的足迹去追求美好社会和幸福生活，并耗尽一生期盼它的到来。这样一来，雨花坚守和期待的内涵就扩展了，意义也有了新的升华，作品所赞美的就不再是旧的传统道德意义上的守节，而是一种恒久的人性之美和不灭的信念之光。

在这种立意的烛照下，剧中雨花的周围，除了慷慨捐躯的丈夫之外，我还设置了英勇喋血的小号兵，舍子成仁的老班长，忍辱负重的春牛，舍身抗洪的星儿，秀外慧中的秀妹和亲和能干的国庆等众多人物，他们共同组成了一幅波澜壮阔的历史画卷，那具有象征意义的红五星作为全剧的中心道具贯穿始终，照应着重大关目，也激荡着人物心灵。对于雨花，红星是红军的象征；是丈夫的化身；是情感的寄托；更是理想信仰的支撑。于是有了赞红星、想红星、泣红星、换红星、磨红星、藏红星、盼红星、问红星、抓红星、祭红星、赠红星等一个个荡气回肠的行动和情节，红星的灵魂光彩，充分显现出中华民族不可或缺的精神风标，《红星恋歌》的剧名也因此应运而生。

全剧从开幕到结束，时间跨越了半个多世纪，经历了革命战争时期、解放建设时期和改革开放时期三个重要年代。雨花从青春少女到华发满头，见证了革命道路的曲折和艰辛。她五十多年的人生经历，纪录了中国半个多世纪的时代风云，她在历尽沧桑之后，终于迎来了改革开放的春天，她一辈子梦寐以求的美好日子终于来到了面前。在全剧结尾时，雨花面对“饮水思源”的石碑，当乡亲们要她说几句话时，她捧出几十年用心血打磨出来的红星，动情地说：“乡亲们！我要说的话只有一句，那就是红军说话算数，共产党说话算数，我们要世世代代跟着共产党奔好日子！”这正是全剧的点睛之处，雨花和她周围的人以切身感受表达了对长征精神深切的感念和对改革开放的热情讴歌。

《红星恋歌》立意归结到三句话：一个承诺，一生坚守，一份信念。

我还要特别介绍一下南昌大学赣剧艺术中心获本年度国家艺术基金立项资助的《一代鸿商胡雪岩》。

提到表现商人的正能量，几乎无一例外地想到“诚信”二字。这类舞台剧已屡见不鲜，写晋商、徽商、京商、鲁商乃南洋华商，不一而足。大多表现其如何坚守诚信，艰难创业、勇于开拓的精神。戏剧情节依此展开，矛盾则多在开拓与守旧、遵循祖训与离经叛道两种观念之间产生，冲突则在父子母女、兄弟亲族、同事同行这类人物纠葛中缠扰。波澜起伏，险象环生，煞是好看。这似乎已经成了商业题材写作中的不二选择。如果《胡雪岩》也按这个路数去写，与以往的艺术作品相比，虽然人物、地点、商号变了，但故事似曾相识，主旨大体雷同，不能说有什么错误，却未免是拾人牙慧，毫无新意可言，价值当然有限，我也不肯甘心。然而不这样写，这种题材又如何避开套路，跳出窠臼，翻出新意呢？我在炎炎夏日的苦吟中一再探寻。

纵观其一生，白手起家，以至富甲天下，自有其过人的经商谋略和精明的处世之道，但这些经历过于漫长琐碎和专业，难以进入戏剧情境。作为一代富豪，而从客观全面看，胡雪岩身上有着中华民族许多优秀品质，包括诚实守信、乐善好施、明礼仁义、开拓进取等，诚然这都是值得褒扬的。但前面说过，这仍然是类型化的共性，不具有"这一个"的个性特征。

于是我再一次研读史料，在字里行间我渐次淡化了那些创业致富、扩大经营、市场竞争的事件；也忽略了那些政商周旋、结友交往、家庭风波等记述，而是把目光集中到他的爱国、忧民、敬业上，渐渐地四个大字在我脑海中明晰起来，那就是"家国情怀"。

对！就写胡雪岩的家国情怀。作为商人，不仅是为自己的生意、商号去拼搏奋斗，而是勇于为国家、人民承担社会责任，乃至不惜竭其所有奉献出自己的一切。这种商人何等可贵！这就是胡雪岩的精神，也是全剧的主旨所在。抓住这一点做文章则与以往的同类题材作品的写法迥然不同，而别具一格了。至此，我终于从"山穷水复疑无路"到"柳暗花明又一村"。

根据这个立意，在情节结构上我做了大胆取舍，舍弃了其他旁枝杂叶而集中到主旨上。戏从左宗棠克复杭州城开始，胡雪岩闻讯立即运来万石粮米抚军济民，随后又尽力做战后赈抚工作，并开创"胡庆余堂"国药号，治病救人。接着担当左宗棠西征后勤补给转运重任，筹措军饷、购买弹药、运送棉衣药品，无不尽心尽力。特别是后来，为万千江南蚕农生计，为保护民族工业，以个人之力与洋商展开生丝大战。几乎是知其不可为而为之，却始终不甘屈服于西洋资本雄厚的经济压力之下。

剧中我有几句唱词表达其当时的心境："岂不知机器缫丝势不可挡 / 实不忍洋人贱价把农伤 / 眼见得倒闭了千家作坊 / 好江南将酿成一片饥荒 / 明知晓我一人之力难对抗 / 尚指望朝廷支持国人共相帮 / 哪怕是能解得几家悲怆 / 也不枉胡雪岩我一代鸿商。"

这种悲壮情绪、悲悯情怀已经跃然纸上。最后腐朽昏庸的朝廷非但不保护支持本国商人利益，反下旨将胡雪岩革职抄家。而此时我笔下的胡雪岩却冷静面对，并向红颜知己罗四娘最后拜托两件事：一是当年一位阵亡西征将士在其阜康钱庄的存款，务必连本带息还给其亲属，二是每年年关照例向所在的仁和县捐赠一万两银子，以救济难以过年的穷人，此事不可中断食言。自己已一无所有，而对方的财产不在查抄之列，只有拜托知己帮自己了却心愿。这种磊落胸怀不能不令人感慨万端，唏嘘不已，胡雪岩不愧为铮铮男子，不愧为江南这方水土养育的"硬铁头"。

胡雪岩的最终失败，一是因为晚清封建统治者的腐朽昏聩；二是李鸿章与左宗棠二位晚清重臣派别门户斗争的结果，不能不说是时代的悲剧。这表明，无论是投资兴业，还是修身齐家，都必须要有一个好的政治生态，一个稳定和谐的社会环境。

从个人来说，胡雪岩虽然家业破产，生意失败，但精神人格却没有垮塌，正如其剧中所言："我胡雪岩可以赔进银子，但不能赔进人格和良心；生意可以失败，做人决不能失败。"一辈子认认真真做事，清清白白做人，身居商场，心系苍生。不愧为一代鸿商的典范，中华民族的楷模。

剧本刚脱稿，一位北京主流新闻媒体的负责同志知悉我从上述角度创作《胡雪岩》，很是赞赏，当即向我传达了习近平总书记去年 8 月 18 日对企业家的一个讲话，指出企业家要有"责任意识，担当意识，奉献意识。"5 月 23 日总书记另一次讲话又从批评造船不如买船的论调说起，说要大力支持和保护民族工商业的发展。听后我心头为之一振，《胡雪岩》一剧的全部主旨正在于此，表现胡雪岩的正是以上三种意识，且他竭尽全力抗击洋人市场垄断正为的是维护本土农商利益。这一切均是总书记讲话精神的艺术体现。从这个角度看，《胡雪岩》一剧所传递的已经不仅是当今商界，而是全社会需要大力弘扬的正能量，是实现中华民族伟大复兴"中国梦"的精神动力。在美国向我们展开贸易战的当下，更具有现实意义。

三、结构

结构是关键，就好像一个人的骨架。

一部戏选好了题材，有了好的立意，结构就是关键，结构就是组织情节、设置矛盾，制造悬念，并通过结构来塑造人物。故事讲得好不好就在结构。如果说选材立意属于思想内容的范畴，那结构就是考验作者的技巧和功力。

剧作法称结构第一，结构的艺术就是把五颜六色的珍珠串成一条漂亮的项练。在平淡中蕴含着离奇，在冷漠中蕴含着热闹，在常情中显现荒诞。离开常情就不能服人，离开荒诞就不能诱人。我的《贵人遗香》，就是用一个荒诞的外壳包裹一个严肃的灵魂，故事起因和结局都来自于杨贵妃的一只袜子。引出一场大悲剧。大戏剧家李渔讲："编戏有如缝衣，其初则以完全者剪碎，其后又以剪碎者凑成。剪碎易，凑成难。"凑成的优劣就取决剧作者的功力。

京剧《血沃芳草》即《血路芳华》的结构方式不是按时间顺序来写的。而是以当年的红西路军女战士今天烈士陵园守墓人郝秀英的人生轨迹为经，以不同时代的历史风云故事为纬，用现代和历史时空交错的艺术手法进行结构的。开幕是青海"红军西路军烈士纪念馆"落成典礼，一位失散民间十七年的红西路军女子先锋连连长郝秀英带着一面百孔千疮血染的军旗赶来，然后倒叙展现惨烈、悲壮的西征之战和英勇的女战士们执着、忠贞的传奇人生。

为革命出生入死的郝秀英在革命胜利之后，对国家对人民没有丝毫索取，而是默默无闻地做一名守护烈士陵园的看墓人，数十年如一日与烈士忠魂相伴。这部戏是一场现实时空一场历史时空交替进行，在营造悲壮凝重舞台氛围的同时，充分表现出人情美、人性美、心灵美、道德美，塑造出融凄美、壮美、秀美于一体的艺术形象，以期达到诗化的整体艺术风格。

京剧《在路上》是湖北省京剧院邀约的创作项目，他们选定的是正风反腐的题材，湖北省纪委和省文化厅对这一题材的创作都给予高度重视和关注。对我来说，"命题作文"几乎已成为新常态，但对如此宏大的命题还是一时摸不着边际。

近年来，正风反腐的文艺作品不少，舞台剧也渐次推出。以描写贪腐落马官员为主，写他们堕落蜕变给国家、个人和家庭带来的伤害，并通过他们的忏悔之声对社会起到警示意义。这样写容易出情，也容易出戏。但我并不想也跟着走这条路。我想的是要在舞台上塑造一位纪检干部的正面形象，这就给自己找来了难题。

借用托尔斯泰的一句名言："幸福的家庭都是相似的，不幸的家庭各有各的不幸"，我把它解绎一番，则是"好人的精神都是相似的，坏人的行为却各有各的坏法"。我曾极而言之：艺术作品中，表现英模人物的手段几乎都用尽了，或因公忘私、奉献一切，或不顾亲情、妻儿身残，或抱病操劳、献出生命……如此等等。纵观当下这等题材的作品，无一跳出此类构架。而写坏人则不然，其手段五花八门，其方式花样翻新，可以毫不雷同。

怎么办？是改变初衷还是知难而进，我选择了后者。于是我多次"上访"湖北省纪委，听介绍、阅案卷、看影像资料，与办案人交谈，到"双规"教育基地实地采访。还到省图书馆廉政室查阅资料，同时数次聆听省纪委和省文化厅领导指导性意见，这使我有了生活的积累，认识也随之提高。更深切地感受到纪检干部忠诚、干净、担当精神的可贵。一个个感人的人物，一件件生动的事迹，令人可敬可亲，我随之逐渐走进他（她）们的内心，去感受、触摸那些高尚心灵的律动。

结构首先是人物的设置。这个戏主要人物的设置，一开始我便倾向于女性，因为女性的柔婉与这个职责的刚强有着强烈的反差，让一个婉约"青衣"去当铁面包公，戏会更有兴味。她柔媚似水，又大气如山。她的对手是男性，设置两个人是亲密同学，在同一个起跑线上起步，曾经有着共同的理想抱负，男方还是女方入党的介绍人。而两个人的儿女又是热恋的情侣，马上就要结婚了。最终由于人生观、价值观、权力观、幸福观的差异，走上了两条完全不同的道路。这样一种境遇和人物关系就很易出戏。友情、亲情、儿女的爱情都像大山一样向女主人公压来，使剧中两个人都经受着灵魂的煎熬。两个有特殊意义人物之间的正邪搏斗，不仅具有深刻的思想内涵，更符合中国戏曲"立主脑、减头绪"的美学原则，有很好的艺术表现价值。

该剧不久前在中央党校大礼堂，为 1900 多位教职员工与学员以及相关部委领导献演，接着又在国家大剧院连演两场，受到广泛称赞。《中国文化报》7 月 20 日艺术版头条报道，标题是《以传统艺术形式表现现代题材》，副标题是"京剧《在路上》高唱从严治党的时代之歌"。文章说："该剧体现了党性教育的创新性，以现代京剧这种艺术形式将反腐败斗争的实践搬上舞台，让党员干部在艺术欣赏中受到教育，增强党性，坚定信心，值得大力弘扬和推广。”

我们说文学源于生活，但文学与生活不是简单的二元关系，生活的万象与情感背后，隐藏着作者的思想和态度。我们不是简单地对生活进行记述，而一定是被生活感动后的一种选择。梁启超举过这样的例子：昨夜邻家的猫产下一只小猫。这绝对是生活的真实，但你把它进行文学的再现有意义吗？

所以面对生话的海洋，我们只能选择其中的一些浪花，对于宏大的社会人生，我们只能借助一个切面，开一个小小的口子，无视很多的存在，放大一些存在，找到逢合、切除或接榫的地方，故事就是那个刀口，体验就是麻醉结束后的疼痛，来自生活的独特感悟或来自手术刀的疼痛往往具有相同的品性。

谈到结构就离不开人物塑造，各类剧本的最高目标都是为了塑造人物，而塑造人物切记一定是写性格而不是写思想。思想和性格具有不同的内涵，思想可以相同，只写思想就可能使作品同质化，往往出现符号化的意向和类型化的情感。而性格却是千差万别，有其独特性。而独特性又永远是在形象中展示出来，即具体的人物心灵活动、言谈举止，具体的言谈口吻，具体的感情锋芒，就像同树异枝，同枝异叶，永远不会雷同。

如《水浒传》前有武松打虎，后有李逵杀虎，却全无雷同之感，武松处处精细，打虎时是用先退一步法，而李逵是虎耐不得，人更耐不得，全是勇猛。当代作家苏童的《老爱情》，写两位老人生死相守刻骨铭心的爱。还有张洁自称为封笔之作的《一生太长了》，借一只头狼对人世的感受来细腻地描写人性和狼性，尤其是最后老狼的死蕴含一种凄伤的爱恨和怪异的崇高。再如我的《长剑魂》里秦始皇游猎一节，也充分描写了性格。所以在文艺作品中描写思想没有转化为性格即背离了艺术的轨道。逼真的形象，独特的性格才是最有生命力的。

如我的《贵人遗香》中塑造的一位宫廷老总管方辰，他就不同于以往舞台上的任何太监，如大恶的刘瑾、大善的陈琳等，而是集善恶于一身，思想行为独特鲜明，故评论家称之为为中国戏曲画廊增添了一个崭新的人物形象。后来我又改为婺剧《遥寄香魂》，当时《人民日报》发文评论称“剧作家对方总管灵魂的剖析，已经到了令人胆寒的程度……，这样的悲剧不同于古希腊悲剧和莎士比亚的悲剧，也发展了我国《梁山伯与祝英台》和《团圆之后》样式的悲剧。它把美好事物毁灭带来的沉痛、小人物覆亡带来的怜悯、制造悲剧卫道者自裁带来的震惊融合在一起，显示了自己独特民族色彩，使人从中深深领悟了封建主义幽灵是如何扭曲人性、残害生灵的。《贵人遗香》不愧为地地道道中国式荒诞现实主义杰作，不愧为地地道道中国式的大悲剧。”

谈到结构还有是单线的还是复线的，是线形的还是板块的。其中两个要注意把握好的方面，一是悬念，悬念就是对人物命运的关注和期待，设置好戏剧悬念戏就能扣人心弦。悬念和吃惊不一样，悬念不应该是短线的，一个悬念当场解开，或第一场的悬念第二场就解开就没有意思了。好的悬念是贯穿始终，还伴随着一个个突转和吃惊。二是节奏，把握好戏剧节奏，节奏就好比高山上掉落下来的一块石头，速度随着下降而增快，由于碰到阻碍而跳跃。另外还有搭配和对比，如冷热搭配，强弱、张弛、庄谐、动静等对比。

结构的总体要求就是做到凤头、猪肚、豹尾。即开场得漂亮，中间内容饱满，结尾短促有力。我的两个戏有两个完全不同的开场。《在路上》我用的是静开场，先是女主人公在办公室的几句唱，接着是剧中几个主要人物相继登场做自我介绍，借用传统老戏的自报家门。我们再看看《鸡毛飞上天》，就是动开场。

四、语言

语言是品相，就像一个人的神形，美丑雅俗尽显其中。

戏剧是代言体，不像小说的旁叙体，高尔基说：“剧本是最难运用的一种文学形式。其所以难，是因为剧本要求每个剧中人物用自己的语言和行动表现自己的特征，而不用作者提示。”所以语言台词对戏剧就是一切。诸如人物、人物关系和事件原委的介绍，人物性格的刻画，心理的揭示，故事情节的展开，以至人物活动的环境，都只能靠剧中人物的语言来实现。所以作者的一切艺术构思和追求都是靠人物自身的语言表达出来。

在戏曲中，就是散文体的念白和韵文体的唱腔综合运用。在剧本中，台词是决定艺术性的重要因素。唱念的安排也是剧作技巧的重要组成部分。一般念多用于叙事，唱多用于抒情。不该唱的地方两句都嫌多，该唱的时候几十句还嫌少。我有一出戏叫《无名草》，最后一段主人公唱了60多句，观众却一直在静听。唱念的形式也灵活多样，有对白、独白，对唱、独唱、轮唱、齐唱、伴唱，等等，什么时候该安排什么形式都需要根据剧情和人物的需要精心安排。现在不少编剧不讲究唱念安排，四六句想唱就唱，忽视其章法和规律，这是亟待改进的。

总体来讲戏曲台词起码要达到三点：

一是动作性，如郭沫若的《屈原》，其中有一句婵娟骂宋玉说“你是没有骨气的文人”，排演时总觉力度不够，后张瑞芳建议改成“你这没有骨气的文人”，前面是单纯的叙述语，而后者坚决的判断、怒斥。一字之差，力度、气势、情感就强多了。有力地推动剧情的发展，并揭示人物复杂的内心活动，使演员在台上动起来。所以郭沫若称张瑞芳为一字师。动作性包括外部动作和心理动作，如《在路上》纪委书记跟市长的一段对唱。两人对唱动作性很强烈。

二是性格化，如《西厢记》张生上场两句“万金宝剑藏秋水，满马春愁压绣鞍”。这气势就跟一般的书生上场不同，这决不是一个穷酸秀才。所以编剧要根据角色的年龄、身份、教养以及社会时代和所处环境等掌握语言特征，切忌千人一面，千句一腔。这就是奶奶想孙子想到神情恍惚的情境。

三是诗歌化，要求台词有诗的特质、诗的力量，让诗意渗透于台词中，精炼、含蓄，富有感染力。

四是口语化，因为舞台演出是一次过的艺术，台词要生动自然，明白流畅，浅显易懂，切忌咬文嚼字，生僻艰涩。并对生活语言提炼加工，使之成为形象的艺术语言。

语言的艺术还讲究蓄势，然后推向高潮。引而不发是蓄势，猛然一击是高潮。如白居易诗《轻肥》，开头两句：“意气骄满路，鞍马光照尘。”开头尽显华贵之气。接着写官宦们如何走马饮宴，来去如云，淋漓尽致地描写了官宦们的骄奢淫逸，可最后两句来个惊天逆转：“是岁江南旱，衢州人食人。”一下陡转，从天堂坠入地府，从而起到了触目惊心的艺术效果。当然衢州是有旱情，但到了人食人的地步未免有所夸张。

艺术离不开夸张，如李白的“白发三千丈，缘愁似个长。不知明镜里，何处得秋霜。”还有《西厢记》“粉墙儿高似青天”等都是夸张。夸张一定是言过其实，但不能言离其实，言不过其实则不畅，言离其实则不真。

艺术家的较量，最终拼的是艺术家灵魂的高度，剧作同样如此。这就不能停滞于泛泛的写人叙事层面，而要向人类精神的纵深处进发。不必实有其人，必须实有其情，有人说，在创作上得情感和人性者得天下。情感绝对不能伪装和矫饰，抒情而不是说情。

古今中外，人类的情感总是相通的。一首孟郊的诗《游子吟》流传千古：“慈母手中线，游子身上衣。临行密密缝，意恐迟迟归。谁言寸草心，报得三春晖。”什么时候读起来都感人肺腑。可你别以为这是少年儿子的立志远去，实际是诗人年届五十时写的。孟郊也许是唐朝最穷苦的诗人之一，这是他历尽沧桑后对母亲的无限深情的表达，正是这种表达，写出了天下儿女对母亲说不尽的感恩，才能引起人们情感的共鸣而经久不衰。

最后我想强调业精于勤四个字，“业精于勤而荒于嬉”是真理，我有切身体会，几十年无论在什么岗位我从没有放下过笔。第一是勤；第二是热爱。什么叫幸福的人生，我以为有两个标准，一是爱好和职业的统一；二是爱情和婚姻的统一。

作家刘震云在北大演讲有两个故事我印象很深，一个是讲她的外祖母，一个农村妇女，活了95岁，个子只有一米五六，割麦子却是速度最快的，一米七八的大汉也比不过她。她晚年的时候说起此事告诉我说，她割得不比任何人快，只是三里路长的麦地，她一弯下腰从来不直腰。因为你想直一次腰，就会想直十次一百次，我无非是在别人直腰的时候比别人快一点。第二个是他的舅舅是一个木匠，他做的箱子周围四五十里卖得最好，大家都买他的，使得周围几十里都没有木匠了。晚年我问他为什么做得这么好？他说第一是我特别喜欢木匠这个活，看着那刨出的刨花就像那飘落的花朵，香味扑鼻。第二是我认真精细，人家三天打一个木箱，我要花六天才打成，所以我比人家的好。

这两则小故事是不是对我们从事文学艺术创作有启发？你要从事戏剧文学创作，首先要热爱。文学的本质是创造，要有新的创造，必须要有数倍乃至数十倍于人的努力。如哥伦比亚的作家加西亚·马尔克斯长篇小说《百年孤独》，被誉为再现拉丁美洲历史社会图景的鸿篇巨著，最为可贵的是他创造了一个前所未有的开篇叙事方式：“许多年之后，面对行刑队，奥雷良诺布恩地亚上校将会想起，他父亲带他去见识冰块的那个下午。”这个开头采用了从将来回忆过去的倒叙手法，被称为经典式的开头，后来的作家相继效仿。

易卜生的代表作《玩偶之家》曾被喻为妇女解放的宣言书，它创造了一个让人津津乐道的结尾。“楼下砰的一声传来关大门的声音”，表示娜拉出走了。这个结尾意味深长。萧伯纳评论是“在她身边关门的砰的一声，比滑铁卢的大炮还要响”。

马尔克斯的另一篇名著《霍乱时期的爱情》，是他获诺贝尔文学奖后出版的第一部小说，讲述了一段跨越半个多世纪的爱情史诗，被誉为人类有史以来最伟大的爱情小说，成为20世纪最重要的经典文学巨著之一。这些成功除了他的智慧才情以外，就在于刘震云外祖母和舅舅的那种对事业的勤奋、坚韧和热爱。

朋友们！戏剧文学应该是一片灵魂的净土，让我们在文学艺术创作上孜孜以求、精益求精、精雕细刻，不为一时之利而动摇，不为一时之誉而急躁，遵照习近平总书记的要求，“把提高作品的精神高度、文化内涵、艺术价值作为目标，让目光再广大一些、再深远一些，向着人类最先进的方面注目，向着人类精神世界的最深处探寻”。创造出丰富多彩的中国故事、中国形象、中国旋律，展现特殊的诗情和意境，从喧嚣的文学高原登上孤寂的艺术高峰！

整理：耿志仙、宋文宪、王昭

校对：陈云升、郭泽莹

创作无愧时代的作品

谭志湘

我觉得中国戏曲有一种弱势之美，也可以写成弱德之美。弱，不是弱小的弱，而是一种约束，是一种内敛；德是一种操守，是一种节操。借用诗人叶嘉莹的一句话：若有诗词藏于心，岁月从不败美人。我把它变一变，我说：若有戏曲藏于心，岁月从不败美人。这个美不是美人的美，是戏曲，是岁月让戏曲一直美到今天。

一、立意要高，落墨要实

中国评剧院创作的评剧《母亲》，全剧没有去煽情，有些时候甚至于是白描的叙述，但是它感动了我们。为什么？这就是戏剧的最高境界，达到了艺术的审美。艺术之美不在于表面，实际上，艺术之美最重要的就是动人，撩拨人的感情，喜怒哀乐恨都是感情，能把人的感情调动起来，让观众投入，产生艺术审美效果，这才是艺术追求的最高审美境界。

立意要高。其实我刚才讲到的母亲，可以说是中国女性的典型，但如果用世界眼光来看，则可以说这是一个中国普通母亲在反法西斯斗争当中的典型。这样，她就不仅是站在中国和抗战的角度上看，而是站在世界反法西斯战争的高度去看其意义。于是，这个命题带有一种世界性。

二、站在时代的高度，做清醒的剧作家

一定要把剧本作为艺术品来写，不要作为标语、口号、漫画、社论、报纸等等的宣传品，各个文学艺术门类功能不同，作用不同，编剧一定要用艺术语言来说话。戏剧的首要任务就是塑造艺术形象，艺术的最终目的是在剧场里演出，接受观众的检验，让观众在审美享受中，辨是非、明真伪、扬善恶，提高自己的素质，提高自己的文化修养，这是戏曲的最高目的。所以我觉得很重要的就是，一定要以艺术创作的心态进行艺术创作，千万要把那点作为宣传品的小聪明淡化掉。

三、以理论支撑，指导创作

我想简单的说一下理论是什么。对于我们来说，理论应该是用来指导创作的，不是用来显示多有学问的。现在还有些人拿理论来“吓唬”人。

之前提到立意的问题，实际上这是理性思维，然后用理性思维指导你的形象思维，就是这样一个辩证过程。有个导演叫陈薪伊，她给我开玩笑说，我们大家伙忙半天忙什么？都是为你们的剧本服务，我想了想是有道理的。戏曲是综合艺术，为什么把戏曲剧本的创作称为一度创作，其他的要称为二度创作，因各个部门的创作，都建立在剧本的基础上。各个部门的努力，从理性上来讲都是为体现你作品的立意，只有大家的力气往一处使，想到一起，你的作品才会是得到了充分的展示。

所以我想这里头有一个和各个部门的沟通，和导演沟通，和演员沟通，和音乐设计沟通，这实际上就是把你的立意变成大家的共同努力的方向，体现剧作的立意。如果你没有理性思维，没有理论作为支撑，你的这个立意就很难说的清楚，大家弄不清楚的话就不可能成为一个艺术创作的整体。

我发现有的作品或者有的作家理论修养不高，导致剧作还留于编故事的层面，故事编得离奇，但立意说不清楚。我是觉得对立意的沟通越充分的话，戏的灵魂、精神就越能呈现出来。

四、要向传统学习

向传统学习对于戏曲创作是很重要的一点。因为戏曲传统很丰厚，有很多经典剧目，所以我提出要向传统致敬，这应该成为剧作家一个必修课程，学习传统，特别是中国戏曲的五大古典名著，是一笔了不起的财富。

如何对待古典名著呢？就是学习名著、理解名著，品评其中的味道，然后理解作家、理解时代，若能够真正地和作家心灵沟通，你就会理解他为什么会写出这样的作品。还有要研究名著，要做比较性的研究。我自己曾经对五部名著进行比较研究，发现各有各的特色，各有各的风采，我们从中会得到了很多很多东西，这可能是现在我们创作当中达不到的高度。所以，我觉得要把名著作为你们创作的底子，要好好的研究它，从中吸取营养，里面会有取不尽的营养，而且每读一遍会有一个新感觉，从语言、人物、结构、戏剧矛盾、场面铺排到各方面，会有所收获。继承的同时，希望不要倒在名著面前，要清醒认识名著，包括作品的历史局限，作家的局限。

五、关注民族戏剧与儿童戏剧

少数民族戏剧现在是一片待开发的处女地，写民族戏的人比较少。全国少数民族文艺汇演共举办了五届，我做了四届评委，我知道它的创作状态，觉得这是大有可为的，因此我提醒同学们关注。

而儿童戏剧创作又是另外的领域。我的一位学生写了几部有名的戏，一个是写海南的叫《鹿回头》，人偶剧，获得了文华大奖，后来写了《藏羚羊》，在少数民族文艺汇演、戏剧汇演均获金奖。后来他对我说："谭老师，您曾经给我们讲过要关心少数民族戏剧和儿童剧的创作，我就按照您的意思做了，努力之后，我觉得真是挺有收获的。"我感觉民族戏剧、儿童戏剧还是挺能锻炼人，培养人的，所以我把这个跟大家说一下，希望你们在未来的创作当中，对这两个领域有所关注。

整理：苏隽、曹文成、蒋志伟

校对：陈云升、郭泽莹

与时代同步　铸传世经典

——田汉戏曲创作的当代启示

谢柏梁

2018 年注定是中国戏曲创作的重要年份。暑假前后，全国各地举办的各种国家级的戏曲创作人才培训班陆续开班，各彰其事。这其中有文旅部主办的第三届“千人计划”戏曲编剧班、山西基地的基层院团编剧班，也有国家艺术基金麾下的湖南戏曲曲词班、西南戏曲编剧班、东北小戏小品改编班和江苏的昆曲编剧班等。

这些戏曲编剧班的开办，体现出一剧之本的重要性已经被社会各界所认可，也正好与现代戏曲编剧大师田汉先生诞辰 120 周年的系列纪念活动相互辉映。田汉戏曲创作的当代启示，也就成为这些编剧班师生们不可回避、必须面对的重要命题。

田汉戏曲创作的当代启示之一，就是与时代同步，偕潮流同行，充分彰显出特定历史时期的主旋律乐章。在抗日战争救亡图存的暴风骤雨中，田汉在话剧《回春之曲》《械斗》（与马彦祥合作）《黎明之前》《洪水》和电影《三个摩登的女性》《青年进行曲》《风云儿女》之外，还先后创作了《新雁门关》

《江汉渔歌》《岳飞》等抗日题材戏曲。

大家可以注意到，田汉的话剧与电影创作，基本上都是现当代题材；有鉴于京剧、湘剧等传统大戏，在直接表现现实生活上有一定困难，田汉就主要采用宋金题材来借古喻今。《江汉渔歌》演绎金兵攻打汉川，汉阳太守曹彦约坚决反对投降派，并与秀才赵观、杨么旧部党仲升和江汉渔户结成广泛的统一战线，这才能够合力抗金，解除危难。凡此种种，都是以古喻今，号召大家团结一心，为保卫大武汉而奋斗。这样的戏曲创作与其在《风云儿女》中所写的《义勇军进行曲》一样，都是在始终高扬着置之死地而后生的团结、奋斗与胜利的主旋律精神。

当今的戏剧创作，也多遵循这一路数。以第十一届中国艺术节中获得文华大奖的10台剧目为例，历史题材戏只有歌剧《大汉苏武》和京剧《康熙大帝》这两台。前者讴歌十七年在北海（今贝加尔湖）牧羊，威武不能屈、贫贱不能移、决不背汉投降的苏武，后者演绎康熙皇帝收复台湾后又挥师北上，将屡次进犯的噶尔丹毙命，一统大中华。这样的历史题材既有永恒的生命力，又可能给人们提供更多的现实参照。

在纪念中国人民抗日战争暨世界反法西斯战争胜利70周年的时刻，对接田汉当年抗日戏剧的精神气韵，京剧《西安事变》、评剧《母亲》、芭蕾舞剧《八女投江》都从不同角度体现出国共合作中团结抗战、抗日军民浴血奋战、家灭国殇的壮士情怀。

除了舞剧《沙湾往事》写现代岭南音乐人的题材之外，豫剧《焦裕禄》歌颂鞠躬尽瘁死而后已的好干部，淮剧《小镇》呼唤良心道德的整体回归，话剧《兵者·国之大事》反映当代军人的气质与精神，话剧《麻醉师》讴歌平凡中见伟大的医者仁心，这都从总体上体现出当代中国人砥砺前行的时代气韵。这些当代题材的剧目从视角的选择到人物的勾画，都与田汉当年的话剧与电影异曲同工，都是对当代生活的精彩演绎。

田汉戏曲创作的当代启示之二，便是熔铸经典，归纳创新，从而顺向而为、集大成地创造出后人难以超越的新经典。京剧《白蛇传》和《谢瑶环》，就是特别明显的例证。如果说顺应时势推波助澜，书写当代反映现实，这是可以学习到的田汉精神，那么田汉能够把传统的经典熔铸为具备创新意义的新经典，这就令人们心向往之而不能至；一旦有所靠近，便臻艺术高峰之境界。

《白蛇传》故事发源于唐代志怪小说《李黄》等传说，宋代出现了《西湖三塔记》话本。明代冯梦龙的《警世通言》出现了故事完整的《白娘子永镇雷峰塔》，陈六龙的《雷峰塔传奇》与《义妖传》弹词蔚为双璧。清初黄图珌的《雷峰塔》与梨园旧抄本（陈嘉言父女）广为流传，乾隆年间的方成培的《雷峰塔传奇》，更是昆曲常演的底本。

面对千年来不断发展、深入人心的昆曲经典，田汉先将其改编为 25 场的京剧《金钵记》；1953 年又将其简练升华为《白蛇传》。该剧的创造之一，是将昆曲白娘子反对夫权、族权、政权、道教和佛教的整体冲击，聚焦为反对以法海为代表的封建主义；其次是将昆曲中许仙一有风吹草动，必然率先告发乃至出逃的人格取向，改变为尽管容易受到蒙蔽乃至欺骗，但是归根结底还是坚定地回到妻子身边，这样就使得白娘子之爱，不至于是剃头挑子一头热的单向性爱情。从游湖起，到结亲、酒变、盗草、上山、水斗、断桥、合钵结束，丝丝入扣，感人至深。第三是曲词之优美无与伦比。江湖戏班上根据昆曲改的唱词，诸多不顺处比比皆是。只有田汉填写的唱词，如诗如画，入情在理，诸如“离开了峨眉到江南”“小青妹且慢举龙泉宝剑”“你忍心将我伤”等唱词，被认为是中国戏曲唱词中最为精彩的名段之一。田汉的京剧《白蛇传》，由中国戏校刘秀荣、谢锐青首演，从此被称为国戏的“校戏”。此戏上演之后，天下的《白蛇传》都朝着田汉的路子靠拢，田汉版“白”剧，从此便成为这一题材不可超越的京剧终结版。

1956 年由浙江国风昆苏剧团上演的昆剧《十五贯》，先后在杭州和北京演出之后，受到了毛主席和周总理的极大重视；全国各地移植改编该剧，昆剧还拍成电影，成为“一出戏救活了一个剧种”的佳话美谈。

昆曲《十五贯》所取得的巨大成功，可以与田汉京剧《白蛇传》的成就相提并论。其一，昆曲也像京剧一样，把清代朱素臣《双熊梦》中的熊友兰、熊友蕙兄弟减掉一熊，突出熊友兰和苏戌娟两人的冤枉之情；其二，该剧在自觉与不自觉、经意与不经意之间，触碰到了大兴调查研究之风、不可草菅人命的主题。这就使得毛主席特别警觉到了一些干部进城以来，主观任意的官僚主义太多，而大兴调查研究、实事求是的工作作风减少的问题。在这种情况下可以借《十五贯》这面镜子，让全国的干部们都照见自己的作风，重视调查研究，不能主观臆断。

其实新时期以来较好的京剧，在不拘一格降人才的年代就出现了像陈亚先《曹操与杨修》这样的精品；在提倡思想解放的岁月里，魏明伦的《巴山秀才》发出了“大清朝大清朝大大不清”的声音；在大家都在功利社会中心浮气躁、有些急功近利的时候，罗怀臻在《班昭》中唱出了“从来学问欺富贵，真文章在孤灯下”的警示之音……凡此种种，因应时代，照彻江湖，摸准了时代的脉搏，发出了大众的心声，这样的好戏才能感动人、鼓舞人、激励人、教化人。

在纪念田汉先生诞辰120周年的时刻，在新时代从不同层面上都对戏曲编剧表示了极大重视的当口，我们更需要从田汉戏曲创作与时俱进的精神内涵、动人心魄的矛盾聚焦和大美曲词的精心结撰等诸多方面，得到诸多启示，以期打造属于新时代的精品、高峰和传世之作。

在京剧经典之作《白蛇传》之外，田汉的《谢瑶环》与《关汉卿》，其实也都带有那个时代对于扬清激浊、公正执法的殷切期盼。田汉和越剧《红楼梦》《梁山伯与祝英台》的改编者徐进、莆仙戏《团圆之后》《春草闯堂》的改编者陈仁鉴一样，他们都能够对传统戏曲予以脱胎换骨、点石成金的继承、发展和创新，进而成为揉碎之后的再还原与再塑造。这些作品的矗立，正是因应了时代的精神，呼应着现实的主题，激荡着百姓们的心弦，推动着历史的车轮。也只有这样的作品才能蔚为经典，传之后世，成为难以超越的范本。

今天的编剧人，当在田汉的创作取向中得到启发、收到感悟，从思考中付诸实践，向着学习田汉先生、打造新时代的经典作品的理想，宵衣旰食，努力前行。

文字整理：杨万亲、李代鹏
校对：李代鹏

附录一

文化部／文旅部“千人计划高级编剧研修班”学员创作作品表（第一期至第五期）

学员创作作品表

姓名	主要作品（3个）
第一期	
冯　静	话剧《谷文昌》《农民院士》、评剧小剧场《染》
王　焱	昆剧《清明上河图》《江姐》《红楼梦》
林清华	《疯子与朱元璋》《蝴蝶梦》《促织记》
卢　川	话剧《阳明三夜》、淮北梆子《医者仁心》、弋阳腔《芦花絮》
刘曼曼	《大唐乐工》《优孟衣冠》《下凡记》
陈新瑜	话剧《紫荆树下》、戏曲《俺们村里的年青人》、音乐剧《小城之春》
李新华	粤剧《初心》《风起南粤》、话剧《穷孩子·富孩子》
杜美云	潮剧《镜缘》《故园明月》《成康登基》
艾亚婷	陕北地方戏《书匠》《沙海春秋》、小戏《订婚的那天》
李雪艳	《宝贝回家》《森林号子》《郑德荣》
彭　玲	黔剧《湄水长歌》（合作）、现代布衣戏《纳央花开》（合作）
殷　婷	花鼓戏《湘绣情》《虾戏稻香》、舞剧＋话剧《红于二月花》
陈　立	川剧《苍生在上》《萤火》《神秘的大佛》

续表

姓名	主要作品（3个）
易玉林	彩调剧《一品油茶七品官》、豫剧《心上的树》、戏曲《戚继光》
原长松	历史剧《苏武牧羊》《吕不韦》、现代戏《河洛工匠》
何小剑	徽剧《徽班》、黄梅戏《汤显祖》、黄梅戏交响清唱剧《红梅赞》
蒋良善	《碧莲洞》《乳娘传枪》《三月春晓》
王　瑛	秦腔《昆仑山下的承诺》《沙门子风情》，现代戏《温馨的港湾》
姚晓群	《贺双卿》《海神妈祖》《御史江春霖》
陈　鹏	话剧《焦裕禄》、电视剧《快乐星球》、小品《一个都不放过》
孟彦军	戏曲《桃城巷》《摇篮曲》、小剧场戏曲《断臂》
张凤鹃	民族歌剧《关山万里》、儿童剧《叫醒阳光》、戏曲《花间醉》
葛连丰	评剧《马本仓当“官”记》、吉剧《关东草》《蒲公英》
胡永忠	戏曲《徐霞客》《天下民心》、话剧《英雄归来》
杨雅梅	纪实情景剧《时代楷模——孙波》、京剧《高志悲歌》、儿童剧《太阳雨·星星泪》
牛晓珉	现代戏《泥火情》《山村媳妇》、话剧《老醯儿》
镇艳蓉	豫剧《亲爹亲娘》、花鼓戏《虾戏稻香》《情醉清凉河》
李茜芝	话剧《谭位中》、戏曲《卓筒小井》、四川清音《神奇的卓筒井》
顾　攻	舞剧《安代魂》、音乐剧《诺恩吉娅》、话剧《马走日》
余妍洁	《嘎老》《云上红梅》《星空》
谭　佩	大型歌舞诗《多彩和鸣》、儿童剧《山那边》、广播剧《大坝村的三个梦》
唐建华	彩调剧《哥哥鸟》、吕剧《皇上英明》、采茶剧《都市“老漂”》
第二期	
莫　霞	话剧《锦江传奇董竹君》、越剧《黎明新娘》、潮剧《红军阿姆》
马凌姗	话剧《甬商1938》、沪剧《早春》、越剧《走马御史》
王　强	豫剧《天颜》、越剧《凤冠泪》、越剧《齿痕记》
高　明	京剧《生死契约》、电视剧《向往的生活》、大型情景史诗《伟大征程》——《战旗美如画》
段　姝	《相约青春》《啼笑因缘》《北京西山那抹红》系列第二部、第三部
朱雯娟	《少年行》《燕子归时》《姑溪谣》
李雪鸪	庐剧小戏《忍冬花开》、徽剧小戏《乡愁的味道》、庐剧抗疫题材小戏《大喇叭风波》

续表

姓名	主要作品（3个）
黄秀宝	《凌波情》《辨官记》《归》
张婧婧	梨园戏《御碑亭》《李师师》《花间四友》
牛　勃	大型秦腔历史剧《玉兰仙子》、大型秦腔现代剧《激流飞渡》《椒乡里的麻辣事》
李　满	《红的归来》《唐伯虎智画美人图》、花鼓戏《阿聪正传》
曾志灼	话剧《广州站》《巨轮出海》、粤剧《梅花翘》
吴冠峰	大型彩调剧《梦圆荷花谷》、彩调剧《柳州姑娘》、话剧《美丽小镇》
黄伯坚	三集广播连续剧《母鸡田的春天》、四集广播剧《天文小镇》、小品《产房轶事》
杨　斌	《少年英雄王二小》《狼牙山》《大青衣》
胡红兵	豫剧《韩愈》、理论专著《儿童剧编剧理论与实战技巧》
许　丹	大型龙江剧《九腔十八调》、大型龙江剧《百米河边》、大型龙江剧《木兰马旭》
啜　莹	评歌《璀璨征程》《庚子战“疫”》
朱永山	楚剧《悬鱼太守》《好一片绿洲》、北路子花鼓戏《大悟烽火》
张保民	话剧《菩萨岭》、楚剧《杠婆》、汉剧《再见卓文君》
许贤志	《爬上山坡唱高调》《竹乡情韵》《喊醒老迷糊》《铜锣声声》
尹　宇	《烧车御史》《铁骨御史》《火种》
罗雪叶	《柳宗元》《村里有个姑娘上门来》《公筷行动》
高　媛	昆剧《牵丝戏》、京剧《对山救我》、大型话剧《烈火中永生》
魏　强	京剧《邓稼先》、柳琴戏《古镇酒坊》、调腔《后山叶芽》
周　琰	戏曲《悲喜金圣叹》、现代锡剧《爱在深秋》、儿童剧《城里城外》
胡文清	《春暖花开》《信仰的力量》《雪夜》
李忆锋	评剧《神圣的天职》、独角戏《再见茶花女》、山二黄《山茶花》
苗利清	历史剧《胡服骑射》、二人台《革命的母亲》、歌剧《双翼神马》
臧宝荣	小剧场戏曲《一念》、戏曲电影《枣乡喜事》、跨界融合舞台剧《黑龙传奇》
张俊海	大型现代晋剧《阳光下的红丝带》、大型现代戏《李三的心事》、大型现代戏《信念》
赵晓丽	广播剧《春到杨家窑》、广播剧《片警侯明华》、广播剧《冰雪陶然》
马　辉	秦腔《魏长生》《普乐园》《青丝》
安庆云	歌剧《对岸》戏曲《青梅》音乐剧《归来》

续表

姓名	主要作品（3个）
周　彬	《杨乃武与小白菜》《大红袍》《林徽因》
陈　春	快板小戏《亲家母来了》、大型戏曲剧本《醉夕阳》、情景音乐小戏《小确幸》
马晓慧	《寇天官》《传·承——击鼓骂曹》《归去来兮·钟之魂》
马载道	小戏曲《信仰的味道》、大戏《花木兰》、小戏曲《四知太守》
樊浩宇	大型戏曲《千里送鹅毛》《大渡河悲歌》、花灯小戏《挡车石》
马　敏	越剧《南风歌》越剧《明州女子尽封王》甬剧《药行街》
丁嘉鹏	京剧/河北梆子《春秋笔》、京剧《平倭旗》《大明英烈》
常　勇	五音戏《源泉》、吕剧《马耀南》、京剧《极限人生——朱彦夫》
云登罗布	《我与我的轮回》《阿吉拉姆的微笑》《土登强巴》
杨　澍	花灯剧《万树梅花一布衣》、秦腔《灵武长歌》、滇剧《凤凰》
第三期	
邹德旺	《丑娘》《春秋商圣》《清廉彭鹏》
肖　帅	《解忧公主》《昆仑山的儿子》《安家》
曹文成	话剧《历史抉择》《东梁山上》《渭河涛声》
耿志仙	《杏泉沟》《尹灵芝》《石拐灯火》
孟　璇	《一座塔》《渤海之恋》《村事家事》
侯建江	评剧《打狗棍》《百姓医生》《爱洒夕阳》
周广伟	《浮生六记》《清明上河时》《香象向乡翔》
史赟慧	《女娲补天》《白壁关》《验驴》
苏　隽	《大国灯匠》《苏兆征》《岭南弄潮儿》
郭玲玲	《水果部落梦想》《林海俊杰》《我和我的村庄》
陈　涣	《马援伏波》《红树林》《木棉花开》
史小红（木鱼）	《公仪休》《尹桂芳》《拾金记》
蒋　演	《劳模刘西有》《闹热村的热闹事》《青铜峡》
宋文宪	《肝胆祁连》《丝路传奇花木兰》《战火青春》
马丽丽	《毋忘在莒》《银杏树下》《山东汉子》
温　丹	《梭罗花开》《哀牢传奇》《五月的鲜花》
董顺卿	《战地黄花》《楚汉风云》《逍遥庄子》
李明辉	《杜鹃花开》《大爱如涓》《玉佩缘》

续表

姓名	主要作品（3个）
田永刚	《都市警官》《走向胜利》《泥火情》
郑　玲	越剧小戏《君拜臣》、皮影戏《钢铁小战士》
任婷婷	剧本《末代公主》
孙　伟	戏曲《石榴花儿红》《我的土地》《永远的嫁衣》
戴谨忆	《四郎·叹》《悟空》《吕雉韬略漫记》
周弈言	《演绎贵州之Jimmy回国》《寻根》《拼命的理由》
第四期	
陈云升	《范进中举》《金莲》《南华经》
肖艳杰	柳琴戏《迁变》、京剧《花木兰》（改编）、情景剧《枣花香》
侯小琴	《共和的婚事》《争厨神》《程婴上坟》
王东旭	《名伶》《马永顺》《沙变录》
曾汉才	柳琴戏《古城拉魂》、曲艺剧《盐阜往事》、淮剧《大湖泱泱》
邵诗惠	《风雨黄杨》《小媳妇告村长》《运河酒家》
黄　骁	京剧《风雨富连成》、昆曲《誓戒记》、河北梆子《情离陌上桑》
曹　颖	眉户剧《黄水谣》、古代戏曲《红袖使节》、小戏曲《蔡襄罢灯》
朱蓓蕾	淮剧《浪起宝应湖》、越剧《青溪谣》、越剧小戏《十五把钥匙》
董倩倩	小品《大城小事》、二人台小戏《特别的生日》、二人台小戏《小算盘告状》
章楚吟	《山海情深》（合作）、《解放日》《逆行者》
周　密	大型戏曲剧本《江豚公主》、黄梅戏《直播之后》、黄梅戏《冯傻子卖茶》
韦　韧	小戏《李二牛的戏》、小戏《回家》、大戏《小康路》
沈　梅	大戏《青春作伴好还乡》、小戏《选官记》、《春娟与冬明》
黄日洪	大戏《十七棵松》、大戏《寻路》、实景剧《浴血瑞京》
李海英	渔歌音乐剧《江豚之恋》、花鼓小戏《回家》、音乐剧《江南刘胡兰》
李彩婷	大型神话掌中木偶戏《洛阳桥传说》、大型掌中木偶戏《黄继光》
蔡晓英	小话剧《那年橘花开》、小锡剧《冰封的传奇》、音乐剧《夏令营之歌》
石毅坚	四幕话剧《命运》、传奇历史剧《田横》、新编历史剧《救时宰相》
章　静	绍剧《喀喇昆仑》、绍剧《绍兴师爷》、小剧场《庄公的烦恼》
杨晓勤	闽西汉剧《雕版情缘》、山歌戏《红嫲》、闽西汉剧《兰继子》

续表

姓名	主要作品（3个）
吴丽佳	高甲折子戏《知府义审》、新编高甲戏《救东宫》、新编传统木偶戏《衣衫换江山》
陈忠伟	吉剧《三撕》《马占山》、话剧《血沃兴林》
田　原	话剧《这里不远是南京》、儿童剧《白天的房子，夜晚的房子》、山歌剧《编舟记》
周津菁	话剧《吉可，回家吧！》、川剧《金沙江畔》、川剧《排山坳的故事》
曾浩月	川剧《火塘》《皮影人家》《七月七》
刘才华	小戏曲《卖不出的口罩》、藏戏《最美格桑花》、舞剧《与你·青春》
张　冉	大型戏曲《白塔谣》、大型新编豫剧《八都坊》、傣族章哈小戏《争冠名》
杨海娃	快板《党旗飘扬迎百年》、曲艺表演唱《奋进新时代—委员新担当》、平弦小戏《老将出马》
聂春琴	小戏曲《冤家路窄》、小品《同学会》《无声之警》
张慕瑶	民族歌剧《刘子清的小事》、大型秦腔现代戏《青青我心》、现代京剧《那一道霞光》
陈　龙	花灯戏《村里那些事》（合作）、临剧《渔家黄金女》、锡剧小戏《我们都一样》
牛　勃（二期未结业）	大型秦腔现代剧《椒乡里的麻辣事》《激流飞渡》、大型秦腔历史剧《玉兰仙子》
郑家泉	大型现代吕剧《我心永恒》、大型现代花鼓戏《青年张文秋》、京剧《苏小小》
陈辉剑	大戏《平凡的善良》、话剧《春雨》、小戏《红纸鹞》
宋晓勇	大型话剧《战疫》、大型现代戏《冯友兰》、小戏《农奴巨变》
冯敏仪	粤剧《决战天策府》、粤剧《谯国夫人》、粤剧《玉簪记》（重排版）
高志娟	大型山东梆子现代戏《梦圆黄河滩》、大型山东梆子现代戏《承诺》、大型民族舞剧《渊子崖》
刘振峰	戏曲《自食其果》《村口风波》《睢阳安魂曲》
徐姝璟	大型现代琼剧《同在蓝天下》、大型现代琼剧《第一面国旗》、二十集琼剧短视频《琼剧唱美食、琼剧唱党史》
陈俊丽	大型戏剧《甲骨殇》《马丕瑶出京》《春申君》

续表

姓名	主要作品（3个）
陈章华	大型抗疫题材黄梅戏音乐剧《我的乡村我的亲》、黄梅小戏《红色借条》《宛希先》
	第五期
彭莉媛	《燕翼堂》《椒山铁骨》《荷花微雨》
杨　平	京剧《杨连弟》《甘宁》、评剧《杨柳青传奇》
杨　玲	《梦城传奇》《佩为媒》《田园新歌》
任乐雅	大型京剧《傲雪苍松》《格桑梅朵》、大型评剧《孝庄长歌》
钱斌斌	越剧《绸娘》《片儿川与热干面》、婺剧《贤令杨炯》
倪　平	现代京剧《光之谷》、系列话剧《最美逆行者》、音乐话剧《特殊课堂》
王光龙	《一盏马灯》《名单》《旗映牯牛降》
范亚男	吉剧《积德泉传奇》、话剧《星火》、广播剧《大国工匠》
杨　璐	广播剧《申纪兰》（合作）、广播剧《坐着轮椅奔跑》
赵子慧	戏曲《小镇牛事》《好花》、话剧《人类群星闪耀时》
付桂生	《双义节 · 审玉》《郭守敬》《什刹海畔的电波》
杨晓丹	话剧《花好月圆》《突围》、电影《点点星光》（2021 年首映）
杨　洋	话剧《问心》、《露茗》、《琉璃》
闫晓伟	儿童剧《大头兵》（第一季、第二季、第三季）、《金海螺》《鸡毛信》《赶走霸王龙》
李　汴	歌曲《在太阳下歌唱》、相声《阿妈的冰箱》、小戏小品《绿色希望》
陈　卓	京剧《延安往事》《天使的容颜》、戏曲儿童剧《熊猫潘哒》
黄宝华	儿童剧《绿野仙踪》《演绎贵州》《涂涂的梦想》
丁　杰	锡剧《一代医宗》、越剧《半山亭传奇》、戏曲《陈渡草堂》
谢天然	京剧《李白》、豫剧《子路》、山东梆子《大匠鲁班》
王鲁鲁	吕剧《红炉》《鹿鸣》《小街》
陈秋吉	越剧《上邪》《刀锋上的舞蹈》、昆剧《桃源三访》
吕　祥	京剧《竹简之书》、戏曲舞台剧《如影随形》、京剧《追踪》
吕尔端	《赤子功勋》《台湾往事》《北去鲜卑》
景彦斌	大型新编历史京剧《文明太后》、大型二人台史诗剧《杏花杏韵》、大型二人台现代戏《杏泉沟》（合作）
陈国亮	话剧《要离》、豫剧《花县令》、楚剧《淬火》

续表

姓名	主要作品（3个）
商培玺	《秧歌乡的故事》《支书张玉刚》《将心比心》
曹　玲	《漆艺之光》《一诺千金》《楚宫吟》
陈　蓉	《贺府斩曹》《最美湘女》《菁菁校园》
马瑜萍	大戏《青春之歌驻村日记》、小戏《调解》、大戏《大安印记》
田升剑（田晓隐）	《偏心》《志愿者》《一顿饭》
夏　强	越剧《生命之光》、湖剧《国之守锷》、越剧《智斩玉面郎》（浙江省文成县文化和广电旅游体育局）
管晓亮	婺剧《千鹤女人》、豫剧《青天鉴》、越剧《龙港往事》
陶敬端	婺剧《千鹤女人》、豫剧《青天鉴》、越剧《龙港往事》
吴海榕	粤剧《清水河畔》、粤剧《典官记》、粤剧《胡贵妃》
邓荣宗	戏曲《鱼梁》（连平县歌舞团） 话剧《赤胆忠心龚昌荣》（江门话剧团）
王甲子	戏曲《李昆》《神鞭》《警廉四梦》
万光华	原创大型花灯戏《莫家寨》、原创汉剧小戏《赈酒风波》、原创汉剧小戏《青青马桑树》
栾　波	《蓝尚质》《断腕太后》《拾女婿》
王恰恰	《英雄从未离去》《李师师》《唐宫悲歌》
朱彦峰	吉剧《情感快递》、音乐剧《梦回乐园》、吉剧《魂系长白》
宋纪刚	湘剧《望母台》《青虹剑》、湘剧小戏《葬情》
付楠楠	《武术郡守》《大河星辰》《张仲瀚》
冯甜甜	新编大幕戏《碧波红莲》、改编川剧《婚变案》、抗疫作品《在一线》
仲春梅	大型锡剧《云水谣》《离歌》《蝶恋花·沈琬》
安　树	京剧《英雄二小》、黄梅戏《女人·河》、越剧小戏《囚车上的婚礼》
曾荣玲	汉剧《乐羊子》、戏曲《东坡西湖》、儿童剧《唱吧，鹦鹉》
王　娟	儿童剧《荡起双桨》、柳琴戏《福大妮和山杠子》、柳子戏《村长就是一根筋》
张　波	川剧《乌蒙山脊梁》《赤水河畔》、小戏《连心桥》
陈　雯	《木樨花开》《江良还债》《李彪孝父》
丁　彦	庐剧《战火青春》《各有妙招》《回乡》
郜庆龙	戏曲剧本《越欲》、扬剧《阿莲渡江》、越剧《娘亲》
贺　璞	采茶戏《鸳鸯茶》《双栖蝶》

续表

姓名	主要作品（3个）
郑娇娇	柳琴戏《誓言》、话剧《阳光大姐》、中韩话剧《我的桃花源》
刘　云	淮剧《八万还乡》、锡剧《刘胡兰》《红梅花儿开》
高　蓓	小吕剧《捡拾信任》《看房》《债》
梁华锋	现代豫剧《子夜惊梦》、古装豫剧《大汉廷尉张释之》、现代戏《突出重围》
李世晓	《老马的“品牌效应”》《玉碟情缘》《危难时刻》
李佳琦	《多松年》《咱也来圆梦》《平安回来》
赵东海	二人台小戏《一封举报信》《装穷》《请客》

附录二

文化部/文旅部“千人计划高级编剧研修班”学员获奖情况统计

（注：奖项统计范围只限于国家级奖项，包括中宣部、文旅部、中国文联、中国剧协、中国戏剧文学学会等全国性单位、机构颁发的相关奖项。另外，国家级艺术基金项目、发表于国家级刊物《剧本》杂志也纳入统计。统计时间从学员入学后算起。）

学员获奖统计表

姓 名	作品名称	所获奖项/项目/发表刊物
第一期		
冯 静	京剧《七个月零四天》	2016 第十一届中国艺术节、2020 年入选“百年百部”
	话剧《共同家园》	2017 年入围“国家舞台艺术十大精品工程”，入围 2018 年度国家艺术基金传播项目资助；2019 年获得第十二届中国艺术节“文华大奖”“提名奖”

续表

姓名	作品名称	所获奖项 / 项目 / 发表刊物
冯　静	话剧《谷文昌》	2017年作为十九大献礼演出开幕式演出剧目和上海国际艺术节“国家话剧院”演出单元开幕演出剧目；2018年入围“国家舞台艺术精品工程十大剧目扶持工程”、获得上海“壹戏剧大赏”剧目奖并作为国家话剧院建党九十七年献礼演出剧目；2019年参加文化和旅游部主办的“全国舞台优秀剧目暨优秀民族歌剧展演”、获得由中国文联、中国戏剧家协会等单位主办的第29届梅花奖、获得“文华大奖”、中宣部第十五届精神文明建设“五个一工程奖”、“华语戏剧盛典”新中国话剧70年十大代表作。入选“百年百部”传统精品复排计划
	音乐剧《花儿与号手》	入围2017年国家艺术基金音乐剧类一等资助基金，2019年“国家舞台艺术十大精品工程”、2020年入选“百年百部”发表于《剧本》2017年第12期
	音乐剧《汉关明月》	发表于中国作协出版《中国作家》杂志2018年第11期
	话剧《白鹭归来》	参加“庆祝中华人民共和国成立70周年舞台艺术作品展演”，获得云南省2019年“新剧目奖”之“综合奖”、云南“五个一工程奖”、云南“精品工程奖”
	话剧《农民院士》	2020年入选“百年百部”、“全国脱贫攻坚题材舞台艺术优秀剧目展演”、“西部及少数民族地区艺术创作提升计划”重点原创剧目专家支持项目、2020年云南省文艺精品创作扶持资金资助剧目
	吕剧《社区书记》	入选山东省第十二届艺术节展演剧目
	评剧小剧场《染》	入选中国戏曲小剧场展演
刘曼曼	戏曲《大唐乐工》	文化部2016年度剧本扶持工程

续表

姓名	作品名称	所获奖项 / 项目 / 发表刊物
刘曼曼	《优孟衣冠》	2018 年度国家艺术基金项目，中国田汉研究会优秀编剧奖、最佳剧目奖
	《下凡记》	2019 年度国家艺术基金项目（人才培养作品成果运用项目）
卢　川	淮北梆子《医者仁心》	2018 年度国家艺术基金项目
	话剧《阳明三夜》	2018 年度国家艺术基金项目
	采茶戏《月照山乡》(合作)	2020 年度国家艺术基金项目
	弋阳腔《芦花絮》	2020 年度国家艺术基金项目
李新华	话剧《铁血道钉》	2016 年度国家艺术基金项目，文化部 2016 年度剧本扶持工程创作扶持资助项目，发表于《剧本》2017 年第 4 期
	话剧《穷孩子·富孩子》	2017 年度国家艺术基金项目
	粤剧《初心》	文旅部 2017 年度戏曲剧本孵化计划项目，2019 年度国家艺术基金项目
	粤剧《风起南粤》	文旅部 2018 年度剧本扶持工程项目，2019 年度全国舞台艺术重点创作剧目，全国优秀现实题材舞台艺术作品展演剧目，发表于《剧本》2019 年第 2 期
李新华 胡永忠	粤剧《红色大营救》	文旅部 2018 年度戏曲剧本孵化计划项目
杜美云	潮剧《故园明月》	中国戏剧文学学会主办的“戏剧中国”2019 作品征集活动·潜力剧本
	潮剧《镜缘》	中国戏剧文学学会主办的“戏剧中国”2020 作品征集活动·潜力剧本
艾亚婷	小戏《订婚的那天》	中国戏剧文学学会主办的“戏剧中国”2019 作品征集活动·潜力剧本
	陕北说书《陕北婆姨》	2020 年度中国牡丹表演奖、中国牡丹入围奖
	小品《魂归故里》	发表于《剧本》2018 年增刊
李雪艳	《宝贝回家》	2016 年度国家艺术基金项目
	《森林号子》	2016 年度文化部剧本扶持项目

续表

姓名	作品名称	所获奖项 / 项目 / 发表刊物
李雪艳	《郑德荣》	教育部原创文化精品推广行动计划项目、国家教育部高校思政教育原创艺术精品展演优秀剧目奖
	《东辽河儿女》	全国优秀现实题材舞台艺术作品展演优秀剧目奖
彭　玲	黔剧《湄水长歌》(合作)	2017 年度国家艺术基金项目
殷　婷	花鼓戏《湘绣情》	第四届丝绸之路国际艺术节文化贡献奖
	花鼓戏《虾戏稻香》(与人合作)	第三十三届田汉戏剧奖剧本三等奖
陈　立	川剧《苍生在上》	第 34 届田汉戏剧奖剧本一等奖，2018 年度文化部戏曲剧本孵化计划项目
易玉林	秦腔《易俗社》	2017 年度国家艺术基金项目
	曲子现代戏《金子般的心》	2018 年度国家艺术基金项目
原长松	《药香》	2017 年度国家艺术基金项目
何小剑	黄梅戏《雨中的阳光》	2018 年度国家艺术基金项目（小型剧目和作品）
	庐剧《三嫂告状》	2018 年度国家艺术基金项目（小型剧目和作品）
	准剧《林冲之死》	第四届中国宜兴梁祝戏剧节剧目一等奖（中国剧协）
	黄梅戏《让宅》	第八届安徽省小戏小品大赛暨第八届全国优秀小戏小品推优优秀剧本奖（中国剧协），2019 年度国家艺术基金项目（小型剧目和作品）
	黄梅戏《家风》	第八届安徽省小戏小品大赛暨第八届全国优秀小戏小品推优优秀剧本奖（中国剧协）
	黄梅戏《情暖山乡》	入选第八届中国（安庆）黄梅戏艺术节优秀剧目展演并证书（文化和旅游部）
	黄梅戏《时苗留犊》	2019 年度国家艺术基金项目（小型剧目和作品）

续表

姓名	作品名称	所获奖项 / 项目 / 发表刊物
何小剑	小戏《一张假钱》	入选 2019 年“小康颂”小戏小品剧本征集（中国剧协），发表于《剧本》杂志 2020 年增刊
	黄梅戏《回家》	入选“戏剧中国”2021 年度优秀剧目线上展演剧目并获得证书（中国戏剧文学学会）
蒋良善	《三月春晓》	第八届全国小戏小品展演优秀剧目
王　瑛	秦腔《昆仑山下的承诺》	第八届中国秦腔艺术节优秀剧目奖
姚晓群	《海祖妈祖》	2017 年度国家艺术基金项目（传播推广项目）
	《蔡襄》	第三十三届田汉戏剧奖剧本一等奖
张凤鹃	民族歌剧《关山万里》	2019 年度国家艺术基金项目（青年人才项目）
	戏曲《花间醉》	第四届老舍青年戏剧文学奖入围奖
葛连丰	吉剧《长孙皇后》	中国文联文艺研究院“2016 年携手筑梦基金”项目
	吉剧《蒲公英》	中国文联“2017 年中国精神 · 中国梦”文艺创作基金项目
	二人转《周保中三打宁安城》	中国文联文艺研究院“2020 年携手筑梦基金”项目
	二人转《全鱼宴》	中国曲协第 6 届包公杯剧本征集一等奖
	话剧《流年》	发表于《中国作家》（影视戏剧版）2018 年第 5 期
	二人转《孙尚香祭江》	发表于《曲艺》2018 年第 5 期
胡永忠	戏曲《破戒》	发表于《剧本》2017 年第 3 期
	话剧《传家宝》	发表于《剧本》2018 年第 3 期
	戏曲《徐霞客》	发表于《剧本》2019 年第 3 期
	戏曲《天下民心》	发表于《剧本》2021 年第 1 期
牛晓珉	《砂锅情》剧本	中国文联 2017 年重点文艺创作资助项目
	《泥火情》剧本	2017 年度文化和旅游部戏曲剧本孵化计划项目
	现代戏《泥火情》	2018 年度国家艺术基金项目

续表

姓名	作品名称	所获奖项 / 项目 / 发表刊物
镇艳蓉	花鼓戏《虾戏稻香》(与人合作)	第三十三届田汉戏剧奖剧本三等奖
顾 攻	音乐剧《诺恩吉娅》	2017 年度国家艺术基金项目（青年编剧人才项目滚动资助）
余妍洁	《云上红梅》	2017 年度国家艺术基金项目（青年创作人才扶持）、2018 年度国家艺术基金项目（舞台艺术创作资助）、2020 年度国家艺术基金项目（传播交流推广）
	《风雨黔关》	2017 年度文旅部剧本扶持工程项目
谭 佩	《枫树下的守望》	2016 年文化部剧本扶持计划项目
	《射背牌》	2018 年度国家艺术基金小型项目
唐建华	彩调剧《追梦》	2017 年度国家艺术基金项目
	彩调剧《我是你爸爸》	2017 年获中国戏剧节小戏、小品优秀剧目奖
	彩调剧《包装》	2018 年度国家艺术基金项目
第二期		
莫 霞	潮剧《红军阿姆》	第十六届中国戏剧节优秀剧目奖
	话剧《锦江传奇·董竹君》	2020 文旅部优秀剧本扶持工程
	话剧《索玛花盛开的地方》	发表于《剧本》2021 年第 5 期
	上党梆子《大山赤子》(后改名《长江之队》)	国家艺术基金 2020 年大型舞台剧资助项目
	越剧《黎明新娘》	国家艺术基金 2020 年度大型舞台剧资助项目
	潮剧《红军阿姆》	国家艺术基金 2018 年度大型舞台剧资助项目
	黄梅戏《老支书》	国家艺术基金 2019 年度大型舞台剧和作品创作资助项目
	越剧《洞君娶妻》	国家艺术基金青年艺术创作人才 2018 年度滚动资助项目
马凌姗	话剧《甬商》	国家艺术基金 2017 年大型舞台剧资助项目

续表

姓 名	作品名称	所获奖项 / 项目 / 发表刊物
高　明	京剧《生死契约》	2018 年文化部剧本扶持工程 2018 国家艺术院团优秀剧目展演 《剧本》发表（剧本 + 创作阐述）
	京剧《虎门长歌》	“2019 戏剧中国”上佳剧本
	藏戏《次仁拉姆》（编剧指导）	庆祝中国共产党成立“100 周年舞台艺术精品创作工程”重点扶持作品“百年百部”创作计划
	《奋斗吧中华儿女》	重大文艺活动 庆祝中华人民共和国成立 70 周年大型音乐舞蹈史诗
	《伟大征程》	重大文艺活动 庆祝中国共产党成立 100 周年大型情景史诗
丁嘉鹏	《春秋笔》	2017 年国家艺术基金大型舞台剧资助项目
	《大明英烈》	2017 年文化部和旅游部剧本扶持项目
	《年关》	文化和族游部“庆祝中国共产党成立 100 周年舞台艺术精品创作工程”重点扶持作品
	《东风》	2020 年西城区文化艺术创作扶持专项资金资助
	《大圣归来》(《西游记·明心鉴》)	第四届老舍青年戏剧文学奖励扶持计划入围剧本奖
李雪鸪	徽剧小戏《乡愁的味道》	“戏剧中国”2020 年度作品征集推选小戏小品类最佳剧本
	庐剧小戏《忍冬花开》	“光辉道路——庆祝中国共产党成 100 周年长三角地区小戏小品创作征集活动”二等奖；并入选“戏剧中国”2021 年度优秀剧目线上展演
朱雯娟	《少年行》	文化部剧本扶持项目“征集新剧目”
		国家艺术基金大型舞台项目、文旅部 2019 年现实题材及革命历史题材舞台艺术重点项目
	《燕子归时》	国家艺术基金青年人才项目

续表

姓名	作品名称	所获奖项 / 项目 / 发表刊物
曾志灼	粤剧《岭南人家》（合作）	发表于《剧本》2017 年第 2 期
杨　斌	《灯塔》	2019 年中国文联青年文艺创作扶持计划资助项目
	《大国蓝盔》	2020 年国家艺术基金青年艺术人才培养项目
胡红兵	豫剧《韩愈》	国家艺术基金 2017 年度大型舞台剧和作品创作资助项目
许　丹	大型龙江剧《九腔十八调》	获得 2018 年国家艺术基金扶持项目
	大型龙江剧《百米河边》	获得第 33 届田汉戏剧奖剧本三等奖
朱永山	楚剧《悬鱼太守》	国家艺术基金 2018 年度传播交流推广资助项目
许贤志	《爬上山坡唱高调》《竹乡情韵》《喊醒老迷糊》《铜锣声声》	1. 大型花鼓戏《爬上山坡唱高调》入围国家艺术基金资助项目 2. 祁剧小戏《竹乡情韵》以小戏排名第二入围文旅部 2017 年度戏曲剧本孵化计划 3. 花鼓小戏《喊醒老迷糊》在《剧本》2018 年第 8 期发表 4. 大型戏曲《铜锣声声》获“曹禺杯”全国剧本评选优秀剧本奖
尹　宇	《铁骨御史》	国家艺术基金 2018 年青年艺术人才项目
高　媛	吉剧《宝贝回家》（合作）	获吉林省第十二届长白山文艺奖作品奖
	民族舞剧《杨靖宇》	获国家艺术基金 2018 年度大型舞台剧和作品创作项目资助
	京剧《对山救我》	获国家艺术基金 2018 年度滚动资助
	京剧《对山救我》	入选中国戏剧文学学会“戏剧中国”2019 年度作品征集推选活动戏曲类“上佳剧本”
	小戏《遗香叹》	入选中国戏剧文学学会“戏剧中国”2019 年度作品征集推选活动小戏小品类“优佳剧本”
周　琰	现代锡剧《爱在深秋》	入选“戏剧中国”2019 年度作品征集推选活动，戏曲类入围剧本

续表

姓名	作品名称	所获奖项 / 项目 / 发表刊物
周　琰	戏曲《情主冯梦龙》	入选“戏剧中国”2020年度作品征集推选活动，戏曲类潜力剧本
苗利清	歌剧《双翼神马》	入选2020年国家艺术基大型舞台剧资助项目
臧宝荣	《花开桑田》	1. 国家艺术基金2019年度青年艺术创作人才资助项目
	《乡亲相亲》	2. 国家艺术基金2019年度舞台艺术资助项目 3. 中国戏剧家协会2017年第七届全国优秀小戏小品展演 4. 文化部2016年度戏曲剧本孵化计划项目
	《海棠依旧》	5. 国家艺术基金2020年度舞台艺术资助项目 6. 文化和旅游部2018年度戏曲剧本孵化计划项目
	《一念》	7. 中国戏剧文学学会“戏剧中国”2020年度戏曲类最佳剧本
	《神兽换童年》	8. 中国戏剧文学学会“戏剧中国”2020年度儿童剧类优秀剧本
	《好面丁有喜》	9. 中国戏剧文学学会“戏剧中国”2019年度影视类最佳剧本
	《大疆大爱》	10. 中国戏剧文学学会“戏剧中国”2019年度戏曲类优佳剧本
张俊海	《阳光下的红丝带》	获2019年度国家艺术基金大型舞台剧和作品创作资助项目、入选“戏剧中国”2021年度优秀剧目线上展演剧目
	《懒三脱贫记》	获2017年度文化部戏曲剧本孵化计划项目、“中华颂·长丰杯”第十届全国小戏小品曲艺大展活动，获优秀编剧奖、入选中国戏曲非遗传承人优秀剧目展演
马　辉	秦腔《普乐园》	国家艺术基金2018年青年人才项目

续表

姓 名	作品名称	所获奖项 / 项目 / 发表刊物
安庆云	川剧《铎声阵阵》（合作）	第 15 届中国戏剧节“优秀入选剧目”
	川剧《铎声阵阵》（合作）	2017 年国家艺术基金资助项目
	戏曲《青梅》	中国戏剧文学学会“戏剧中国”2019 年度作品征集推选戏曲类“上佳剧本”
	歌剧《对岸》	中国戏剧文学学会“戏剧中国”2019 年度作品征集推选音乐剧歌剧类“优佳剧本”
马载道	《信仰的味道》	入选文旅部庆祝中国共产党成立 100 周年舞台艺术精品创作工程重点扶持作品“百年百项”小型作品创作计划
常 勇	五音戏《青山作证》	国家艺术基金青年艺术创作人才资助项目结项
云登罗布	《我与我的轮回》	收录在国家艺术基金 2014—2018 年子资助项目选编
杨 澍	花灯《白扇记》	2016 年国家艺术基金《花灯艺术〈白扇记〉人才培养》项目团队负责人之一
	花灯戏《路灯下》	2019 年国家艺术基金小型剧目项目
第三期		
肖 帅	《半幅进疆图》	国家艺术基金
	《当祖国需要我们的时候》	庆祝建党 100 周年百年百部创作剧目
	《我的娘我的根》	戏剧文学发表
周广伟	《刘建国上城楼》	中国文联青年人才扶持基金
	《尾生与水娘》	国家艺术基金
史赟慧	《女娲补天》	获 2018 年度国家艺术基金青年艺术创作人才资助
	《验驴》	发表于《剧本》2018 年第 12 期
	《传承》	2019 年度国家艺术基金资助项目
	《半袋银子》	荣获中华颂第十一届全国小戏小品大赛优秀剧目奖
苏 隽	《岭南弄潮儿》	中国文联青年创作扶持项目
郭玲玲	《水果部落梦想 +》	2019 年度国家艺术基金大型舞台艺术项目；第三十四届田汉戏剧奖剧本三等奖
郭玲玲	《重生》	2020 年度剧本扶持工程

续表

姓名	作品名称	所获奖项 / 项目 / 发表刊物
陈 涣	《马援伏波》	2018 年全国基层院团戏曲会演优秀剧目
	《木棉花开》	国家艺术基金、剧本（署名陈艺天）发表于《戏剧文学》2020 年第 9 期
	《国门情》	第四届全国公安系统文艺汇演金奖
史小红（木鱼）	《公仪休》	第三十四届田汉戏剧奖剧本一等奖
蒋 演	《闹热村的热闹事》	获得国家艺术基金
	《青铜峡》	入选第八届中国秦腔艺术节
	《老邪上任》	《老邪上任》获得第第十八届文化艺术中国政府奖——群星奖
宋文宪	《丝路传奇花木兰》	《丝路传奇花木兰》获国家艺术基金、第六届丝绸之路国际艺术节
	《肝胆祁连》	入选 2021 年中国秦腔优秀剧目会演
温丹	《梭罗花开》	文旅部 2018 年度全国舞台艺术现实题材作品创作计划作品
	《五月的鲜花》	文旅部 2020 年度全国舞台艺术重点主题创作剧目、文旅部全国抗疫题材重点舞台作
董顺卿	《战地黄花》	荣获中国戏剧文学学会 2019 年度戏剧中国·上佳作品
李明辉	《孝顺媳妇》	参加全国基层戏曲会演
	《如此相亲》	入选国家艺术基金
田永刚	晋剧《泥火情》	获 2017 年度中国文联优秀作品资助、2018 年度国家艺术基金、戏曲孵化计划一类作品
郑 玲	小品《明天是母亲节》	发表于《剧本》2018 年增刊
任婷婷	剧本《末代公主》	获“戏剧中国”2020 年度戏曲类潜力剧本（中国戏剧文学学会）
戴谨忆	剧本《吕雉韬略漫记》	获“戏剧中国”2020 年度戏曲类优秀剧本（中国戏剧文学学会）

续表

姓名	作品名称	所获奖项 / 项目 / 发表刊物
周弈言	《拼命的理由》	教育部第二届全国高校大学生微电影大赛特等奖（全国第一名）
	《奢香夫人》	第三届“金画眉”全国儿童戏剧教育成果展演 最佳原创剧目奖
	《演绎贵州之 Jimmy 回国》	“戏剧中国”2021 年度优秀作品
第四期		
陈云升	大戏《郭子仪》	“戏剧中国”2019 年度作品征集推优活动戏曲类优佳剧本
	大戏《精忠魂》	“戏剧中国“2020 年度作品征集推优活动戏曲类最佳剧本
郑家泉	大戏《青年张文秋》	“戏剧中国”2020 年度作品征集推优活动潜力剧本
	小戏《红星寨》	中国剧协“小康颂”征稿，同时发表于《剧本》
高志娟	大戏《渊子崖》	入选 2020 年度国家艺术基金大型舞台剧目资助
	大戏《承诺》)	入选 2020 年文旅部全国基层院团会演
	大戏《燕翼堂》(合作	入选 2020 年度中宣部重点剧目、入选第九届中国京剧艺术节
	两夹弦戏曲《公鸡过寿》	发表于《剧本》2021 年第 8 期
刘振峰	小戏《村口风波》	入选 2020 年度文旅部剧本扶持工程
周津菁	川剧《排山坳的故事》	“戏剧中国”2020 年度作品征集推选活动戏曲类潜力剧本
曾浩月	川剧《火塘》	入选文化和旅游部“庆祝中国共产党成立 100 周年舞台艺术精品创作工程”重点扶持作品百年百项小型作品创作计划重点扶持作品
刘才华	藏戏《六弦情缘》	2019 年第十六届中国戏剧节优秀剧目

续表

姓名	作品名称	所获奖项 / 项目 / 发表刊物
张 冉	大型戏曲《白塔谣》	“戏剧中国”2020年度作品征集推选活动戏曲类优秀剧本
	小戏《争冠名》	“戏剧中国”2020年度作品征集推选活动小戏小品类潜力剧本 入选“戏剧中国”2021年度优秀剧目线上展演 入选由中国文联戏剧艺术中心主办的中国戏曲非遗传承人优秀剧目展演
周 密	《江豚公主》	“戏剧中国”2020年度作品征集推优作品戏曲类入围作品
韦 韧	大戏《小康路》	“戏剧中国”2020年度作品征集推优作品戏曲类入围作品
沈 梅	大戏《山乡轶事》	“戏剧中国”2020年度作品征集推优活动“戏曲类潜力剧本”
	小戏《春娟与冬明》	“戏剧中国”2020年度作品征集推优活动“小戏小品类潜力剧本”
石毅坚	新编历史剧《救时宰相》	列入国家艺术基金2017年度青年艺术创作人才资助对象；入选国家艺术基金2019年度滚动资助项目和成果运用项目
黄日洪		大戏《十七棵松》入选2020年中宣部、文旅部全国基层戏曲院团网络展演
侯小琴	《神牛湾》	发表于《剧本》2020年第1期
	《共和的婚事》	“戏剧中国”2020年度作品征集戏曲类“优秀剧本”
	《争厨神》	“戏剧中国”2020年度作品征集小戏小品类“入围剧本”
	2020年度国家艺术基金	青年艺术人才培养项目“戏曲编剧”
曾汉才	曲艺《荷花荡里春风暖》	入选中曲协主办的“第三届中国东部优秀曲艺节目展演”
徐姝璟	大型现代琼剧《祖宗海》	入选2019年中宣部、文化和旅游部主办的全国基层院团戏曲会演

续表

姓名	作品名称	所获奖项 / 项目 / 发表刊物
第五期		
任乐雅	电影文学剧本《战鼓传奇》	中宣部“夏衍杯”优秀电影文学奖成长剧本奖
钱斌斌	越剧《绸娘》	中国戏剧文学学会“戏剧中国”2019 年度作品征集活动戏曲类潜力剧本
钱斌斌	越剧《片儿川与热干面》	中国戏剧文学学会“戏剧中国”2020 年度作品征集活动戏曲类最佳剧本
钱斌斌	小戏《海瑞辞母》	入选《〈剧本〉杂志社与海南戏剧家协会共同主办面向全国征集戏曲小剧本部分作品汇编》。
陈　雯	《李彪孝父》	获第 34 届田汉戏剧奖 剧本奖三等奖
丁　彦	《好嗨哟》	小戏小品类·入围剧本/“戏剧中国”2020 年度作品征集推选 / 中国戏剧文学学会
刘　云	《八万还乡》	《剧本》2020 年第 9 期
高　蓓	小吕剧《捡拾信任》	1. 最佳剧目，全国民间文艺展演，中国民间文艺家协会 2. 优秀剧目奖，中国田汉研究会
梁华锋	小品《团圆饭》	发表于《剧本》2020 年增刊
朱彦峰	民族舞剧《红旗》	第十二届中国舞蹈“荷花奖”舞剧奖
王甲子	戏曲《李昆》	《大舞台》2021 年第 4 期
仲春梅	锡剧《云水谣》	文旅部 2020“全国舞台艺术重点创作计划”
王　娟	个人	2020 年度国家艺术基金青年艺术创作人才资助项目
	儿童剧《荡起双桨》	发表于《剧本》2020 年第 6 期；2020 年国家艺术基金大型舞台剧和作品创作资助项目；第十届中国儿童剧戏剧节展演剧目
	柳子戏《村长就是一根筋》	文化和旅游部“庆祝中国共产党成立 100 周年舞台艺术精品创作工程”重点扶持作品（“百年百项”小型作品创作计划）

续表

姓名	作品名称	所获奖项 / 项目 / 发表刊物
王 娟	柳琴戏《吔，俺就是个农民》	2020 年国家艺术基金小型剧（节）目和作品创作资助项目
	京剧《孔子师项橐》	“戏剧中国”2020 年度小戏小品类优秀剧本
	儿童剧《等你回家》	“戏剧中国”2020 年度儿童剧类潜力剧本
张 波	川剧《乌蒙山脊梁》	参加文化和旅游部主办 2020 年全国基层院团网络会演
张 波	川剧小戏《连心桥》	参加中国剧协主办的第八届全国优秀小戏小品展演获优秀剧目奖
商培玺	《天山兄弟情》	2020 年度国家艺术基金
商培玺	《菜王当家》	《剧本》2020 年第 4 期
杨晓丹	电影《点点星光》	第三十三届中国电影金鸡奖最佳儿童片奖
杨晓丹	话剧《花好月圆》	第三十四届田汉戏剧奖“剧目奖”
陈 卓	现代京剧《延安往事》	第二十四届“中国戏剧奖·曹禺剧本奖”提名
陈 卓	现代京剧《延安往事》	发表于《剧本》2021 年第 5 期
陈 卓	小戏曲《天使的容颜》	入选文化和旅游部“百年百部”小型作品创作计划
陈 卓	小戏曲《天使的容颜》	入选文化和旅游部 2020 年度剧本扶持工程
管晓亮 陶敬端	小戏《诚信大厦》	发表于《剧本》2020 年第 12 期
景彦斌	大型新编历史京剧《文明太后》	2020 年 11 月，入选文化和旅游部“庆祝中国共产党成立 100 周年舞台艺术精品创作工程”重点扶持作品——“百年百部”创作计划；同年 12 月，该剧又入选国家艺术基金 2020 年度大型舞台剧和作品滚动资助项目。“两个入选”，均是山西唯一

后　记

谢柏梁、颜全毅两位班主任委托我负责编辑2016—2020文化和旅游部千人计划戏曲人才培养项目编剧高级研修班专家授课讲演稿，对我来说意义非同一般。首先，我作为教务人员连续几个暑假参与该班的教学管理工作，在招生、课程设置、日常教学管理、学员学习生活保障等方面为该班的顺利举办承担了很多的事务性工作。二是为保证编剧人才培养项目“国家班”的教学质量，我受两位班主任委托，负责联系邀请和接待来自全国各地的知名专家到班授课，也花费了很多的心思和投入了很多的时间精力。三是这部讲演稿里收录的稿子，有百分之八九十的篇什经我整理、校对后曾在公众号上推送过，有的是由我本人用手机拼音打字的方式记录和课后认真整理才留下了一份珍贵的讲课稿件，如王仁杰先生、魏明伦先生等第一期授课名家的讲课，当时教学部门并没有安排录音和做速记，是我本人凭着对这些名家的尊崇和意识到这些讲稿的重要性而用手机打字的方式把他们的讲课内容记录下来的。那时，由于手机打字的速度不能完全跟上讲课的语速，有的内容不能完全同步记录完整，个别地方我只能记下关键词或者关键句，而为了保证讲稿的完整性和可读性，我在从当天早上七点多到下午五点服务教学忙前忙后了整个白天时间后，晚上赶紧凭着记忆和对名家讲话内容的实质精神把握对手机记录稿做了认真的整理和校对，生怕过了一天之后就记不住他们的讲课内容了，因为每天工作都是安排得满满的，一件事情接着一件事情，只能“今日事今日毕”。可以说，每篇稿子都需要我专心致志地投入五六个小时才能整理出来。后来我们请外面的速记员做课堂记录，我就不再用手机做速记了，但由于速记员不是戏曲圈内人士，或因手快没有时间做头脑反应，或因专家讲话的口音问题听不清楚，或因不了解专家本人的创作特点和理论观点，凡此种种，所以他们的速记稿难免会出现这样那样的“笔误”。为避免出错，在做微信推送之前，两位班主任让我对这些讲稿做细致校对和文字把关才推送发出，这个同样也是一件颇费时间精力的事情，因为这样就意味着我要对这些动辄上万字数的稿子做一字一句地仔细校阅，同时还要把专家口语化的表述，甚至是一些随机性和跳跃性的口头表达整理成前后逻辑谨严的文字叙述，既要让专家满意，也要让读者看得明白。这个对整理者和校对者来说是很不容易的，因为一方面讲稿篇幅长整理和校对起来非常耗费时间精力，另一方面也需要对授课专家有足够的熟悉度和知识面才能做好这些工作。非常高兴的是，这些稿子一经推送便在圈内有很高的转发量，基本每篇都有好几千的阅读量，有的专家如罗怀臻老师等人的稿子甚至有上万的阅读量。应该说，这些讲稿在网络上传播，包括有的被《上海戏剧》《大舞台》等刊物主动录用发表，不但提升了该班的关注度，也为没有入选该班的或者有志于编剧事业的人员提供很好的学习机会。

需要说明的是，参与这部讲演稿文字工作的，还有编剧班的很多学员，他们往往一人或者两人负责一篇稿子的整理，最后汇总给我做最后的校对。在本书出版之前，谢老师又让我带着戏文系研究生杨万奇、郭泽莹、李碧萱、李代鹏再次对所有稿子进行审校，希望能把书稿做得更好一些。同时，我们也给所有参与书稿文字工作的人署名，以示尊重大家的劳动成果。作为参与该班教学组织者和这些讲稿的记录者、整理者和校对者，虽然工作很累，但也感到这个工作做得非常有价值、有意义。现在回过头来看，当时我们集中邀请了老一辈全国一流名家来讲课，其实是在做一次“抢救性”的国宝级编剧课堂教学，因为随着这些名家年岁渐长，有的目前已出现或多或少的行动不便，有的已经离开了我们，如果当时我们没有及时邀请他们来讲学并把他们的讲课记录下来，那么今天我们就不会拥有这部珍贵的讲演稿。我想今后哪里办班想要组织这样的授课阵容也是难以实现的了。我也相信，随着时间越久，这部专家讲演稿会越来越能体现出它的专业教学价值、理论价值和文献价值。

最后，让我们以这部书稿向所有授课名家致敬，并永远铭记他们的传道教益。

陈云升

2022 年 1 月 8 日，写于中国戏曲学院